EUROPAVERLAG

BERND INGMAR
GUTBERLET

»Wie die Vandalen!«

Irrtümer, Rätsel
und Kontroversen
der Geschichte

EUROPAVERLAG

Inhalt

Geschichte bleibt spannend

Dieser dritte Band der Reihe über die Geschichte und ihre Tücken wendet sich den Irrtümern, Rätseln und Kontroversen über die Vergangenheit zu. Denn nicht jede vermeintlich historische Wahrheit ist wirklich eine, selbst wenn fast jeder sie für bewiesen hält. Häufiger Grund: Nichts ist hartnäckiger als ein vielfach wiederholter Irrtum. Anderes lässt sich einfach nicht (oder noch nicht) beweisen, mag noch so viel für eine bestimmte Erklärung sprechen. Und schließlich gibt es große Fragen der Geschichte, über die die Geschichtsschreibung heillos zerstritten ist. Jede Seite führt Belege für ihre These an, aber eine befriedigende Klärung zu allseitiger Zufriedenheit kann einfach nicht erreicht werden.

Immer wieder erweisen sich historische Irrtümer als höchst muntere Gesellen, selbst wenn die Fachwelt sie längst zu Grabe getragen hat. Das kann unter anderem daran liegen, dass sie schon so lange kursieren und sich daher im allgemeinen Gedächtnis unauslöschlich eingebrannt haben. Manchmal liefern die falschen Überlieferungen auch einfach die besseren Geschichten und werden nur ungern durch eine vielleicht langweiligere Tatsache ersetzt. Auch als Bestandteil von Landeskultur, des kollektiven Gedächtnisses oder genutzt für politische Zwecke geistern sie als Untote durch unser Bild der Vergangenheit.

Daneben gibt es jedoch auch Fragen, die sich nicht mehr oder noch nicht befriedigend klären lassen, beispielsweise weil die Quellenlage zu dünn ist oder nicht eindeutig genug. Mitunter wartet ein Sachverhalt aber auch nur auf einen originellen neuen Zugang, weil die richtigen Fragen noch nicht gestellt wurden. Und schließlich gibt es sogar erbitterte Kontroversen unter Historikern und Historikerinnen – manche grandios und spannend, weil widerstreitende Thesen nach allen Regeln der Historikerkunst und in aller Schärfe ausgeleuchtet werden, andere kleinlich und eher beklagenswert, weil die streitenden Seiten sich mit all ihrem Können nicht einfach zusammentun, um eine offene Frage über die Geschichte gemeinsam zu beantworten.

Die Geschichte hat mit unserer Gegenwart mehr zu tun, als wir denken. Beispiele dafür finden sich in diesem Buch, etwa aus der Geschichte der Pandemien, in der uns erstaunlich vieles an unsere jüngere Erfahrung erinnert. Umso wichtiger ist es, die Irrtümer in unserem historischen Gedächtnis zu benennen, ihre Rätsel aufzuklären und die Kontroversen der Fachwelt zu verstehen. Das ist nicht nur unterhaltsam, sondern schärft unseren Blick – nicht zuletzt auf die Gegenwart. Die Beschäftigung mit den Unschärfen der Vergangenheit macht wachsamer in einer Zeit, in der Geschichte für politische Zwecke verfälscht und missbraucht wird. Und wie nebenbei wird uns bewusst, dass die Vergangenheit alles andere als tot oder langweilig ist, denn immer wieder gibt es neue Erkenntnisse und muss vermeintlich Wahres revidiert werden, weil Historiker und Historikerinnen nicht unfehlbar und ihre Erkenntnisse nicht in Stein gemeißelt sind. Manche Fragen allerdings, die wir an die Vergangenheit stellen, können einfach nicht beantwortet werden: noch nicht oder möglicherweise nie. Die Geschichte bleibt spannend.

Irrtümer

Römische Wohlstandsverwahrlosung

Bei aller Pracht und Herrlichkeit hat die Gesellschaft im antiken Rom keinen allzu guten Ruf. Keineswegs nur die Kaiser und Kaiserinnen oder die Oberschicht, so eine verbreitete Ansicht, lebten in Saus und Braus, genossen den Reichtum des Imperiums und setzten sich über moralische Konventionen hinweg. Auch die Einwohner von Rom insgesamt stehen im Ruch, vergnügungssüchtig und verwöhnt gewesen zu sein. Panem et circenses, Brot und Spiele, das ist bis heute ein stehender Begriff für den vermeintlich sorglosen Alltag in der antiken Metropole und ein Synonym für die Dekadenz der römischen Stadtbevölkerung, an der, so eine weitere Ansicht, das Riesenreich schließlich zugrunde ging. »Dies Volk [...] es hält nun still sich und heget allein zwei Wünsche mit Bangen im Herzen: Brot und Spiele«, schrieb der Satiriker Juvenal zu Beginn des 2. Jahrhunderts und ließ dieses Begriffspaar in das weltweite Sprachrepertoire bis heute eingehen. Andere antike Autoren übten ähnliche Kritik, während eine zeitgenössische Inschrift dem Volk vermutlich eher aus der Seele sprach: »Bäder, Weine und Liebe richten unsere Körper zugrunde, doch nur Bäder, Weine und Liebe machen das Leben aus.«

Bis heute sagt man den Römern der Antike nach, sie hätten einen Großteil ihrer Zeit im Circus verbracht, wo sie voll brutaler Sensationslust johlend zusahen, wie Gladiatoren einander oder wilde Tiere abschlachteten beziehungsweise wilde Tiere einander oder schutzlose Menschen zerfleischten. Welch verschwenderische Spektakel wurden außerdem inszeniert, welch aufwendige Seeschlachten und farbenprächtige Götterspektakel in Arenen nachgestellt, um das Volk zu zerstreuen! Und wenn die Römer dann spektakulär unterhalten nach Hause gingen, bereiteten sie sich aus Lebensmitteln, die sie kostenfrei bekamen, luxuriöse Speisen zu und schlugen sich bei Gelagen die Bäuche voll.

Aber entspricht dieses Bild der Wirklichkeit im alten Rom oder handelt es sich um ein Zerrbild? Immerhin ist den antiken Historikern schon in ihrer Darstellung der Kaiser nicht recht zu trauen – liegt also die Sache mit der Verurteilung des Juvenal vielleicht ganz ähnlich? Wie so oft in der Geschichte der Menschheit sind die einfachen Leute der römischen Antike in den zeitgenössischen Schriften deutlich unterrepräsentiert – aber kann man solchen eher spärlichen Einlassungen kritiklos folgen? Außerdem: Wenn sie denn Erwähnung finden, sprechen daraus häufig Vorurteile und Vorbehalte der »besseren« Schichten gegenüber den »niederen« – Juvenal war da keine Ausnahme. Selbst moderne Geschichtswissenschaftler müssen sich diese Kritik gefallen lassen, auch sie identifizierten sich lange Zeit mit der Oberklasse, der die Entscheidungsträger entstammten, und übernahmen voller Ressentiments und Desinteresse die alten Einschätzungen, ohne der Sache auf den Grund zu gehen. »In Rom gab es 150 000 notorische Faulenzer, die von der öffentlichen Hand großzügig unterstützt wurden«, schrieb ein Historiker Mitte des 20. Jahrhunderts, und ein anderer stellte fest: »Verführt von Demagogen und Zuwendungen, waren dem römischen Volk die Kaiserzeit und die Versorgung mit Brot und Spielen hochwillkommen.«

Die Ernährung der meisten Römer war im Grunde mediterran-bodenständig. Der viel zitierte Luxus bei Tisch kam ungefähr ab dem 2. vorchristlichen Jahrhundert auf und wurde seit Caesars Zeiten immer raffinierter – aber natürlich nur für diejenigen, die sich diesen Luxus auch leisten konnten, und das war nur eine winzige Minderheit. Die Mehrheit begnügte sich auch weiterhin mit meist drei Hauptmahlzeiten, von denen die abendliche schon damals am wichtigsten war und im Allgemeinen drei Gänge umfasste. Es gab aber auch viele Ärmere, die sich in Ermangelung eigener Möglichkeiten außer Haus in einfachen Garküchen höchst frugal versorgten. Die wichtigsten Grundnahrungsmittel waren Getreide, Olivenöl und Wein – schon wegen der guten Lagerfähigkeit. Fleisch kam für die Mehrheit der Bevölkerung selten bis nie in den Topf.

Rom war seit der Gründung 753 v. Chr. von einem Häufchen Siedlungen am Tiber zur vielleicht größten vormodernen Stadt überhaupt geworden – mit vermutlich rund einer Million Einwohner. Parallel zum Aufstieg zunächst zur mächtigsten Stadt des italienischen Stiefels und dann eines riesigen Weltreiches, das von England bis Ägypten, von Gibraltar bis Syrien reichte, wuchs Rom, zog von überallher Zuwanderer an und hatte mit dem eigenen Erfolg ebenso zu kämpfen wie das Imperium als Ganzes. Die Versorgung der Metropole stellte keine leichte Aufgabe dar, zumal ohne die Segnungen moderner Technik, Logistik oder Landwirtschaft. Spätestens im Übergang von der Republik zur Kaiserzeit konnte die Belieferung mit Lebensmitteln, aber auch mit Baumaterial und Holz nicht mehr regional bewerkstelligt werden. Was an Nahrungsmitteln für die hungrige Hauptstadt gebraucht wurde, gaben die Böden nicht einmal der weiteren Umgebung her. Für die Versorgung der Hauptstadt allein mit den drei genannten Grundnahrungsmitteln wurde bei einer Bevölkerungszahl von einer Million der Bedarf an Transportkapazität auf rund 1700 Schiffsladungen pro Jahr geschätzt – nur für diese Güter. Sie kamen nunmehr überwiegend aus Sizilien, Sardinien sowie Nordafrika, insbesondere Ägypten, das als Kornkammer des Reiches galt.

Aufgrund des schieren Umfangs und der weiten Transportwege war die Versorgungslage stets gefährdet: durch Missernten, Naturkatastrophen, Piraterie, Kriege oder Korruption. In solchen Fällen kam es in Rom immer wieder zu Revolten des einfachen Volkes, das schon bei leichten Preissteigerungen in Schwierigkeiten geriet. Da lag es im Interesse von Politik und Verwaltung, eine bessere, möglichst krisensichere Versorgung zu moderaten Preisen zu gewährleisten. Als man sich des Problems annahm, war aus dem Römischen Reich eine oligarchisch organisierte Demokratie geworden. Stabile Verhältnisse in der Hauptstadt und damit im gesamten Imperium hingen nicht zuletzt von den Lebensumständen der römischen Stadtbevölkerung ab. Volkes Stimme verfügte weiterhin über großen Einfluss, wie die Zeitzeugnisse in reichem Maß belegen. Zudem war die Staatsgewalt auch nicht so schlagkräftig, dass man Proteste und Unruhen leicht in den Griff bekommen hätte, denn es gab keine Polizei und nur wenig Militär innerhalb der Stadt. Für die Entscheidungsträger konnte es also sehr schnell heikel werden.

Dass die Lebensmittelversorgung und die Preise auf lokalen Märkten ungeahnte Folgewirkungen haben können, hat sich im Lauf der Geschichte zahllose Male erwiesen und tut es bis in unsere Gegenwart. Zur Zeit des römischen Imperiums war dem Volk schon deshalb nicht vermittelbar, dass es hungern und sich bescheiden sollte, weil die Macht Roms unumschränkt schien. Das Volk erhob verständlicherweise Anspruch auf Teilhabe an den Segnungen des Supermachtstatus; die Regierenden waren also gut beraten, möglichem Volkszorn wegen leer gefegter Märkte oder horrender Brotpreise vorzubeugen. Mehr noch, sie sahen es zunehmend als wichtige und ehrenhafte Pflicht an, die Versorgung vor allem der Millionenstadt Rom zu sichern. Noch zur Zeit der Republik, im Jahr 123 v. Chr., begann man angesichts einer ernsten Versorgungskrise, einem Großteil der Stadtrömer regelmäßig verbilligtes Getreide zur Verfügung zu stellen. Zuvor war das immer nur im konkreten Bedarfsfall geschehen, nun aber wurden die Vergünstigungen institutionalisiert. In deren Genuss kamen dennoch einstweilen nicht alle, vor allem die Ärmsten nicht, wenn das Getreide trotz subventionierter Preise unerschwinglich blieb; auch waren Freigelassene vermutlich ausgeschlossen. 58 v. Chr. ging man dazu über, einen größeren, festgelegten Personenkreis mit kostenlosem Getreide zu beliefern. Im Laufe der Zeit wuchs die Zahl der Berechtigten, schließlich standen diese Zuwendungen rund 360 000 Menschen zu. Wer ohne Bürgerrechte war, hatte allerdings das Nachsehen, profitierte aber immerhin davon, dass der Staat auf die Preise der wichtigsten Lebensmittel Einfluss nahm.

Seit Rom Kaiserreich geworden war und Augustus regierte, oblag es dem Kaiser, die Versorgung der stadtrömischen Bürger zu sichern, und der nahm diese Pflicht meist sehr ernst. Augustus begrenzte den Kreis der zu kostenlosen Getreidelieferungen Berechtigten auf bis zu 200 000 – weiterhin ausschließlich Römer mit Bürgerstatus. Alles in allem erhielt rund ein Viertel der Bevölkerung Roms solche Zuwendungen, deren Umfang aber wohl für rund die Hälfte der Einwohner ausreichte. Später ging man dazu über, auf die Bezugsscheine Brot auszugeben; im Verlauf des 3. Jahrhunderts kamen noch Olivenöl und Schweinefleisch sowie Wein zu ermäßigten Preisen auf die Liste. Insgesamt handelt es sich angesichts der begrenzten logistischen Möglichkeiten der Zeit nicht nur finanziell um eine bemerkenswerte Leistung, die über Jahrhunderte, von einigen Engpässen abgesehen, gut funktionierte.

Ein zweiter Weg, das römische Volk durch Wohltaten zu befrieden, waren die Spiele – und zwar nicht als triviale Randerscheinung oder bloße Volksbelustigung. Dem Mythos nach waren sie so alt wie die Stadt Rom selbst; Stadtgründer Romulus soll sie eingeführt haben. Außerdem hatten sie einen religiösen, die Gladiatorenspiele zumindest einen rituellen Ursprung, auch das machte sie zu einem Kulturgut. Ausgerichtet von Vertretern der regierenden Familien stellten sie eine Gegenleistung ans Volk fürs Amt dar – mit dem Mehrwert enormen Prestiges für den Veranstalter.

Gleichzeitig waren auch sie eine Art Incentive, Früchte des Imperiums für den nominellen Souverän, das Volk.

Die Spiele waren die einzige Gelegenheit, bei der die Römer in großer Zahl zusammenfanden. In der Kaiserzeit, als das Volk politisch nicht mehr mitzureden hatte, äußerte es hier Gefühle und Begehr. Im Idealfall strömte es zu den grandiosen Spektakeln, huldigte dem Kaiser und stützte so seine Macht. Umgekehrt machte der Kaiser seinem Volk die Aufwartung. Es konnte aber auch unangenehm für den Veranstalter werden: Manche unpopuläre Maßnahme wurde hier im Keim erstickt, weil sich im Circus ein gefährlicher Aufruhr andeutete; manche Forderung aus dem Volk wurde lautstark artikuliert und konnte fortan nicht mehr ignoriert werden. Bekannt sind vor allem die Interventionen des Publikums, das Tod oder Leben eines Gladiatoren forderte, aber der Volkswille konnte auch andere Inhalte haben: Tiberius sah sich gezwungen, auf Protest der Zuschauermassen im Circus die Getreidepreise zu senken, Nero hielt man die hohen Steuern vor. Auch ließ das Volk manchen unpopulären Politiker über die Klinge springen; mitunter musste spontaner Volkszorn sogar blutig unterdrückt werden. Da Politiker und Kaiser um die Notwendigkeit und Bedeutung der Spiele, aber auch um ihre Gefahr wussten, kannten sie auch stets den schnellsten Weg zum gesicherten Ausgang und wurden von Leibwächtern begleitet.

Um die Spiele durchzuführen, wurde ein beträchtlicher, schließlich völlig übersteigerter Aufwand getrieben. Für die Politiker, Feldherren und Kaiser, die die immer teurer werdenden Inszenierungen finanzierten, war der Tribut ans Volk ebenso eine Frage des Prestiges. Die reichen Veranstalter wollten sich gegenseitig übertrumpfen, und natürlich erwartete auch das Publikum, dass die nächsten Spiele den vorangegangenen noch eins draufsetzen würden. Handelte es sich anfangs noch um Theateraufführungen und Wagenrennen, die auch keineswegs täglich stattfanden, wurden ab 264 v. Chr. Gladiatorenkämpfe ausgerichtet. 80 Jahre später kamen

Hetzen mit exotischen Tieren hinzu, deren Herkunft nebenbei noch verdeutlichte, welche Ausdehnung das Imperium erreicht hatte. Julius Caesar ließ für seine Spiele 46 v. Chr. über tausend Tiere aus entfernten Provinzen verschiffen, darunter mehrere Dutzend Elefanten, ein Nashorn und die ersten Giraffen, die die Römer je zu Gesicht bekamen. In der Kaiserzeit wurde es immer irrwitziger. Der Zwang zur Steigerung verlangte nach immer neuem Nervenkitzel. Während schon Caesar Hunderte Gladiatoren in den Todeskampf schickte, waren es bei der Eröffnung des Kolosseums bereits Tausende, unter Kaiser Trajan angeblich sogar Zehntausende, die in der Arena um ihr Leben fochten.

Im Rückblick betrachtet, waren die Spiele, wie es der Althistoriker Karl Christ ausdrückte, »der Preis und der Ausdruck der politischen Neutralisierung der Affekte der römischen Bevölkerung«. Der berühmte Pantomime Pylades wies Kaiser Augustus einmal auf die gesellschaftliche Rolle seiner Zunft hin: »Es ist von Vorteil, Caesar, dass sich das Volk mit uns beschäftigt.« So wie der nicht sündigt, der schläft, begehrt auch nicht auf, wer gut unterhalten wird – dieses Kalkül legen Machthaber immer wieder an. Ebendas beklagte Juvenal in seiner eingangs zitierten Satire: dass das Volk sich mit schnöden Zerstreuungen stillhalten ließ. In seinen Augen war dies ein Bestandteil des betrüblichen Niedergangs Roms. Juvenals Spott ist daher weniger konkrete Darstellung als allgemeine Kulturkritik.

Es ist also zutreffend, dass die Römer von kostenlosen Lebensmitteln profitierten und mit immer aufwendigeren Spielen unterhalten wurden, die übrigens bei allen Schichten gleichermaßen beliebt waren. Wenn wir aber dem einfachen Volk der Stadt Rom Gerechtigkeit widerfahren lassen wollen, genügt ein wenig Mathematik: Abgesehen davon, dass weite Bevölkerungsteile gar nicht in den Genuss der Vergünstigungen kamen, ernährte das kostenlose Getreide den römischen *plebs* nicht allein – der Mensch lebt nicht vom Brot allein. Auch der übrige Lebensunterhalt wie Kleidung und Wohnung musste irgendwie bestritten werden. Und die Lebenshaltungskosten in Rom waren exorbitant, obwohl man zumeist mit miesen Behausungen vorliebnehmen musste; Sozialleistungen wie Arbeitslosenhilfe gab es dagegen nicht. Die »kleinen Leute« gingen durchaus arbeiten und verbrachten ihre Tage keineswegs ausschließlich bei Circusspielen. Rom war alles andere als eine faule Stadt des Müßiggangs, im Gegenteil: Handel und Gewerbe florierten, die Menschen waren geschäftig, vor allem in der Baubranche. Und dann: Wären die Arenen und Theater stets voll gewesen, hätten ihre Kapazitäten gleichwohl nur für rund drei Prozent der Bevölkerung ausgereicht. Immerhin fünf Prozent passten zwar ins Kolosseum, jedoch waren 90 Prozent der dortigen Plätze für die Oberschicht reserviert. In die größte Arena schließlich, den Circus Maximus, passten beachtliche 200 000 Menschen, aber dort wurden zu Augustus' Zeiten nur an rund 20 Tagen im Jahr Rennen ausgetragen. Selbst im 4. Jahrhundert waren von insgesamt 177 Veranstaltungstagen nur zehn für Gladiatorenspiele, 66 für Wagenrennen und 101 Tage für Theateraufführungen reserviert, und Letztere standen beim Volk nicht gerade hoch im Kurs. Die moralinsauren Vorhaltungen der älteren Geschichtsschreibung entbehren also jeder Grundlage – mit ähnlichem Recht könnte man angesichts der vielen Theater in New York räsonieren, die dortige Unterschicht müsse wohl dort ihre Tage verbringen. Sie tut es allenfalls vorm Fernseher, und auch das zumeist erst nach getaner Arbeit.

Zuflucht in der heiligen Stadt

Auch die Anhänger des Christentums waren im alten Rom alles andere als privilegiert, bevor Kaiser Konstantin im 4. Jahrhundert die obskure Sekte zur Staatsreligion erhob. Diese Frühzeit des Christentums konnte trotz intensivster Forschungsbemühungen bisher nicht lückenlos erforscht werden. Eine aufstrebende Religion in ihren Anfängen, die noch nicht recht ernst genommen wird, konspirativ tätig ist und Verfolgungen zu gewärtigen hat, hinterlässt naturgemäß weniger Spuren als die Institution, die später in die Sphären der Macht aufstieg. Das gilt noch viel mehr für die riesige antike Metropole Rom, auch wenn sie als mutmaßlicher Wirkungs- und Todesort der Märtyrer-Apostel Petrus und Paulus sehr bald eine Sonderstellung in der jungen Christenheit erlangte und ihre Bischöfe zu einer Autorität im Streit um Glaubensinhalte wurden. Daher muss man sich eigentlich nicht wundern, dass die frühesten archäologischen Beweise zur Präsenz des Christentums in Rom erst aus dem späten 2. Jahrhundert stammen. Unser Wissen von einer zu diesem Zeitpunkt in der Hauptstadt längst bestehenden frühchristlichen Gemeinde, die bereits eine Organisationsstruktur aufgebaut hatte, stammt aus schriftlichen Quellen. Aber wo sich die ersten römischen Christen zu Gottesdiensten und Versammlungen trafen, ist unbekannt. Bestattet wurden sie zunächst wie ihre heidnischen Mitbürger auf den städtischen

Friedhöfen; rein christliche oberirdische Friedhöfe wurden seit dem 3. Jahrhundert eingerichtet, aber diese Begräbnispraxis stieß mit steigender Zahl von Gläubigen an ihre Grenzen, da die Christen Einäscherung strikt ablehnten.

Zu den ältesten Bauwerken der römischen Christen gehören die Katakomben, die wohl seit dem 2. Jahrhundert eingerichtet wurden, während jüdische Katakomben schon früher belegt sind. Die christlichen Katakomben sind überaus faszinierende Zeugnisse des frühen Glaubens und in ihrer Schlichtheit und Enge höchst authentisch. Im Bewusstsein der ganz nahen Überreste von Menschen, die sich vor mehr als anderthalb Jahrtausenden von einer noch jungen Religion begeistern ließen, spürt man unwillkürlich in Gedanken der Frühzeit des Christentums nach, das hier eine Präsenz beweist, die so manches Oberirdische der inzwischen altehrwürdigen Religion in den Schatten stellt. Das unterstützt die populäre Auffassung, die Katakomben seien geheime Versammlungsorte einer unterdrückten Minderheit gewesen. In der Zeit der Christenverfolgungen seit Kaiser Nero bis Ende des 3. Jahrhunderts seien sie dafür angelegt und später aufgegeben worden, als die Verfolgungen ein Ende gefunden hatten und die Verstecke nicht mehr gebraucht wurden. Doch bei dieser verbreiteten Annahme handelt es sich um einen Irrtum. Tatsächlich dienten die Katakomben als Begräbnisorte. Die alte lateinische Bezeichnung coemeterium, die sich in vielen Sprachen bis heute als Bezeichnung für Friedhof gehalten hat, bezog sich auch auf diese unterirdischen Nekropolen. Der Begriff Katakombe stammt von der Ortsbezeichnung der ersten wiederentdeckten, aber keineswegs ältesten Grabganganlage Roms, die im 16. Jahrhundert freigelegt wurde: ad catacumbas, in der Senke. Zur Wallfahrtskirche San Sebastiano fuori le mura gehörig und rund drei Kilometer vor der antiken Stadtgrenze gelegen, sind diese namensgebenden Gräbersysteme heute als Sebastians-Katakomben bekannt.

Eine der ersten von Christen genutzten Katakomben ist die

1849 wiederentdeckte Calixtus-Katakombe unter der Via Appia vor der antiken Stadt auf dem heutigen Anwesen eines Klosters. Papst Calixtus I., zuvor Beauftragter der römischen Gemeinde für diesen Begräbnisort, ließ sie nach seiner Wahl im Jahr 217 erweitern. Oberirdisch bestand die Via Appia wie andere Ausfallstraßen aus einer endlosen Reihe von Gräbern, denn auf dem Stadtgebiet des antiken Rom war die Bestattung von Toten nicht erlaubt. Mit dem Übergang von Feuer- zu Erdbestattung im 2. Jahrhundert n. Chr. kam es zu einem Platzproblem, auch für die wachsende Zahl der Christen. Der Umfang der römischen Gemeinde wird für die Mitte des 3. Jahrhunderts auf bis zu 50 000 Mitglieder geschätzt.

Das poröse Gestein der Gegend um Rom ermöglichte die Anlage eines ganzen Netzes unterirdischer Gänge. Die Calixtus-Katakombe wurde als rechtwinkliges Raster mit fünf Ebenen planmäßig auf Erweiterung angelegt. Die Hauptgänge, zu denen der Zugang von oben erfolgt, sind mit kleinen Quergängen untereinander verbunden. Insgesamt kommt das Gängenetz auf eine Gesamtlänge von mehr als zehn Kilometern. In die Gänge wurden seitlich sogenannte loculi gehauen, kleine Einzelgräber individueller Größe, die die Verstorbenen aufnahmen. Die Gräber wurden übereinander angeordnet und mit Ziegeln oder Marmorplatten verschlossen. Deren Ausführung zeigt große Unterschiede: Neben aufwendigen Gräbern betuchter Christen befinden sich hier schmucklose Begräbnisstätten von Armen, die sich nur ein bescheidenes Ruheplätzchen und die Ziegel für den Grabverschluss leisten konnten, wenn die Kosten nicht ganz von der Gemeinde getragen wurden. Die 1854 entdeckte Krypta der Calixtus-Katakombe diente auch als Grablege von neun Päpsten und verschiedenen Heiligen, und ihre Fresken gehören zu den frühesten Zeugnissen christlicher Bildkunst überhaupt: Biblische Themen, Darstellungen von Wundern, von religiösen Riten und Handlungen wie der Eucharistiefeier finden sich hier abgebildet. Die Wandmalereien erzählen viel über die Glaubenswelt der frühen Christen, vor allem ihre Hoffnungen auf ein erquickliches Jenseits sprechen daraus. Wegen ihrer regalweisen Aufbewahrung der Toten bezeichnete der Kirchenhistoriker Wilhelm Gessel die Katakomben als »gewaltige Lagerhallen zur Bereitstellung der Toten auf den Tag der allgemeinen Auferstehung«. Aufgrund des provisorischen Charakters als nur vorübergehende Unterbringung wurden die meisten Gräber achtlos und in aller Eile verschlossen.

Die christlichen Bestattungen in Katakomben begannen im 2. Jahrhundert und erreichten ihren Höhepunkt im 4. und 5. Jahrhundert; die letzte datierte Grabinschrift stammt aus dem Jahr 535 und findet sich in den Sebastians-Katakomben. Mit dem Märtyrerkult wurde seit dem 4. Jahrhundert die Bestattung in der Nähe von Märtyrergrablegen immer beliebter, wovon die Katakomben reiches Zeugnis ablegen. Die Gedenktage der Glaubenszeugen wurden festlich begangen, und man hielt in den engen Katakomben auch kleinere Feiern ab. Für größere Veranstaltungen aber waren die Gänge viel zu eng – und gänzlich unbrauchbar waren sie als Versteck. Denn wegen der wenigen Zugänge und weil die Lage der Katakomben kein Geheimnis war, hätten die Verfolger mit den dort Zuflucht suchenden Christen ein leichtes Spiel gehabt. Für einen geeigneten Zufluchtsort befanden sich die Katakomben außerdem viel zu weit außerhalb der Stadt. Auch die Chronologie entlarvt die Geschichte von den Katakomben als Zufluchtsstätten bedrängter Christen als falsch. Denn die meisten Bestattungen stammen aus der Zeit nach dem Ende der Verfolgungen, nachdem Kaiser Konstantin im Jahr 313 in der Mailänder Vereinbarung Religionsfreiheit gewährte.

Um 500 n. Chr. ging man mehr und mehr dazu über, die Toten auf Friedhöfen und in Kirchen beizusetzen, was die Blütezeit der Katakomben beendete. Die Katakomben dienten aber nach wie vor als Wallfahrtsstätten und tauchten in Romführern des Mittelalters noch lange als Attraktionen auf – man konnte sie also wohl weiterhin besuchen. Ihre Anziehungskraft für die Pilger nahm allerdings seit dem 9. Jahrhundert stetig ab, weil immer mehr Heiligenreliquien aus ihnen in oberirdische Kirchen verlegt wurden, sei es in Rom oder an anderen Orten der Christenheit. Wer also die Gebeine eines geschätzten Heiligen zum Gebet aufsuchen wollte, musste dafür immer seltener in den Untergrund hinabsteigen. Ganz aufgegeben und dann vergessen wurden sie vermutlich in der Zeit des Papsttums von Avignon im 14. Jahrhundert, der sogenannten babylonischen Gefangenschaft der Päpste unter den französischen Königen. Damals erlebte das religiöse Leben in der Ewigen Stadt seinen Tiefstand. Aber da waren auch nur noch eine Handvoll der römischen Katakomben überhaupt zugänglich. Größere Aufmerksamkeit zogen sie erstmals mehr als ein Jahrhundert später wieder auf sich und dann verstärkt durch das Interesse der Gegenreformation an den Wurzeln des Christentums. 1788 unternahm Goethe einen Besuch, sprach in seiner *Italienischen Reise* allerdings missvergnügt von »dumpfigen Räumen«, die er sogleich wieder verließ. Auch Stendhal und Charles Dickens schrieben darüber, aber wissenschaftlich umfassend und systematisch erforscht werden sie erst seit Mitte des 19. Jahrhunderts.

Die Geschichte von den Katakomben als Zufluchtsorte bedrängter Christen, die sich darin vor den gewaltsamen Verfolgungen in Sicherheit brachten oder gar wohnten, kam zur Zeit der Wiederentdeckungen im 16. und 17. Jahrhundert auf. 1632 erschien das Buch *Roma sotterranea* des Archäologen Antonio Bosio, das auch Goethe studierte, um seinen hasenfüßig-überstürzten Aufbruch aus der Unterwelt zu kompensieren. Bosio hatte Ende des 16. Jahrhunderts 30 Katakomben entdeckt, einige freigelegt und schreibt von verfolgten Christen, die dort Zuflucht suchten. Der Irrtum geht unter anderem auf antike Quellen zurück, in denen von Päpsten die Rede war, die »in den Friedhöfen« wohnten, was sich aber auf den oberirdischen Teil der betreffenden Gelände bezog. Zudem hatte Kaiser Valerian (253–260) den

Christen im ganzen Römischen Reich Versammlungen auf Friedhöfen verboten, was zur Vermutung Anlass gab, dass man sich nunmehr in den unterirdischen Nekropolen traf. Außerdem wurde Papst Sixtus II. im Jahr 258 im Zuge der Christenverfolgungen in einer Katakombe festgenommen, hingerichtet und dort begraben. Weil er einer der am meisten verehrten Märtyrer der frühen Christenheit war, fand die Geschichte seines Martyriums weite Verbreitung und wuchs sich aus. Und schließlich dürfte die Tatsache, dass Christen die Katakomben zum Zwecke der Märtyrerverehrung besuchten, bis schließlich deren Reliquien entnommen und in Kirchen überführt wurden, die irrige Erzählung befördert haben.

Inbegriff für Barbarei und Kulturlosigkeit

Vandalismus ist in vielen Sprachen ein gängiger Begriff, der selten hinterfragt wird. Wahllos zerstörerische Handlungen an fremdem oder öffentlichem Eigentum werden als Vandalismus bezeichnet, und häufig wird der Begriff juristisch als Tatbestand geführt – und verunglimpft die Vandalen, die sehr zu Unrecht als barbarisches, kulturloses Volk in die Weltgeschichte eingegangen sind. Erstmals erwähnt werden die Vandalen in römischen Quellen des 1. Jahrhunderts, zunächst bei Plinius dem Älteren, der sie als eine der fünf Großgruppen der Germanen führt, sodann in Tacitus' Beschreibung der verschiedenen germanischen Völker. Grob platzierte man sie nördlich der Donau und östlich des Rheins. Heute wird vermutet, ihr Siedlungsgebiet habe in Zentral- und Südpolen gelegen; Cassius Dio schreibt von den »vandalischen Bergen«, mit denen vermutlich die Sudeten oder auch nur das Riesengebirge gemeint sind. Von dort aufbrechend, absolvierten die Vandalen eine bemerkenswerte und lange Wanderschaft: In der zweiten Hälfte des 2. Jahrhunderts rückten sie im Zuge der Markomannenkriege auf die römische Provinz Dakien an der Donau vor, wo sie sich ansiedeln wollten. Das konnten die Römer abwehren, man schloss aber Abkommen. In der Folge gab es Militärdienstleistungen der Vandalen ebenso wie Auseinandersetzungen, zumal man sich die Völker an den Reichsgrenzen gerne vom Hals hielt, indem man sie gegeneinander ausspielte oder aufhetzte. Das Imperium Romanum besaß eine zwiespältige Ausstrahlung auf die Völker, die in seiner Nachbarschaft lebten: Einerseits fühlten sie sich von Rom bedroht oder bevormundet und legten Wert auf ihren eigenen Weg; andererseits war das Römische Reich wirtschaftlich und kulturell ungeheuer attraktiv und der Wunsch groß, davon zu profitieren.

Vermutlich unter dem Druck des Hunneneinfalls oder wegen einer Hungersnot machten sich die Vandalen um 400 auf gen Westen und standen ein Jahr später am Rhein, den sie weitere fünf Jahre später überquerten. Wo und wann genau das passierte, ist unklar. Unzuverlässige Quellen sprechen vom zugefrorenen Rhein bei Mainz am Silvestertag 406, möglicherweise geschah es aber auch weiter südlich bei Straßburg. Drei Jahre blieben sie in der römischen Provinz Gallien, dem heutigen Frankreich, bis sie 409 über die Pyrenäen zogen und Spanien erreichten – auch die genaue Route vom Rhein nach Süden kennen wir nicht.

Schon die lange Wanderschaft ließ die Vandalen natürlich nicht unbeeinflusst; wie auf andere Völker wirkte auch auf sie besonders die dominierende römische Kultur ein. Unterwegs ließen sie sich zum arianischen Christentum bekehren und eigneten sich auf ihrem Zug an, was sie gebrauchen konnten, also vor allem militärisches Know-how. Die Römer ließ das nicht unbeeindruckt, und wie sie generell der Bedrohung des Reiches durch die Barbarenvölker mit allerlei Maßnahmen zu begegnen suchten, wollten sie auch die Vandalengefahr entschärfen. Zum einen erhielten die Vandalen schließlich Siedlungsgebiete in Spanien in der Hoffnung, ihre Energien auf eine andere Betätigung zu lenken. Zum anderen versuchte man abermals, verschiedene Völker gegeneinander auszuspielen: In diesem Fall sollten die Goten den Vandalen Einhalt gebieten, was allerdings fehlschlug.

In Spanien blieben die Vandalen weitere zwei Jahrzehnte, siedelten in Asturien und Galicien, in Süd- und Südwestspanien sowie dem heutigen Portugal. Dann aber drängte es sie weiter. Nach Erkundungs- und Plünderungsfahrten von der südspanischen Küste aus beschloss Vandalenkönig Geiserich 429, Spanien zu verlassen und nach Afrika überzusiedeln. Dieser Zug eines ganzen Volkes mitsamt Ausrüstung und Tausenden Pferden kommt einer logistischen Meisterleistung gleich, und eingeteilt in 80 Tausendschaften verließen die Vandalen Europa. Darunter waren rund 15 000 Krieger, die nunmehr auf unbekanntem Weg Nordafrika eroberten. Vermutlich überquerte man die Meerenge von Gibraltar und segelte sodann entlang der Mittelmeerküste Afrikas ostwärts – aber das bleiben bloße Vermutungen. Mitte des Jahres erreichten die Vandalen unter Führung Geiserichs mit römischen Schiffen ihr Ziel und eroberten dort trotz erheblichen Widerstands die Städte, darunter schließlich unter ungeklärten Umständen auch Karthago, die wichtigste Metropole des südlichen Mittelmeerraums. Für Rom bedeutete der Verlust dieser Provinzen einen schweren Schlag, denn Nordafrika war die Kornkammer des Imperiums. Da sich das Reich aber in einer Schwächephase befand – und rückblickend betrachtet längst auf seinen Untergang zusteuerte –, konnte es den germanischen Eroberern keinen ausreichenden Widerstand entgegensetzen. Eine diplomatische Lösung tat not, und so schlossen die Römer 442 einen Vertrag mit den Vandalen, die nicht nur den Kernbestand römischer Herrschaft in Nordafrika erhielten, nämlich Tunesien und den Osten Algeriens, sondern Rom verzichtete noch dazu notgedrungen auf die sonst üblichen Tributzahlungen. Das Vandalenreich war damit nicht nur souverän geworden, sondern lag in Bezug auf Macht und Einfluss gleichauf mit den beiden Kaisern West- und Ostroms. Ein Jahrhundert lang konnten die Vandalen ihre Herrschaft über Nordafrika behaupten, bis sie durch inneren Streit und unter dem Druck des Oströmisches Reiches und der Mauren zu Ende ging.

Das hundert Jahre bestehende Reich der Vandalen straft die Verwendung ihres Namens als Synonym für blinde Zerstörungswut Lügen. Keineswegs herrschten sie in Nordafrika so, wie der ihnen anhaftende Ruch vermuten ließe, im Gegenteil: Sie setzten sich sozusagen ins gemachte Nest, an das sie sich aber gekonnt anpassten, anstatt das Unterste zuoberst zu kehren. Die Kultur der römischen Provinz übernahmen sie ebenso wie deren Lebensstil. Sie gingen auf die Jagd, lernten Bade- und Esskultur zu schätzen sowie das feudale Wohnen in prachtvollen Villen, deren Grünanlagen von Gärtnern gepflegt wurden. Sogar ihre Toten bestatteten viele Vandalen auf hergebrachte römische Weise. Selbst künstlerisch knüpften sie an das Vorgefundene an, sodass man Zeugnisse ihrer Herrschaft über Nordafrika glatt für römischen Ursprung halten könnte. Besonders eindrucksvoll erzählen erhaltene Grabmosaike aus vandalischer Zeit von der künstlerischen Blüte ihres Reiches. Musik- und Theateraufführungen fanden ebenso weiterhin statt wie Wagenrennen. Nahezu bruchlos knüpft daher die Kultur der Vandalen an die der Römer an, umgekehrt akzeptierten die eben noch römischen Bürger die neuen Herren trotz deren barbarischer Herkunft und des religiösen Sektierertums, durch das sich der Arianismus auszeichnet, mochte es auch mehrmals zu Katholikenverfolgungen kommen. Gänzlich römisch werden wollten die Vandalen jedoch nicht, denn sie legten durchaus Wert auf ihre Herkunft.

Wie aber wurden die Vandalen zum Inbegriff für Kulturlosigkeit und sinnlose Zerstörungswut? Nun, es ist immer eine Frage der Perspektive, zumal die Vandalen zu den Völkern gehören, deren Perspektive auf die Welt unbekannt ist, weil Quellen dafür fehlen. Also hat der Blick von außen das Bild der Vandalen in der Geschichte geprägt, und dieser Blick ist zumeist parteiisch. Vor allem trug zum schlechten Leumund des germanischen Volkes ihr kurzer Romzug im Jahr 455 bei, als sie die stolze Hauptstadt des Römischen Reiches plünderten. Bloße Zerstörungswut war dabei allerdings nicht der Antrieb, sondern Kalkül: Man zerstörte wenig, raubte aber umso mehr, neben Kunstgütern anderes Wertvolles aus öffentlichen Gebäuden und den Villen reicher Stadtrömer. Anlass für die zweiwöchige Stippvisite war ein Abkommen mit dem römischen Kaiser Valentinian III., der seine inzwischen 16-jährige Tochter Eudocia noch als Kleinkind dem vandalischen Thronfolger als Ehefrau versprochen hatte. Nach der Ermordung des Kaisers aber wollte sein Nachfolger das Mädchen mit dem eigenen Sohn verheiraten, diesen Plan vereitelten jedoch die Vandalen durch Invasion und Entführung der Kaisertochter. Außer Eudocia wurden auch ihre Mutter und ihre Schwester verschleppt sowie weitere Angehörige der römischen Oberschicht und Männer mit Berufen, die in Nordafrika benötigt wurden. Insgesamt steht diese Demütigung Roms in Zusammenhang mit dem Ausbau vandalischen Einflusses im Mittelmeerraum zuungunsten des Weströmischen Reiches. Ein Beutezug war es also durchaus, aber kein Vandalismus im heutigen Sinne, zumal die Bevölkerung auf Betreiben des Papstes offenbar weitgehend geschont wurde. Aber natürlich war die Breitenwirkung dieser Nachricht enorm: Ein Newcomer-Völkchen hatte die ehrwürdige Stadt Rom erobert und geplündert! Die römischen Chronisten empörten sich nach Kräften und beklagten den Bruch des Vertrages von 442, den die Vandalen aber offenbar mit der Ermordung Valentinians als erloschen ansahen. Wie auch immer: Die Schlagzeile von der Plünderung der Ewigen Stadt überdauerte in den Köpfen der Menschen die Jahrhunderte, weil es das Ende der römischen Kultur nach einem glanzvollen Jahrtausend durch den Druck barbarischer Völker vortrefflich zu illustrieren schien. Und das wirkte sich fatal auf das Bild von den Vandalen aus – bis heute.

Der schlechte Leumund der Vandalen verweist zum anderen auf ihren Zug durch Gallien, wo sie sich ziemlich rabiat gebärdeten. In verschiedenen Städten Nordgalliens haben Archäologen Brandschichten im Boden lokalisiert, die von Zerstörungen durch Vandalen stammen können, wenn auch nicht müssen. In Frankreich wurde denn auch der Begriff Vandalismus für blinde Zerstörungswut geprägt: 1794, also während der Französischen Revolution. Henri Grégoire, Bischof von Blois und revolutionärer Politiker, geißelte im Pariser Nationalkonvent Mordlust und Kulturbarbarei mancher Jakobiner, die auch viele Kunstwerke als Symbole des überwundenen Ancien Régime eifrig zerstörten, als »Vandalismus«. Schon vier Jahre darauf wurde der Ausdruck ins Wörterbuch der Académie française aufgenommen. Damit war der Begriff in der Welt und sollte trotz des schiefen historischen Bezugs Karriere machen – im Wortschatz der meisten europäischen Sprachen.

Davon geht die Welt nicht unter

Der Untergang des Römischen Reiches ist eine dramatische Entwicklung der Geschichte, die heute vielleicht mehr denn je fasziniert. Die wirkliche Apokalypse tut das natürlich erst recht, obwohl sie immer wieder ausbleibt: der Weltuntergang. Seit Menschengedenken wird in unregelmäßigen Abständen das Ende der Zeiten erwartet, herbeigesehnt, heraufbeschworen – ob aus religiösen Gründen, zu propagandistischen oder ideologischen Zwecken oder aus bloßer Sensationsgier. Den Weltuntergang führen wohl die meisten Religionen im Sortiment. Und so wurden, als im Jahr 2012 der 21. Dezember näher rückte, die alten Maya Mittelamerikas zum großen Thema der Medien. Nicht zum ersten Mal ging es um den Untergang unserer Welt, der zweifellos auch in Zukunft Konjunktur haben wird. In diesem bisher letzten Fall wurden die Maya bemüht, die angeblich für diesen Tag das Ende aller Zeiten erwartet hätten, und ihr Kalender, der an diesem Tag eben deshalb zu seinem Ende komme. In Rechnung und Schreibweise des Maya-Kalenders lautet dieses Datum 13.0.0.0.0 4 Ahau 3 Kank'in.

Die Hochkultur der Maya mit ihrer Blüte zwischen dem 3. und 10. Jahrhundert ist legendär. Zu einer Zeit, die man für Europa eher mit einem finsteren Mittelalter assoziiert, das seine Glanzzeiten noch vor sich hatte, schufen mitten im mittelamerikanischen Regenwald Menschen eine bewundernswerte, kulturell fortgeschrittene, wirtschaftlich kraftvolle und künstlerisch reiche Kultur, die schließlich aus ungeklärter Ursache ihren Niedergang erlebte und in der Folge dem Vergessen anheimfiel. Den vergleichsweise kümmerlichen Resten der Maya-Kultur machten spanische Konquistadoren den Garaus, als sie im frühen 16. Jahrhundert den Bewohnern der Region ihre Herrschaft aufzwangen. Erst im 19. Jahrhundert wurden mitten im Urwald und verborgen unter dichtem Wildwuchs die verfallenen Tempel und Städte wiederentdeckt. Mit bewundernswertem Einsatz und großem Aufwand machten sich Wissenschaftler verschiedenster Disziplinen an die Arbeit, die Rätsel der Hochkultur zu lösen. Zu ihren Zielen gehörte es, den Kalender der Maya zu entschlüsseln und zu erklären. Er sollte sich als ausgefeilter und leistungsfähiger erweisen, als man einem Regenwaldvolk hätte zutrauen mögen. Während der Kalender und die Mathematik der Maya schließlich entschlüsselt werden konnten, war die Erklärung, warum sie mit ihrem Kalender einen derartigen Aufwand betrieben und wie er genau genutzt wurde, zunächst schwieriger. Erst mit der Entzifferung ihrer Schrift wurde es möglich, die Geschichte der Maya-Kultur zu rekonstruieren. Bis dahin aber boten ausstehende Erklärungen jede Menge Raum für teilweise seriöse Überlegungen, teilweise wilde Spekulationen.

Schon bei der Mathematik heißt es umdenken, denn die Maya wählten nicht wie wir die 10 zur Grundzahl im daraus abgeleiteten Dezimalsystem, sondern richteten ihre Mathematik nach der Grundzahl 20 aus und rechneten daher im Vigesimalsystem (von lat. viginti = zwanzig). Auch die schriftliche Darstellung unterscheidet sich von unserer mit arabischen Ziffern. Die Maya verfuhren da sehr einfach: Ein Punkt bedeutet eine Eins, zwei, drei oder vier Punkte Zwei, Drei oder Vier. Die Fünf wurde durch einen Strich dargestellt. Mehr als vier Punkte oder drei Striche gab es nicht, denn das Positionssystem erlaubte die Darstellung von Zahlen jeder beliebigen Höhe. Die Zwanzig etwa wurde mit 1.0

ausgedrückt. Die Ziffernfolge 1-2-5 unseres Rechensystems verstehen wir mühelos als dreistellige Zahl 125, weil die Zwei die Zehner- und die Eins die Hunderterposition bezeichnet. Damit umzugehen ist uns in Fleisch und Blut übergegangen. So viel anders verfuhren die Maya gar nicht, aber in ihrem Positionssystem geht es zwar ebenfalls von rechts nach links, aber nicht wie bei uns in Zehnerpotenzen aufwärts, sondern in Zwanzigerpotenzen. Dieselbe Angabe 1-2-5 (nach Maya-Schreibweise wäre das, von links nach rechts gelesen – oder auch von oben nach unten – ein Punkt, ein Doppelpunkt und ein Strich) würde bei den Maya daher 445 meinen: Fünf mal eins für die rechte Position, zwei mal zwanzig für die mittlere sowie einmal 400 für die linke Position. Die Darstellung allein mit Punkten und Strichen wirkt auf uns primitiv, aber das täuscht: Die Mathematik war ebenso leistungsstark wie unsere heutige und bot die Möglichkeit, mit umfänglichen Zahlenpaketen zu hantieren. Das nutzten die Gelehrten vor allem für ehrgeizige astronomische Berechnungen – und für ihre Kalenderwirtschaft. Den Maya war die Zeit heilig, und schon deshalb wurde mit der Zeitrechnung größter Aufwand betrieben. Einer der höchsten Götter war der Sonnengott K'inich Ahau, und das Wort k'in bezeichnet außer der Sonne auch den Tag. Von diesem Wort werden selbst die Bezeichnungen der Himmelsrichtungen abgeleitet. Hingegen ist über eine Unterteilung des Tages weiter nichts bekannt, vermutlich unterschied man nur in Tag und Nacht.

Das Maya-Zeitmanagement besteht eigentlich aus drei Kalendern. Wie andere alte mittelamerikanische Völker der präkolumbischen Zeit nutzten sie zunächst einen einfachen Kalender, der 260 Tage umfasst und somit weder an Sonne noch an Mond ausgerichtet ist wie die meisten anderen Kalender der Menschheitsgeschichte. In diesem Tzolk'in genannten Ritualkalender werden 20 Tage mit einem Namen und einer Zahl von eins bis dreizehn bezeichnet. Dieser Teil des Maya-Kalenders ist der älteste – aber wie alt genau, ist ebenso Gegenstand von Forscherkontroversen wie die Frage, wie man auf die 260 Tage verfiel. Da die Sonne neben dem Rhythmus von Tag und Nacht auch das Sonnenjahr von rund 365 Tagen vorgibt, wurde der Tzolk'in durch einen weiteren Kalender ergänzt, den Haab. Er ist jünger als der Ritualkalender, denn mit Sesshaftwerdung und beginnendem Ackerbau wurde unverzichtbar, das Sonnenjahr kalendarisch zu begleiten, beispielsweise um die richtige Zeit zur Aussaat zu bestimmen. Der Haab umfasst 18 Vollmonate von 20 Tagen Länge sowie am Ende des Zyklus einen Kurzmonat mit fünf Tagen. Diese angehängten Tage, die auch die Ägypter kannten, galten übrigens als unheilbringend. Für das Alltagsleben der Maya genügten diese beiden Kalender, und auch für eine überschaubare Chronologie ließ sich gut damit arbeiten: Mit der Kombination aus beiden lässt sich ein Zeitabschnitt von 52 Jahren kalendarisch verwalten – ausreichend also zur zeitlichen Orientierung innerhalb eines Menschenlebens. Diese Zeitspanne bezeichnet man als Kalenderrunde. Nehmen wir als Beispiel den Todestag des großen polnischen Komponisten Frédéric Chopin, den 17. Oktober 1849: Dieses Datum trägt die Bezeichnung 9 Ahau (im Tzolk'in) 18 Mol (im Haab). Ein Tag dieser Bezeichnung kommt im Maya-Kalender nur alle 52 Jahre vor.

Für offizielle und religiöse Zwecke stellten die Maya Tzolk'in und Haab später eine Langzeitchronologie zur Seite. Diese bezieht sich wie andere Kalender auf einen Nullpunkt: den Tag der Schöpfung, darin dem jüdischen Kalender ähnlich. In unseren gregorianischen Kalender umgerechnet, wurde die jetzige, nach der Schöpfungsgeschichte der Maya dritte Welt im Jahr 3114 v. Chr. erschaffen. Von da an wird Tag für Tag gezählt und entsprechend dem Vigesimalsystem der Maya notiert. Für eine vollständige Tagesbezeichnung treten also zu den Angaben aus Tzolk'in und Haab die Angaben der Langzeitchronologie. Nach überwiegend anerkannter Umrechnung dieser sogenannten Langen Zählung ist Chopin am Tag 12.11.14.8.0 gestorben. Diese Zahl bezeichnet entsprechend der Maya-Mathematik und ihrer

Schreibweise die Tage, die seit der Erschaffung der Welt vergangen sind: 2.013.200 Tage. Mit der Grundzahl 20 wird dieses ansehnliche Stückchen Zeit in handliche Zwanziger-Päckchen unterteilt, deren Umfang von rechts nach links in Zwanzigerpotenzen aufsteigt. Allein die dritte Position umfasst statt 400 nur 360 Tage, wohl weil das näher an der Länge des Sonnenjahrs liegt. Jedes dieser Zeitpäckchen hat einen Namen: 20 Tage (k'in) sind ein winal, 18 winal sind ein tun, 20 tun ein k'atun, 20 k'atun ein baktun. Nach der vollständigen Schreibweise des Maya-Kalenders starb Chopin also am Tag 12.11.14.8.0 9 Ahau 18 Mol.

Mit dieser Langzeitchronologie konnten die Gottkönige der Maya-Stadtstaaten ihre Geschichte zeitlich verorten, was angesichts des heiligen Charakters der Zeit propagandistisch ungeheuer wertvoll und für eine Geschichtsschreibung unabdingbar war. Ihre eigenen Verdienste und die ihrer Dynastie ließen sich so mit möglichst reichhaltigen kalendarischen Bezügen ideologisch aufwerten: Der Kalender diente nämlich nicht zuletzt dazu, Macht zu legitimieren und zu erhalten. Folglich wurde der Kalender umfassend genutzt, wovon unzählige Inschriften in Tempeln und auf Steinstelen reiches Zeugnis ablegen. Und mancher kriegerische König, der eine andere Stadt bezwang, stellte seinen Triumph über den Gegner unter Beweis, indem er dessen Inschriften, die über den Tempelbezirk verstreut die Geschichte der Stadt dokumentierten, unleserlich machte. Durchaus ähnlich ist auch in anderen Kulturen die Auslöschung der Geschichte des unterlegenen Gegners ein probates Mittel der Machtdemonstration und Demütigung – bis hin zur Vernichtung ukrainischer Kulturzeugnisse im Gefolge des russischen Überfalls 2022.

Ein weiterer Grund für die Entwicklung eines so komplexen und leistungsfähigen Kalenders war der hohe Stellenwert der Astronomie. Ganz ohne Fernrohr und Computer, in generationenlanger nächtlicher Beobachtung, die genauestens in Listen festgehalten wurde und der Vorausberechnung diente, trieben die

Sternengucker der Maya staunenswerten Aufwand, um die Gestirne in ihrem Lauf zu verfolgen. Das war notwendig, weil die Sterne als Gottheiten angesehen wurden und einige davon so bedeutsam waren, dass man stets wissen wollte, zu welchem Zeitpunkt sie sich in welcher Position am Firmament befanden, denn über die Geschehnisse auf Erden entschieden die Götter. Dazu zählte neben Sonne und Mond vor allem die Venus, die als Kriegsgott verehrt wurde. Für die Erfolgsaussichten eines Feldzuges war ihre Position am Himmel außerordentlich bedeutsam. Und zudem wurden wichtige Zeitangaben aufgewertet, je mehr Zusatzinformationen dazukamen: die Mondphase etwa oder eben die Position der Venus, aber auch der Bezug zu einem anderen bedeutsamen Datum. Um ein Datum zu propagandistischen Zwecken aufzuwerten, wurde gelegentlich sogar der Kalender gefälscht – auch darin stellen die Maya keinen Sonderfall der Geschichte dar. Dabei besaßen die Astronomen sehr genaue Kenntnis, das belegen die Tabellen beispielsweise im Dresdner Kodex, eine der wenigen Maya-Handschriften, die den Zerstörungsfuror spanischer Missionare überlebt haben. Auf Jahrhunderte im Voraus konnten Sternenpositionen bestimmt werden.

Die Unterteilung der Zeit in Zwanzigerabschnitte bot außerdem die Möglichkeit, ihre Vollendung feierlich zu begehen, so wie wir Jahres- und Jahrhundertwechsel ebenfalls würdigen. Vor allem zwei Zyklen kamen dafür infrage: Alle knapp 20 Jahre endete der Zyklus eines Katun, alle fast 400 Jahre der eines Baktun. Die selteneren Baktun-Enden wurden natürlich auch entsprechend groß gefeiert, wenngleich die häufigeren Katun-Enden mit größerer Wahrscheinlichkeit in ein Menschenleben fielen. Und da besonders bedeutsame, weil symbolisch aufgeladene Zahlen auch besonders gewürdigt wurden, wäre die Vollendung des 13. Baktun mit dem Datum 13.0.0.0.0 zweifellos überaus aufwendig gefeiert worden. Die Zahl 13 wurde als heilig angesehen, weil nach der Kosmologie der Maya die himmlischen Sphären aus 13 Schichten bestanden. In unserer Zeitrechnung (und nach gängiger Umrechnung) entspricht dieser Tag dem 21. Dezember 2012.

All das schafft keine Notwendigkeit, den weit entwickelten und überaus leistungsfähigen Kalender der Maya damit zu erklären, er sei als Countdown zum Weltuntergang gedacht. Nur: Die mathematisch-astronomische Entschlüsselung des Kalenders glückte, lange bevor die Schrift der Maya entziffert werden konnte und man beginnen konnte, ihre Geschichte und Weltsicht auf gesicherter Grundlage zu rekonstruieren. Daher erschien zunächst rätselhaft, wozu die Maya eine solch komplizierte Zeitrechnung besaßen. Brauchte ein vormodernes Volk, das im mittelamerikanischen Regenwald lebte, nicht einmal das Rad benutzte und obskuren Göttern Menschen opferte, einen so ambitionierten Kalender? Eine Zeitrechnung, die präziser war als der damals in Europa verwendete julianische Kalender aus römischer Zeit? Aus solchen Überlegungen spricht ein gewisses Maß westlich-moderner Überheblichkeit, die eigene Maßstäbe universell zur Anwendung bringt. Aber ohne tragfähige Erkenntnisse über die Geschichte der Maya und weil ihre Schrift noch nicht hatte entziffert werden können, war allen möglichen Spekulationen Tür und Tor geöffnet.

Kalender werden nach den Bedürfnissen einer Kultur erstellt, und die kalendarischen Bedürfnisse der Maya traten erst mit der Entschlüsselung ihrer Schrift zutage. Weil aber bereits bekannt war, dass die Maya tiefreligiös waren, und aufgrund schreckenerregender Katastrophendarstellungen wurde eine Verbindung zwischen Weltuntergang und Kalender hergestellt, ohne dass dafür gesicherte Erkenntnisse vorlagen. Die Schöpfungsgeschichte der Maya, der zufolge die gegenwärtige Schöpfung die dritte ist, nachdem die Götter die beiden vorangegangenen zerstört hatten, begünstigte die Idee eines kommenden Weltuntergangs im Weltbild der Maya. In Mittelamerika waren es vielmehr die Azteken, die von der bangen Erwartung des Weltendes erfüllt waren. Ihre Blütezeit lag aber Jahrhunderte später, und sie verfuhren kalendarisch anders. Die Maya jedoch lebten ihrer Auffassung nach bei aller Ungewissheit in der besten aller Welten. Denn laut ihrem Schöpfungsmythos wurden die vorangegangenen Welten vernichtet, weil die Götter unbrauchbare Menschen erschaffen hatten: beim ersten Mal aus Lehm, beim zweiten Mal aus Holz. Das konnte nicht gut gehen. Beim dritten Versuch aber wurden die Menschen aus Mais hergestellt und gerieten so, wie die Schöpfung es wollte: götterfürchtig und den Kalender achtend. Mithin gab es wenig Veranlassung für die Maya, eine Zerstörung auch dieser Schöpfung zu fürchten.

Abgesehen von der irrigen Übertragung apokalyptischer Erwartungen der Azteken auf die Maya, wurden für das angebliche Weltuntergangsdatum weitere Argumente bemüht, vor allem die, mit dem Datum 13.0.0.0.0 würde der Kalender enden, daher hätten die Maya das Ende der Welt erwartet. Auch das ist falsch. An diesem Tag geht lediglich ein Baktun zu Ende und ein neuer beginnt, weshalb es zu großen Feierlichkeiten gekommen wäre. Es ist nicht einmal so, dass die Maya ihren Kalender am Datum 20 (0).0.0.0.0 hätten enden lassen, also nach Vollendung von 20 Baktun oder einem Piktun, wie die nächsthöhere Einheit heißt. In Kalenderrechnungen der Maya sind noch viel größere Zeitpakete überliefert, die Tausende Jahre in der Zukunft liegen. Und sogar Datumsangaben aus der Zeit vor der Schöpfung, also dem kalendarischen Nullpunkt, kommen vor, beispielsweise wenn es um das Geburtsdatum derjenigen Götter geht, die die Schöpfung umsetzten. Dass die übliche Datierung beim Zeitbündel Baktun aufhört, liegt nur daran, dass für einen kalendarischen Überblick größere Einheiten nicht nötig waren. Wir verorten uns ja auch in Jahrhunderten und nicht in Jahrzehntausenden. Und trotzdem war im Vorfeld des ominösen 21. Dezember 2012 immer und immer wieder von angeblichen Maya-Prophezeiungen über einen Weltuntergang an diesem Tag die Rede. Solche Prophezeiungen existieren aber nicht. Kalenderprophezeiungen kannten die Maya zwar, um die Gunst des Kriegsgottes Venus oder des Regengottes Chaak vorherzubestimmen, aber einen Weltuntergang zum Ende des 13. Baktun am Datum 13.0.0.0.0 haben die Priester der Maya nicht in Aussicht gestellt.

Warum aber kam es zu diesem Weltuntergangs-Hype? Abgesehen davon, dass noch lange nach Entdeckung der Ruinenstädte im Regenwald die Maya-Kultur zu wenig erforscht war und zu beliebigen Spekulationen regelrecht einlud, verdankt sich die Karriere einer angeblichen Prophezeiung für den Schicksalstag 13.0.0.0.0 oder 21.12.2012 der New-Age-Bewegung im Allgemeinen und dem US-amerikanischen Autor José Argüelles im Besonderen, der sich seit 1975 mit Esoterikbüchern hervortat, worin er vom Ende des Maya-Kalenders schrieb, einschließlich damit verbundener apokalyptischer Visionen. Mit fundierter Forschung hat das nichts zu tun, vielmehr dienten seither in einem diffusen Unbehagen an der Moderne Elemente der Maya- und anderer Kulturen als geeignete Hülle, die mit allen möglichen Sehnsüchten und kruder Esoterik gefüllt werden kann. Eine Vielzahl von Autoren sprang anschließend bereitwillig und nicht selten geschäftstüchtig auf diesen Zug auf, und alle verfuhren nach demselben, eigenwilligen Rezept der Esoteriker: Willkürlich werden Elemente zusammengebracht, die nichts miteinander zu tun haben, notfalls rabiat passend gemacht und als gesicherte oder weise Erkenntnis postuliert. Allerdings haben die Maya nicht verdient, als beliebige Projektionsfläche moderner Menschen zu dienen, die ihnen ein solches Unbehagen mitsamt ihrer apokalyptischen Sehnsüchte mir nichts, dir nichts überstülpen. Dieser bewundernswerten und faszinierenden Hochkultur wird damit nichts anderes als Unrecht angetan – als wäre das, was die seriöse Forschung über sie herausgefunden hat, nicht schon spannend genug.

José Argüelles starb übrigens 2011 und konnte den großen Tag nicht mehr selbst erleben. Zahllose andere aber wurden am 21.

Dezember 2012 in banger, freudiger oder grimmiger Erwartung auf den Untergang der Welt enttäuscht. Die alten Maya hätten über das Medienspektakel weise, aber verständnislos den Kopf geschüttelt.

* * *

Eine katastrophenselige, medial umfassend begleitete und befeuerte Weltuntergangsstimmung gab es weltweit nur wenige Jahre vor dem ominösen 21.12.2012: zum Jahreswechsel 1999/2000. Der Millenniumsrummel weckte das Interesse an früheren Jahrhundertwechseln – und insbesondere an der Jahreswende 999/1000, als die Menschen schon einmal ein neues Millennium begrüßt hatten. Herrschte damals eine womöglich ernster zu nehmende Angst vor der Apokalypse? Nach verbreiteter Auffassung fürchteten sich die Menschen des 10. Jahrhunderts vor dem Jahreswechsel, weil sie fest mit dem Weltuntergang rechneten. Immerhin stand den Christen des Mittelalters das Ende der Zeiten stets vor Augen, denn die Apokalypse des Johannes im letzten Buch des Neuen Testaments kannte jeder. Dort ist vom Schrecken des Weltendes die Rede und vom anbrechenden Tausendjährigen Reich, und diese Aussicht war den Menschen damals durchaus sehr konkret. 1833 schrieb der französische Historiker Jules Michelet, der auch in anderen Zusammenhängen verlockenden Thesen vorschnell erlag, über die Ängste der mittelalterlichen Menschen in Europa angesichts dieser Prophezeiungen und der um sie herum stattfindenden Katastrophen vor dem Jahrtausendwechsel. Der Historiker und Bestsellerautor Felix Dahn *(Ein Kampf um Rom)* veröffentlichte 1889 einen Roman über das Jahr 1000 mit dem Titel *Weltuntergang*, wo es heißt: »Morgen um die zwölfte Stund', heia, geht die Welt zugrund'.« Am Ende des 19. Jahrhunderts war die Vorstellung, die Menschen des Mittelalters wären aus Furcht vor dem Jahr 1000 auf ihren Kirchenbänken hochnervös hin und her gerutscht, besonders populär. Aber auch einhundert Jahre später wurde ein solches Schreckensbild noch gerne gemalt.

Was Michelet und seine Kollegen ohne faktische Unterfütterung eigentlich nur vermuteten, übernahmen andere kritiklos. Immerhin spielt die Zeitspanne von tausend Jahren in der christlichen Erwartung des Weltendes eine gewichtige Rolle. Aber heißt das gleichzeitig, dass man just das Jahr 1000 für den Anfang vom Ende gehalten hätte? Zeitgenossen versuchten, trotz entsprechender Verbote seitens der Kirche das Weltende nach den Angaben aus der Bibel zu berechnen, allerdings lagen die Ergebnisse weit auseinander. Andererseits gab es schon damals Warnungen davor, Zeitangaben des Alten und des Neuen Testaments wörtlich statt symbolisch zu verstehen.

Um die erste Jahrtausendwende nach Christi Geburt kursierten durchaus Spekulationen über die Apokalypse und das neue Reich – allerdings nicht mehr als zu anderen Jahren. Man verband mit dem Jahr 1000 keine besondere Erwartung, das Weltende konnte sowieso jederzeit hereinbrechen. Andernfalls hätten Klosterchroniken, die von entsprechenden Ängsten durchaus berichten, in den 990er-Jahren Entsprechendes mitgeteilt. Das ist aber nicht der Fall. Ein anderes Indiz liefern die beiden mächtigsten Männer der damaligen Zeit, Kaiser Otto III. und Papst Silvester. Diese sehr gelehrten und eng befreundeten Männer beschäftigten sich ebenfalls mit dem Thema, äußerten sich indes nie besorgt über die nahende Jahrtausendwende. Zwar versuchten sie, die Apokalypse kalendarisch zu berechnen, gingen dabei aber nicht vom Geburtsjahr Jesu aus, sondern vom Zeitpunkt seines Todes. Ganz allgemein waren die Menschen der ersten Jahrtausendwende von Ängsten geprägt wie die Menschen anderer Epochen auch. Der Tod war im Mittelalter stets präsent und im Gegensatz zu heute kein Tabu. Biblische Schrecken waren konkret, und Anzeichen für göttliches Wirken oder das nahende Ende der Welt glaubte man immer wieder zu erkennen. Diese Haltung prägte das gesamte Mittelalter, und das Jahr 1000 nimmt dabei keine erkennbare Sonderstellung ein.

Im Übrigen war die Zeitwahrnehmung damals weniger an Jahren ausgerichtet als an wiederkehrenden kirchlichen Festtagen. Wenn wir also von unserem Alltagsinstrument Kalender ausgehen, legen wir an die Zeit vor tausend Jahren falsche Maßstäbe an. Zudem waren die kalendarischen Abweichungen sehr groß, und die römische Zeitrechnung hatte Konkurrenz. Die Ostkirche mit dem Zentrum Byzanz zählte im römischen Jahr 1000 nach griechischer Tradition das Jahr 6508, der Islam 390, die jüdische Welt 4706. Ganz abgesehen davon, dass der Jahresbeginn an ganz unterschiedlichen Tagen begangen wurde. Aber selbst innerhalb der westlichen römischen Kirche lag die Sache nicht so eindeutig. Zum Teil zählte man noch nach antiker römischer Tradition, also ab der Gründung der heiligen Stadt 753 v. Chr. Und die Berechnungen über das Jahr von Christi Geburt kamen zu sehr unterschiedlichen Ergebnissen. Für den Millenniumsrummel vor wenigen Jahren spielte das allerdings keine Rolle, da ging es um die bloße »Magie« des Kalenders. Im Mittelalter aber drehte sich alles ganz konkret darum, wann welche Voraussagen der Bibel eintreffen würden.

Die Tücken der Statistik

Ein weiterer sehr populärer Irrtum über das Mittelalter hat auf andere Weise ebenso mit Mathematik zu tun. Stellen wir uns ein thüringisches Dorf vielleicht im 11. Jahrhundert vor, unweit einer stattlichen Burg, auf der ein Lehnsherr seiner Herrschaft nachgeht. Während auf der Burg angenehme und gesunde Lebensverhältnisse bestehen – vergleichsweise komfortabel, bei guter Ernährung und Hygiene –, müssen die armen Dorfbewohner im Dreck leben, hart arbeiten und darben. Mit dem Ergebnis: Der Durchschnittsmensch des Mittelalters wurde vielleicht 30 Jahre alt, wesentlich älter wurden nur Angehörige der privilegierten Schichten: Herrscher und Adelige, Geistliche, reiche Stadtbürger. Doch mit dieser verbreiteten Ansicht sitzen wir einem Irrtum auf. Richtig daran ist nur der statistische Wert der durchschnittlichen Lebenserwartung. Und selbst der ist mit größter Vorsicht zu genießen.

Das Mittelalter umspannt – je nachdem, wo man Anfang und Ende der Epoche ansetzt – ungefähr eintausend Jahre. Und die waren sehr unterschiedlich, was Ernährungslage, Seuchen, Klima und andere Einflüsse betrifft, die sich auf die Lebenserwartung auswirken. Für Neugeborene des frühen Mittelalters hat man eine wahrscheinliche Lebensdauer von 28 Jahren errechnet. Um 1250 konnte ein Neugeborenes weit über 30 Jahre vor sich haben. Wer aber zur Zeit der großen Pestepidemien auf die Welt kam, beispielsweise Mitte des 14. Jahrhunderts, hatte statistisch gesehen deutlich weniger als 20 Jahre zu leben. Diese Zahlen gelten für Männer, den Frauen ging es im Mittelalter noch schlechter. Weil Schwangerschaften zum einen häufiger, zum anderen gefährlicher waren als heute, lag die durchschnittliche Lebenserwartung der Frauen erheblich unter der der Männer. Überhaupt war der Tod ein ständiger Begleiter, denn er konnte schnell eintreten: Die Medizin kam noch lange nicht recht voran, weswegen zahlreiche Malaisen, die wir heute mühelos bewältigen, damals häufig zum Tod führen konnten.

Doch der eingehende Blick auf diese Statistiken, die heute anhand von modernen Skelettanalysen erstellt werden können, ergibt ein anderes Bild: Die durchschnittliche Lebenserwartung war nämlich vor allem deshalb so gering, weil die Kindersterblichkeit sehr hoch war. Die vielen Babys, die schon im ersten Lebensjahr starben, drücken das durchschnittliche Lebensalter kräftig nach unten. Daher ist es überhaupt nicht ungewöhnlich, dass ein Mensch von 20 Jahren – auch wiederum statistisch gesehen – durchaus noch 25 Jahre vor sich hatte. Wer die gefährlichen frühen Lebensjahre erfolgreich überstand, konnte sich einer steigenden Lebenserwartung erfreuen.

Als Mitte des 14. Jahrhunderts der Schwarze Tod seinen Schrecken überall in Europa verbreitete, fiel ihm ein erheblicher Teil der Bevölkerung zum Opfer. Während sich zuvor die Bevölkerungszahl in ganz Europa zwischen den Jahren 600 und 1000 und dann noch einmal bis zur großen Pestwelle Mitte des 14. Jahrhunderts jeweils ungefähr verdoppelt hatte, nahm sie in den folgenden einhundert Jahren um ein Drittel ab. In Deutschland lebten um 1300 etwa 15 Millionen Menschen, seit der Jahrtausendwende hatte sich die Bevölkerungszahl verdreifacht. Nun raffte der Schwarze Tod einen erheblichen Teil der Menschen dahin.

Die Pest ist aber nur ein Faktor in der Bevölkerungsentwicklung, wenn auch ein sehr markanter. Den vorherigen starken Bevölkerungszuwachs erklären Wissenschaftler unter anderem mit den Klimaveränderungen, die um die erste Jahrtausendwende die Landwirtschaft außerordentlich begünstigten und damit die Ernährungslage entscheidend verbesserten. Andererseits war um 1300 in Deutschland wie offenbar insgesamt in Europa ein gewisser Sättigungsgrad erreicht, was die Bevölkerungszahl betrifft. Eine Landflucht setzte ein, und es wurde zunehmend schwieriger, die Menschen zu ernähren. Hinzu kam, dass eine klimatische Abkühlung zu Beginn des 14. Jahrhunderts zu Produktionseinbrüchen der Landwirtschaft führte. Bis zur Entwicklung von Kunstdünger sollten ebenso noch viele Jahrhunderte vergehen wie bis zur Entwicklung von Bakteriologie, Impfstoffen und Antibiotika.

In unserem thüringischen Dorf hat es also durchaus einfache Menschen gegeben, die erheblich älter als 30 Jahre waren. Zwar gibt es wegen der besseren Quellenlage sehr viel mehr Hinweise auf alte Menschen höher gestellter Schichten, aber das gilt für diese Schichten insgesamt. Auch wenn die Überlieferung ein anderes Bild vermittelt – ebenso wie ergraute Päpste und Könige hat es betagte Bauern und Handwerker gegeben. Menschen von 80 oder mehr Lebensjahren gab es auch beim einfachen Volk, sogar von Greisen über hundert Jahren wird vereinzelt glaubhaft berichtet.

Die Lebensbedingungen der höheren Stände waren im Mittelalter übrigens nicht viel besser als die der einfachen Leute. Sogar auf den Burgen herrschte wenig bis gar keine Hygiene, außerdem war das Essen reich an Fett und Fleisch, was zusammen mit viel schwerem Wein nicht gerade für ein langes Leben präparierte. Die vergleichsweise frugale Kost der Bauern, also viel Getreide und Gemüse, war erheblich gesünder. Insgesamt attestieren die Forscher, abgesehen von den Zeiten der Pest, den Menschen des Mittelalters eine gute gesundheitliche Verfassung. Die Bewohner unseres thüringischen Dorfes lebten vermutlich sogar länger als die meisten Menschen des Römischen Reiches und sogar die der Frühen Neuzeit in Deutschland.

Offener Anfang

Durch alle Zeiten hindurch sind Jubiläen und damit Kalenderdaten wichtige Bezugspunkte, und sei es nur zum Feiern. In Berlin wurde 1987 auf beiden Seiten der damals noch existierenden Mauer ein großes Stadtjubiläum begangen. West- und Ostberlin hatten sich auf ein Geburtstagsdatum der Stadt geeinigt, um die Feierlichkeiten ausrichten zu können. Neben all den erbaulichen Worten und Gesten gab es aber auch kritische Stimmen, die Zweifel an der Korrektheit des begangenen Datums äußerten. Das mag mit der Berliner Marotte zusammenhängen, die Dinge gerne schlechtzureden, insbesondere dann, wenn es um die eigene Stadt geht. Andererseits: Völlig grundlos waren die Vorbehalte nicht.

Im Allgemeinen feiern Städte ihre Jubiläen an Gründungsdaten, zumeist handelt es sich um den Tag, an dem das Stadtrecht verliehen wurde. Eine Besiedlung beginnt zwar, bevor ein Ort zur Stadt wird, aber die amtliche Bestätigung und Verleihung von Stadtprivilegien ist ein guter Anlass für Feierlichkeiten. Hier jedoch ergibt sich für die Stadt Berlin ein Problem: Eine Urkunde über die Verleihung des Stadtrechts durch die brandenburgischen Landesherren, die Askanier, existiert nicht mehr. Vermutlich ist sie schon 1380 beim Brand des Berliner Rathauses zerstört worden. Aber auch andere Urkunden oder Chroniken überliefern nicht, wann Berlin eigentlich gegründet wurde.

Also behalf man sich mit der frühesten erhaltenen Erwähnung der Stadt: Aus dem Jahr 1338 existiert eine Urkunde, die einen Abgabenstreit zwischen dem Bischof von Brandenburg und den askanischen Markgrafen beilegte. Der Papst hatte in diesem sogenannten Brandenburger Zehntstreit erfolgreich vermittelt. In dieses Dokument wurde ein Vertrag eingepasst, der das Datum des 28. Oktober 1237 trägt. Darin werden Zeugen aufgeführt, ohne die eine rechtsverbindliche Urkunde im Mittelalter nicht auskam. Einer der Zeugen ist Pfarrer Simeon von Kölln. Kölln und Berlin bildeten damals als Doppelstadt eine Einheit, und so nahm man den Ausstellungstag des Vertrages als Gründungsdatum Berlins und als Rechtfertigung für die aufwendigen Feiern, die Berlin 1987 ausrichtete. Aber ist das auch korrekt? Man mag den Berliner Stadtvätern zugutehalten, dass sie sich in Ermangelung eines eindeutigen Gründungsdatums der Stadt auf einen Zeitpunkt festlegen mussten. Immerhin wollte man ein Jubiläum feiern.

Wann genau Berlin und Kölln überhaupt erstmals besiedelt wurden, ist nämlich bis heute nicht geklärt. Historiker und Archäologen vermuten dafür das letzte Viertel des 12. Jahrhunderts. Unter der ältesten Kirche Berlins, der Nikolaikirche im gleichnamigen Viertel, befinden sich Fundamente einer vergleichsweise großen Steinbasilika, die wahrscheinlich bereits um 1220 errichtet wurde. Darunter wiederum liegen die Überreste eines Friedhofs, was vermuten lässt, dass eine erste Besiedlung noch weiter zurückliegt. Nun gab es aber neben Berlin auch Kölln, die Schwesterstadt auf der südlichen Spreeinsel (heute Fischerinsel). Kölln wird in der oben genannten Urkunde 1237 erwähnt, Berlin jedoch erst 1244. Als Stadt lässt sich Berlin sogar erst für 1253 nachweisen, denn aus diesem Jahr stammt das älteste erhaltene Stadtsiegel mit dem brandenburgischen Adler und einem Stadttor mit drei Türmen darauf. Das Siegel findet sich auf einer Urkunde, mit der Frankfurt/Oder das Stadtrecht nach Berliner Vorbild verliehen wird. Wäre nicht dieser erste wirkliche Nachweis der Stadt Berlin als Jubiläum korrekter gewesen? Oder 1247, als die Holzpalisaden, die Berlin und Kölln umgaben, von der ersten Stadtmauer aus Feldstein abgelöst werden? Andererseits geht es bei der Erwähnung Berlins 1244 um einen Propst von Berlin namens Symeon. Dieser Titel wiederum lässt vermuten, dass Berlin damals bereits Stadt war.

Man könnte Berlin ebenso gut deutlich jünger machen. Bis zum Anfang des 18. Jahrhunderts nämlich waren Berlin und Kölln streng genommen zwei selbstständige Städte, die erst seit 1709 zusammen mit drei Neustädten Berlin bildeten. Andererseits ist bereits die mittelalterliche Doppelstadt Kölln-Berlin institutionell vor allem nach außen als Einheit aufgetreten und wahrgenommen worden: Neben den beiden Rathäusern der Teilstädte gab es, zwischen den beiden Städten gelegen, ein gemeinsames Rathaus. So gesehen wäre das Jahr 1307 ein würdiges Geburtsdatum, in dem dieses Rathaus errichtet wurde. Oder noch früher, nämlich 1280, als man begann, Berliner Münzen zu prägen? Die Sache wird umso verwirrender, je länger man nach einer eindeutigen Lösung sucht.

Es ist kompliziert. Wollte man Berlin so alt und würdig wie nur möglich machen, ließen sich Spandau und Köpenick heranziehen. Beide sind heute Teil der deutschen Hauptstadt, waren aber bis 1920 selbstständige Städte. Und als solche sind beide älter als Berlin und Kölln: Spandau wird immerhin bereits 1197 erwähnt. Slawische Siedlungen gab es dort und in Köpenick sogar noch erheblich früher. Doch am überzeugendsten ist wohl der archäologische Befund für das historische Stadtzentrum Berlins rund um besagte Nikolaikirche und den ältesten Marktplatz Molkenmarkt. Da dort im Zuge des Berliner Entwicklungsbooms viel gebaut wird, bietet sich Archäologen reichlich Gelegenheit, im Erdboden zu buddeln; und so lassen sie die Berliner immer wieder staunen, zum Beispiel als man unter dem Asphalt eine gut erhaltene mittelalterliche Bohlenstraße freilegte. Der älteste Beleg für eine städtische Siedlung aber ist ein Eckpfosten eines Hauskellers am Schlossplatz im einstigen Kölln, der Teil eines Hauses gewesen war. Per Dendrochronologie ließ sich ermitteln, dass der Baum dafür 1183 gefällt wurde. Ungefähr zu dieser Zeit also wurde Berlin gegründet.

Soll es aber ein konkretes Datum in einer Schrifturkunde sein, kommt weiterhin der 28. Oktober 1237 infrage. Da war die Stadt zwar schon Jahrzehnte alt, doch wird Berlin vermutlich auch weiterhin mit diesem »Geburtstag« gut leben können.

Kirchlicher Verfolgungswahn

Im Jahr 1336 tagte in der uckermärkischen Stadt Angermünde ein Inquisitionsgericht. Es untersuchte die Vorwürfe gegen verschiedene Einwohner der Stadt und ihrer Umgebung, der Ketzersekte der Luziferianer anzugehören. Den Vorsitz führte der Bettelbruder Jordan von Quedlinburg, ein Gelehrter aus Magdeburg. Das Gericht befand 14 der Angeklagten für schuldig. Sie wurden verbrannt, wie in dürren Worten die Magdeburger Bischofschronik berichtet. Als Luziferianer bezeichnete man Teufelsanbeter, die grausigen Ritualen nachgingen: Sie opferten dem Teufel kleine Kinder, denen sie zuvor das Tauföl mit Salz abrieben. Sie schändeten den Altar. Sie trafen sich in dunklen Kellern und begingen dort jede Art von Unzucht, die man sich vorstellen konnte. Sie huldigten schwarzen Katzen und küssten ihnen den Hintern. Sie bezweifelten die unbefleckte Empfängnis der Jungfrau Maria. Sie schändeten Hostien, weil sie nicht an das Sakrament der heiligen Wandlung glaubten. Kurzum: Sie jagten aufrechten Christen Schauer des Grauens über den Rücken.

Der berüchtigte Inquisitor Konrad von Marburg hatte die Luziferianer einhundert Jahre zuvor im Rheinland das erste Mal ausgemacht. Seither stieß er immer häufiger auf diese neue Sekte, verfolgte sie gnadenlos und berichtete darüber nach Rom. Auf der Grundlage seiner Schilderungen verschickte Papst Gregor IX. ein

Schreiben an Kaiser Friedrich II. und mehrere Bischöfe, in dem er über diese Sekte informierte. Die Anklagepunkte sind geradezu klassisch, denn sie entsprechen dem, was sich ein aufrechter Christ unter den Machenschaften von Ketzern vorstellte. Auffällig ist, dass anderen Gruppen ähnliche Dinge schon zu anderen Zeiten vorgeworfen worden waren: Auch Christen hatten sich einmal gegen vergleichbare Vorwürfe wehren müssen – bevor das Christentum sich als Staatsreligion durchsetzte. Und die Juden beschuldigte man immer wieder, vereinzelt sogar noch im 21. Jahrhundert, kleine Kinder zu opfern oder untereinander Unzucht zu treiben – völlig haltlose Anschuldigungen, die sich bis ins Mittelalter zurückverfolgen lassen.

So formelhaft das Mittelalter in seinem Sprachgebrauch auch gewesen sein mag, Historiker haben trotzdem immer mal wieder gestutzt, wenn es um die Luziferianer ging. Denn bei näherer Betrachtung klingen die Eigenschaften dieser Sekte einfach zu sehr nach Klischee, um der Realität zu entsprechen. Abgesehen von den Anschuldigungen, die der mittelalterlichen Vorstellungswelt vom bösen Teufelswerk an sich entstammen, war das Wesen der Sekte kaum greifbar. Bei anderen Ketzergruppen verhielt sich das anders: Wo Katharer oder Waldenser jenseits frevlerischer Rituale ausgereiften Irrlehren anhingen, war den Inquisitoren wohl bekannt. Hinzu kommt, dass die vermeintlichen Belege für die Existenz der Luziferianer ausschließlich aus den Reihen der Verfolger stammen: der Inquisition. Daher ist man sich heute ziemlich sicher, dass diese Ketzersekte nie existiert hat.

Konrad von Marburg war ausgesprochen verbissen bei seiner Suche nach Irrgläubigen. Er steigerte sich in eine regelrechte Hysterie hinein und wurde wie viele seiner Zeitgenossen Opfer eines regelrechten Verfolgungswahns. Seine Schilderung der Teufelsanbeter fiel aber auf fruchtbaren Boden bei der Kirche und den anderen Inquisitoren, die mithilfe von formalisierten Handbüchern Irrgläubige aufspürten. In diesen Büchern stand, woran man Ketzer und Ketzerei erkennen konnte. Und man erhielt darin Hilfestellung bei der Befragung der Verdächtigten. Mittels solcher Handbücher verbreiteten sich Klischees über Ketzer, darunter das des Teufelsanbeters. Und wenn man glaubte, dass eine solche Sekte existierte, dann entdeckte man sie auch bald überall an ihrem perfiden Werk. Protokolle von Inquisitionsprozessen belegen außerdem, wie man Angeklagte einer Sekte zuordnen konnte, die es gar nicht gab: Die Fragen waren fast immer suggestiv und nahmen die Antwort vorweg. Hinzu kamen die Folter und die Neigung der Angeklagten, lieber zu gestehen, als weiter verhört und gequält zu werden. Viele von ihnen waren zudem hoffnungslos überfordert von der Aufgabe, sich wirkungsvoll zu verteidigen. Dazu kommt, dass sich im 14. Jahrhundert die Verfolgung erheblich verschärfte. Wenn sich die Kirche zuvor noch um eine inhaltliche Auseinandersetzung bemüht und versucht hatte, die »verlorenen Schafe« in den »Schoß der Kirche« zurückzuführen, ging es jetzt nur noch um Identifikation der Abweichler, die nach katalogisierten Erkennungsmerkmalen und vorformulierten Fragen der Inquisitionshandbücher erfolgte. Einmal »überführt«, musste die christliche Gesellschaft von den Häretikern »befreit« werden.

Die 14 in Angermünde verbrannten Ketzer, so haben Historiker des 20. Jahrhunderts nachweisen können, waren nach den Vorstellungen der katholischen Kirche zwar Ketzer. Teufelsanbeter waren sie aber nachweislich nicht, denn sie gehörten der Sekte der Waldenser an, einer der größten Gruppen sogenannter Irrgläubiger in Deutschland. Und die Waldenser beteten weder den Teufel an noch huldigten sie schwarzen Katzen.

Wenn Mikroben die Welt durchschütteln

Immer wieder tauchen wie aus dem Nichts neue Krankheitserreger auf, die sich als hochansteckend erweisen und Pandemien auslösen. Ihre Geschichte steckt voller Legenden und Irrtümer, Rätsel, Kontroversen und Verschwörungserzählungen. Durch die Corona-Pandemie wissen wir Zeitgenossen aus eigener Erfahrung, wie ein solcher Schlag aus heiterem Himmel aussieht, aber wir wissen ebenso (oder sollten uns das stets vor Augen führen), wie viel besser das 21. Jahrhundert aufgestellt ist, was medizinische Forschung betrifft. Als im 14. Jahrhundert eine der verheerendsten Pandemien die Welt erschütterte, herrschten völlig andere Verhältnisse. Der Entwicklungsstand der Medizin entsprach im Wesentlichen dem der Antike, und dass Bakterien oder Viren als Krankheitserreger ihr Unwesen trieben, blieb noch über Jahrhunderte unbekannt.

Als wäre es ein Vorbote des Weltuntergangs, fielen seit Herbst 1348 in Europa Menschen einer verheerenden unbekannten Seuche zum Opfer, in verstörend großer Zahl und manchmal nur Stunden nach dem Auftreten der ersten Symptome. Unmittelbar dauerte diese Katastrophe des »Schwarzen Todes« in Europa bis 1353 und entvölkerte den Kontinent, aber noch bis ins späte 18. Jahrhundert trat die Pest in Europa immer wieder auf, und weltweit kommt sie bis heute vor. Unheilbar, hochinfektiös und in ihren Ansteckungswegen rätselhaft, gab es im 14. Jahrhundert wenig, was vor der Bedrohung schützte. Im Unterschied zu gewohnten Seuchen war die Pest nicht regional begrenzt, sondern fiel nach und nach über ganz Europa her wie ein Raubtier über seine Beute. Aus Angst und Ratlosigkeit und weil niemand wusste, was eigentlich die Krankheit auslöste, wurden allerlei Rezepte und Medikamente gegen die Pest erwogen und empfohlen; so mancher Quacksalber machte mit seinen Mittelchen einen Reibach. Das Elend ließ die Menschen noch mehr als sonst auf Gott und die Kirche hoffen und auf Frömmigkeit als Mittel der Wahl verfallen, Flagellanten zogen sich blutig peitschend durch die Straßen in der Hoffnung, die Wut Gottes dadurch zu mildern. Aus heutiger Sicht schütteln wir über solches Gebaren den Kopf, damals aber schien es angezeigt, weil man Krankheiten, zumal Seuchen, für gottgesandt hielt und als Bestrafung für sündhaftes Treiben verstand.

Der Blutzoll, den der Schwarze Tod forderte, war ohne Beispiel: Etwa ein Drittel der Europäer, so lauten seriöse Schätzungen der Fachleute, wurden von ihm dahingerafft – das bedeutete nicht nur Traumatisierung der Zurückbleibenden und erhebliche soziale Verwerfungen, es hatte auch massive wirtschaftliche Auswirkungen, die durchaus den Folgen verheerender Kriege entsprachen. Und es waren nicht nur Erkrankte, die wegen der Pest zu Tode kamen, sondern ebenso die Opfer von Verelendung und Verrohung. Besonders schlimm waren die Lynchexzesse gegen Juden, die unschuldig als Sündenböcke verfolgt wurden.

Ursache der Pest war, wie wir heute wissen, die Verbreitung des Bakteriums Yersinia pestis. Wirtstiere, die dem Erreger Lebensraum bieten, sind vor allem Ratten, die ihn untereinander durch Flöhe weitergeben. Mit ihrem Befall wird es für Menschen gefährlich, denn wenn die Ratten massenhaft sterben und die Flöhe sich nach Ersatz für ihre gewohnten Wirtstiere umschauen, wird das Bakterium an die Menschen weitergegeben. Flohstiche rufen die

Beulenpest hervor, die innerhalb einer Woche auftritt: Sie zeichnet sich durch schwarz-blaue Geschwüre und ein Anschwellen der Lymphdrüsen aus. Die Befindlichkeit verschlechtert sich rasch, extreme Schmerzen, Unwohlsein, Fieber, Erschöpfung folgen. Wenn der Erreger die Blutbahn erreicht, geht die Krankheit aller Wahrscheinlichkeit nach tödlich aus, was damals bei bis zu 70 Prozent der Infizierten der Fall war. Eine Tröpfcheninfektion von Mensch zu Mensch wie bei der Grippe führt in einem zweiten Ansteckungsweg noch schneller zum Ausbruch der Lungenpest. Schon nach ein oder zwei Tagen leidet der Infizierte unter Herzrasen, blutigem Auswurf und Atemnot, bis er infolge von Nervenlähmung und Gewebezersetzung in der Lunge qualvoll erstickt. Die Lungenpest verbreitete den größten Schrecken, weil sie so gut wie jeden dahinraffte, mitunter in nur wenigen Stunden.

Heute wissen wir umfassend Bescheid über Ansteckungskrankheiten und ihre möglichen Verbreitungswege. Vor allem die moderne Mobilität und das Reisen mit dem Flugzeug ermöglichen Krankheitserregern eine schnelle Ausbreitung, dazu kommt noch die allzu große Nähe des Menschen zu möglichen Wirtstieren etwa durch Massentierhaltung oder unser Vordringen in alle Winkel der Natur. Im Kampf der Weltgesundheitsorganisation um die Ausrottung der Kinderlähmung beispielsweise haben Flugreisende in manchen Regionen jahrzehntelange Arbeit im Handumdrehen zunichtegemacht, weil sie die Erreger erneut einschleppten. Auch für die rasante Verbreitung von Covid-19 über alle Kontinente seit 2020 waren vor allem Flugreisen verantwortlich. Im Mittelalter waren die Menschen zwar alles andere als mobil, internationale Handelskontakte bestanden aber durchaus. Deshalb konnte sich die Pest, die zuerst in Zentralasien auftrat, nach Europa ausbreiten.

Vor allem italienische Handelsstädte horchten auf, als die Nachricht einer schrecklichen Seuche die Runde machte. Über Innerasien gelangte die Pest ans Schwarze Meer, 1346 erreichte sie die Halbinsel Krim. Per Schiff drang der Erreger nach Konstantinopel, Kairo und schließlich Sizilien vor und nahm seinen unheilvollen Weg über die europäischen Wasserstraßen und großen Handelswege in Richtung Norden. In seiner Heimatstadt Florenz erlebte Giovanni Boccaccio 1348 das Wüten des Schwarzen Todes und beschrieb es gleich zu Anfang seines berühmten *Decamerone:* »Tag und Nacht verendeten Menschen auf offener Straße, und viele, die in ihren Häusern umkamen, taten, wenn nicht anders, erst mit dem Gestank ihrer verwesenden Körper ihren Nachbarn kund, dass sie tot waren. Von solchen und anderen, die überall dahingerafft wurden, war die Stadt mit Leichen übersät. [...] Ach, wie viele große Paläste, wie viele herrliche Häuser und vornehme Wohnungen, zuvor von zahlreicher Dienerschaft, Herren und Damen bewohnt, wurden jetzt bis auf den letzten Knecht geleert! Wie viele ehrwürdige Geschlechter, wie viel kostbares Gut, welche ungeheuren Reichtümer sah man ohne würdige Erben bleiben! Wie viele tapfere Männer, wie viele schöne Frauen, wie viele blühende junge Menschen, die sogar Galenus, Hippokrat und Äskulap für kerngesund gehalten hätten, speisten am Morgen mit ihren Eltern, Freunden und Gefährten und tafelten schon am darauffolgenden Abend drüben in der anderen Welt bei ihren Ahnen!« Während die Zeitgenossen rätselten, was die Ursache der grauenhaften Seuche war, die seither sprichwörtlich für alle Übel wurde, ermöglichte die Entdeckung des Pestbakteriums Ende des 19. Jahrhunderts durch den Schweizer Arzt und Bakteriologen Alexandre Yersin, der Pest auf die Spur zu kommen.

Ihr Ansteckungsweg im Mittelalter durch Rattenflöhe ist allerdings in jüngerer Zeit immer wieder in Zweifel gezogen worden. Der Zoologe David Davis wies darauf hin, dass bei den zeitgenössischen Beschreibungen der Seuche die Ratten gar nicht vorkämen, obwohl dem Ausbruch der Pest ein massenhaftes Sterben der Nager hätte vorangehen müssen, weil sonst die Rattenflöhe nicht die Menschen befallen hätten. Aufgrund seiner Forschungen stellte er in Abrede, dass es im Europa des 16. Jahrhunderts überhaupt so viele Ratten gab wie allgemein behauptet. Nach seinem Befund war es nicht die durch Ratten übertragene Beulenpest, die als Schwarzer Tod ihr Unwesen trieb, sondern die Lungenpest, die von Mensch zu Mensch übertragen wird. Andere Skeptiker betonen, die Terminologie helfe wenig weiter, weil im Mittelalter Krankheiten nicht so klassifiziert wurden, wie wir das heute gewohnt sind. Für eine ganz andere Krankheit als die Pest spreche, dass neuzeitliche Epidemien der Krankheit anders verliefen. Allerdings: Zum Terminologieproblem gehören ebenso die Ratten, weil im 14. Jahrhundert auch Tiere noch nicht modern klassifiziert waren, weshalb mit einer Nennung in den Quellen nicht notwendigerweise genau das Tier gemeint ist, das wir heute darunter verstehen. Zuletzt behauptete der britische Archäologe Barney Sloane, die Sache mit den Ratten müsse als substanzloser Mythos zu den Akten gelegt werden. Man habe bei archäologischen Untersuchungen gar nicht so viele Rattengebeine aus dieser Zeit gefunden, dass von einer ausreichenden Population ausgegangen werden könne, wie sie für das Ausmaß der Seuche notwendig gewesen wäre. Er vermutete, die Menschen hätten sich vielmehr gegenseitig angesteckt. Sloane geht davon aus, dass es sich beim Schwarzen Tod des 13. Jahrhunderts nicht um die Pest gehandelt hat, sondern um eine ähnliche Krankheit mit vergleichbaren Symptomen.

Die Mehrheit der Forschung aber blieb mit guten Gründen bei der Annahme, dass Mitte des 14. Jahrhunderts eine vornehmlich von Ratten verursachte Pestepidemie gewütet hat. Neuere Forschungsergebnisse bestätigen ihre Beharrlichkeit. Denn inzwischen konnte durch Analysen an Opfern des Schwarzen Todes nachgewiesen werden, dass tatsächlich der Erreger Yersinia pestis grassierte, darunter eine besonders aggressive Variante, die heute nicht mehr vorkommt. Es konnte sogar nachgewiesen werden, dass die Erreger aus Asien stammten, dass also keine »Schläferviren« aus älteren Pestwellen, etwa der Spätantike, tätig geworden waren. (Dass aber schon wegen der anzunehmenden Hysterie neben der echten Pest auch andere Krankheiten als solche aufgefasst wurden, beispielsweise Milzbrand, ist durchaus wahrscheinlich.) Die in Zähnen von Pesttoten gefundene DNA der Erreger stimmt außerdem mit derjenigen überein, die von Ratten übertragen wurde. Neuere archäologische Funde von Rattenknochen lassen zudem durchaus auf ausreichend große Rattenpopulationen schließen, um eine Epidemie auszulösen. Dass dies erst in jüngerer Zeit festgestellt wurde, dürfte nicht zuletzt damit zusammenhängen, dass zuvor nicht so umfassend danach gesucht worden war und Rattenreste Archäologen leicht entgehen können. Inzwischen gilt als gesichert, dass im 14. Jahrhundert vielerorts die für einen Krankheitsausbruch kritische Masse von 3000 Tieren pro 0,5 Quadratkilometer überschritten war. Das stand auch in Zusammenhang mit dem Bevölkerungszuwachs vor dem Schwarzen Tod, denn mit wachsender Bevölkerungszahl steigt einerseits die Zahl der Ratten, andererseits sinkt die Zahl ihrer natürlichen Feinde. Die direkte Ansteckung von Mensch zu Mensch kam zwar ebenfalls vor, aber erst im Gefolge der von Flöhen übertragenen Beulenpest und bei erheblich geringerer Bedeutung, weil die Verbreitung nicht so leicht vonstattengeht wie gemeinhin angenommen. Auffällig sind zudem statistische Ergebnisse, nach denen in Berufsgruppen, die Ratten anziehen, also Fleischer oder Bäcker, spürbar mehr Opfer zu beklagen waren als unter Küfern oder Schmieden, deren Arbeitslärm Ratten fernhält. Und dass Berichte von massenhaft sterbenden Ratten fehlen, ist ebenfalls unzutreffend, es gab sie vereinzelt durchaus. Doch da die Tiere nicht mit der Krankheit in direkten Zusammenhang gebracht wurden, bestand für die meisten Beobachter auch keine Veranlassung, auf die toten Nager hinzuweisen. Dass beide Krankheitsverläufe vorkamen, bestätigen hingegen zahlreiche zeitgenössische Berichte. Als beispielsweise 1348 das päpstliche Avignon heimgesucht wurde, beobachtete der Leibarzt Clemens' VI., Guy de Chauliac, einer der bedeutendsten Mediziner seiner Zeit, die beiden Verlaufsformen von Lungen- und Beulenpest eingehend. Die Ratten waren es also nicht allein, die die Pest in Europa verbreiteten, aber ohne sie hätte der Schwarze Tod nicht in wenigen Jahren ein Drittel der Europäer sprichwörtlich wie die Fliegen sterben lassen.

* * *

Die Terminologie ist beim Identifizieren von Seuchen vergangener Zeiten tatsächlich ein Problem der Historiker. Ein Großteil der Schriftquellen des Mittelalters wurde in Latein verfasst, das den Begriff pestis sowohl für die Pest als auch allgemein für Seuche kennt. Ähnlich kann im Altgriechischen loimos ebenfalls beides bedeuten. Und so hat der »Vater der Geschichtsschreibung« Thukydides seinen nachgeborenen Kollegen eine schwierige Aufgabe gestellt, als er – Historiker, Augenzeuge und Patient zugleich – die »Attische Seuche« von 430 v. Chr. beschrieb. Er tat das sehr ausführlich und schilderte Verbreitung und Symptome, die sich aber nicht zweifelsfrei einer Krankheit zuordnen lassen, schon gar nicht der Pest. Damals wurde zu Beginn des Peloponnesischen Krieges die Landbevölkerung Attikas vor dem nahenden Feind Sparta in die Stadt evakuiert, und die drangvolle Enge in der antiken Metropole könnte Nährboden aller möglichen Krankheiten gewesen sein. Als in jüngerer Zeit ein Athener Friedhof mit Verstorbenen jener Zeit ausgegraben wurde und man aufwendige Analysen der Überreste unternahm, konnte die Frage trotzdem nicht geklärt werden. Nach derzeitigem Stand litten die Athener unter verschiedenen Krankheiten, der Pesterreger wurde bei den Analysen allerdings nicht dingfest gemacht.

Ein weiteres Problem ist die Frage, wie genau sich die Pest in Europa ausbreitete, wo sie auftrat und wieso manche Gegenden davon verschont blieben. Wir modernen Zeitgenossen sind eine höchst umfängliche Informationslage gewohnt, doch im 14. Jahrhundert verhielten sich die Dinge anders. Direkten Niederschlag fand die Pest zwar in zahlreichen Chroniken, in anderen Fällen jedoch verschweigen sie die Seuche, obwohl auf anderem Weg nachgewiesen werden konnte, dass die Pest tatsächlich auftrat. Das kann verschiedene Ursachen haben, etwa bloße Angst vor der Krankheit, deren schreckbesetzten Namen man nicht einmal nennen wollte, oder die banale Tatsache, dass das damals verwendete Pergament teuer war und man daher sparsam mit dem Platz umging. In anderen Fällen haben häufig Brände die Unterlagen zerstört. Lange haben Historiker auf anderem Weg zu ermitteln versucht, ob die Pest eine Stadt heimsuchte: zum Beispiel anhand von Pogromen oder Vertreibungen der jüdischen Stadtbevölkerung, weil die Juden vielerorts als Sündenböcke für die Pest herhalten mussten. Sie wurden der Vergiftung der Brunnen bezichtigt (ein haltloser Vorwurf, den die Athener zur Zeit des Thukydides schon den Spartanern gemacht hatten), dabei benutzten sie dieselben Brunnen und fielen der Pest genauso zum Opfer wie die Christen. Judenverfolgungen zur Zeit des Schwarzen Todes sind allerdings kein Beleg dafür, dass die Pest eine Stadt wirklich erreichte. Forschungen haben vielmehr ergeben, dass in einigen Fällen die Seuche bloßer Vorwand war, um sich am Besitz von Ermordeten oder Vertriebenen zu bereichern. Diese Pogrome wurden in Gang gesetzt, wenn die Pest drohte – aber das bedeutet keineswegs, dass sie dann auch wirklich kam.

Über Jahrhunderte trat die Pest in Europa immer wieder auf, bis sie sich im Verlauf des 18. Jahrhunderts vom Kontinent nach und nach zurückzog. Die letzten Pestepidemien wurden Ende des Jahrhunderts auf dem Balkan registriert. Doch warum verschwand die gefürchtete Seuche, wo doch erst Ende des 19. Jahrhunderts der Erreger nachgewiesen werden konnte? Mit Sicherheit lässt sich diese Frage nicht beantworten, was dazu führte, dass Historiker mit Leidenschaft darüber streiten. Gut möglich ist, dass es sich um die Kombination all der Faktoren handelt, die diese Diskussion bestimmen. Zum einen wurde im Verlauf des 18. Jahrhunderts die Hausratte als vornehmliches Wirtstier des Krankheitsüberträgers Rattenfloh von der Wanderratte verdrängt, die bis heute die Städte bevölkert. Die Wanderratte aber hält sich vom Menschen eher fern, während die Hausratte wenig Scheu zeigte. Da der Aktionsradius eines Flohs nicht allzu groß ist, könnte das die Verbreitung des Pestbakteriums erschwert haben. Während die Menschen im Mittelalter in Fachwerkhäusern lebten, die Ratten und anderen Nagetieren Nistplätze bieten, verlegte man sich seit dem 18. Jahrhundert zudem auf Steinhäuser, die den Lebensraum der Ratten einschränkten. Hinzu dürfte gekommen sein, dass sich zu dieser Zeit die Hygienebedingungen allmählich verbesserten – ganz offenkundig eine Sache, die es allen möglichen Krankheitserregern schwer machte.

Ein Weiteres ist möglicherweise der inzwischen jahrhundertelangen Erfahrung mit Seuchen zu verdanken: Zwar war die Medizin noch lange nicht in der Moderne angekommen, aber Maßnahmen gegen die Pest traf man trotzdem. Manches half kein bisschen, wie wir heute wissen, anderes hingegen zeigte durchaus Wirkung. Das bekannteste Beispiel dafür ist die Quarantäne, die Ende des 14. Jahrhunderts zuerst Dubrovnik, dann Venedig einführten. Ohne Wissen über Erreger und Ansteckungswege versuchte man, sich der Seuche mit einer Maßnahme zu erwehren, die wir bis heute anwenden. Ähnliches gilt für die Isolation von Kranken, für Reiseverbote und Lockdowns, die die Ausbreitung der Krankheit zumindest abschwächten. Eine viel genutzte Maßnahme des 18. Jahrhunderts wird als mindestens hilfreich für die Eindämmung der Pest gewertet: Das Habsburgerreich und auch Preußen etwa zogen streng bewachte Pestkordons entlang ihrer Grenzen, um die Seuche fernzuhalten. Und schließlich könnte es noch immunologische Gründe dafür gegeben haben, dass die Pest aus Europa verschwand: Die Menschen könnten rettende Resistenzen entwickelt haben – oder der Erreger könnte sich abgeschwächt haben.

* * *

Mochte die Pest auch ihren Schrecken verlieren: Es folgten andere Infektionskrankheiten. Das 18. Jahrhundert war das der Pocken, die auch als »Kinderpest« bezeichnet wurden, weil vor allem kleine Kinder zuhauf daran erkrankten. Wenn alle paar Jahre ein »Pockenzug« begann, infizierten sich allein in Deutschland Hunderttausende Kinder; zeitgenössischen Berechnungen zufolge starben zehn Prozent der Bevölkerung daran. Nach einer beispiellosen Kampagne der Weltgesundheitsorganisation WHO sind die Pocken (nicht jedoch die harmloseren Windpocken) seit Ende des 20. Jahrhunderts ausgerottet, doch bis dahin war es ein langer Weg. Gegen die Pocken wurde die erste Impfung der Medizingeschichte entwickelt, anfangs mit der Injektion von Kuhpocken. Diese sind für den Menschen zwar ungefährlich, immunisieren aber gegen die Menschenpocken.

Früher wie heute waren Impfungen umstritten – allerdings hatten die Menschen damals mehr Grund zur Sorge, denn das Impfen war eine neue vollkommen neue Methode, und so etwas wie Sicherheitsstandards mussten erst entwickelt werden, weil Impfhygiene anfangs ein Fremdwort war und weil mit tierischer Lymphe geimpft wurde. Um trotz aller Bedenken der Krankheit etwas Wirksames entgegenzusetzen, wurde gleichwohl die Impfung in vielen Ländern propagiert. Einige Regierungen gingen schon früh weiter und machten die Impfung zur Pflicht für alle Neugeborenen.

Seit 2021 Impfstoffe gegen Covid-19 entwickelt wurden und die Frage einer Pflichtimpfung wieder heiß diskutiert wurde, ist immer wieder zu lesen, als erster europäischer Staat habe 1807 Bayern die Pockenimpfung zur Pflicht gemacht. Das ist allerdings ein Irrtum, der sich wohl erklärt durch die Tatsache, dass das Königreich Bayern zumindest als Bundesland weiterhin existiert. Der erste Staat aber, der eine Pflichtimpfung einführte, war der Kleinstaat Hohenlohe-Langenburg, dessen Geschichte außerhalb Baden-Württembergs ebenso weitgehend vergessen ist wie seine Rolle als Impfpionier. Der dortige Landesherr Fürst Karl Ludwig verfügte Anfang 1805 die Pflichtimpfung für seine Untertanen. Von Februar bis Juli impfte der beauftrage Arzt Dr. Bäumlein insgesamt 189 Kinder – die Aufgabe war also überschaubar in einem Staatsgebiet mit lediglich 18 Ortschaften. Dass diese erste Pflichtimpfung in Europa vergessen wurde, liegt aber nicht allein an der überschaubaren Größe des Staates Hohenlohe-Langenburg. Schon 1806 nämlich wurde das Fürstentum Teil des Königreichs Württemberg, und das erließ ein Impfgesetz erst 1818. Bayern aber war nicht einmal das erste Flächenland mit Pocken-Pflichtimpfung, denn drei Wochen früher verfügte das Herzogtum Hessen-Darmstadt die allgemeine Impfpflicht.

* * *

Als im 19. Jahrhundert die moderne Bakteriologie ihren Siegeszug antrat, lieferte sie schon bald die Grundlage für eine wirksame Bekämpfung von Seuchen. Maßgebliche Namen dabei sind die Wissenschaftspioniere und Koryphäen der Medizinforschung Louis Pasteur und Robert Koch. Anfang der 1880er-Jahre lieferten sie sich ein medial und von nationalistischem Getöse umfassend begleitetes Wettrennen um die Entdeckung des Cholera-Erregers. Die Cholera kennen Europäer heute nur noch von Nachrichten aus Katastrophengebieten; nahezu vergessen ist hier, wie seit 1830 die »Asiatische Brechruhr« den Kontinent alle paar Jahre in Angst und Schrecken versetzte. Zwar ist der Erreger nicht so ansteckend wie das Pestbakterium oder das Pockenvirus, aber ohne Behandlung stirbt ungefähr jeder zweite Infizierte.

Die Entdeckung des Erregers durch Robert Koch in Kalkutta 1883 beendete eine jahrzehntelange Kontroverse über die Ansteckungswege der Cholera. Heute wissen wir, dass Vibrio cholerae sich in verschmutztem Wasser besonders wohlfühlt und entsprechend vermehrt – und dass die Ansteckung vorzugsweise über Kontakt mit verschmutztem Wasser erfolgt, aber nicht direkt von Mensch zu Mensch. Zuvor aber wurde darüber erbittert gestritten, und mit jeder neuen Cholera-Welle erschienen aufs Neue zahllose Artikel, Bücher und Streitschriften der Kontagionisten und Antikontagionisten, die jeweils noch in viele Untergruppen zerfielen und eigene Zeitschriften unterhielten.

Rückblickend liegt auf der Hand, dass die wuchernden Industriestädte, deren hygienische Bedingungen umso skandalöser wurden, je mehr die Einwohnerzahl wuchs, der Krankheit Vorschub leisteten. Menschen, die am Wasser lebten oder arbeiteten, waren meist die ersten Seuchenopfer. Die Trinkwasserversorgung war mangelhaft, und man bediente sich gegen den Durst zweifelhafter Brunnen oder des nächsten Gewässers – wo meist auch gebadet und allerlei Heikles entsorgt wurde. Selbst wenn Kanalisationen bereits gebaut waren, entleerten sie die Abwässer im Allgemeinen in den nächsten Fluss: dorthin, wo getrunken, gebadet und Wäsche gewaschen wurde.

Solange der Erreger nicht identifiziert war, konnte der Übertragungsweg nicht geklärt werden. Theorien gab es aber viele, und in Sachen Cholera wurde die Debatte darüber unversöhnlich bis ideologisch geführt; jede Seite wollte unbedingt recht behalten. Das war keine rein akademische Angelegenheit, der man amüsiert zusah, denn von der Art der Übertragung hingen die staatlichen Maßnahmen ab, wenn die Cholera auszubrechen drohte. Immerhin trug die bahnbrechende Untersuchung eines Londoner Arztes dazu bei, das Wasser als wahrscheinliche Infektionsquelle auszumachen: John Snow untersuchte 1854 in London, welches Wasser Cholerakranke eines Viertels getrunken hatten. Das erwies sich als höchst aufschlussreich, weil London von acht Gesellschaften mit Trinkwasser versorgt wurde. Die Cholerafälle häuften sich da, wo das Trinkwasser ungefiltertes Themsewasser war – entnommen nicht weit von der Stelle, wo dem Fluss Abwässer zugeführt wurden. Snows Studie gilt als Meilenstein der Epidemiologie und führte dazu, dass sich die europäischen Industriestädte um Stadthygiene kümmerten, also vor allem um Trinkwasserversorgung und Abwasserentsorgung. Dadurch wurde der Cholera noch vor der Entdeckung des Erregers Einhalt geboten, und die Krankheit gilt bis heute als heilsamer Schrittmacher der Stadttechnik, mit deren Hilfe sich die Lebensbedingungen der Großstädte nachhaltig verbesserten.

* * *

So stritt man also in Unkenntnis des Erregers über die Ansteckungswege der Cholera, während man die geografische Herkunft der Krankheit ziemlich genau kannte: Indien. Das ist insofern bemerkenswert, als bei vielen Infektionskrankheiten unklar bis umstritten ist, wo sie ihren Ursprung hatten – im Fall des Coronavirus geriet die Frage zuletzt zur politisch heiklen Angelegenheit. Wieso ist die Herkunft von Seuchenerregern häufig unklar?

Ein ansonsten unbekannter Arzt namens Paisley berichtete aus dem indischen Madras 1774 zum ersten Mal von der neuartigen Krankheit Cholera, die unter den britischen Kolonialtruppen wütete, weiterzog und in Kalkutta viele Pilger tötete. Dort begann 1817 die erste Cholera-Pandemie, fatal befördert durch einen Krieg der Briten gegen das zentralindische Marathenreich. Der Erreger zog westlich bis nach Ägypten, ins östliche Mittelmeer und ins russische Astrachan. In der zweiten Pandemie ab 1827 verbreitete die »Asiatische Brechruhr« dann ihren Schrecken in ganz Europa. Die Herkunft der Krankheit war also von Anfang an recht klar erkennbar – ganz im Unterschied zu einer der schlimmsten Pandemien ein Jahrhundert später: Zum Ende des Ersten Weltkrieges 1918 tötete die »Spanische Grippe« wohl mehr als 50 Millionen Menschen weltweit – manchen Schätzungen zufolge starben bis zu 100 Millionen.

Die bisher schlimmste Influenza-Pandemie bekam von Zeitgenossen diverse Bezeichnungen, unter denen sich schließlich »Spanische Grippe« durchsetzte, obwohl das Virus keineswegs aus Spanien stammte. Die Bezeichnung entstand, weil in den Krieg führenden Ländern Europas Zensur herrschte und daher zuerst aus Spanien darüber berichtet wurde, das am Ersten Weltkrieg nicht beteiligt war. Außerdem erkrankte der spanische König, wie die Zeitungen vermerkten. Heute wird der Ursprung der Pandemie meistens in den USA verortet, genauer auf einer Geflügelfarm in Kansas, von wo aus das Virus im Frühjahr 1918 über ein US-Ausbildungscamp nach Europa verschifft wurde, von wo es alle Armeen infizierte, sodann die Zivilbevölkerung und schließlich die ganze Welt. Doch diese Herkunft ist keineswegs bewiesen, sondern vielmehr eine – wenn auch plausible – Hypothese. Durchgesetzt hat sie sich vor allem, weil ein US-Bestseller über die Spanische Grippe die Version international populär machte. Es gibt aber noch zwei weitere Thesen zum Ursprung des Erregers, die wie die Kansas-These viel für sich, aber auch manches gegen sich haben: Das Virus könnte ebenso gut zuerst in Europa aufgetreten sein, nämlich im damals mit rund 20 000 Betten größten Kriegslazarett Europas im nordfranzösischen Étaples, wo bereits 1916/17 ungewöhnlich viele Fälle von Influenza verzeichnet wurden. These Nummer drei hingegen verortet als Ursprung der Seuche China, wo ebenfalls schon vor 1918 gehäuft Krankheitsfälle dokumentiert wurden, die mit Lungenkomplikationen einhergingen. In Verdacht hatte man die Lungenpest, doch dafür starben zu wenige der Kranken. Vielleicht war das bereits die »spanische« Grippe, die auf den Kriegsschauplatz getragen wurde: durch chinesische Zivilarbeiter, die in Europa die alliierten Armeen unterstützten.

Den Ursprung einer neuen Infektionskrankheit zweifelsfrei zu ermitteln ist bis heute schwierig. Im Fall der Spanischen Grippe umso mehr, als damals der Erreger gar nicht bekannt war – ja, man wusste nicht einmal, dass Viren die Grippe auslösten. Gefunden wurde der Erreger erst 1933, die DNA-Sequenzierung gelang gar erst in den 1990er-Jahren. Doch das eigentliche Problem ist so einfach wie unlösbar, denn es besteht in der Spanne zwischen der noch unbeachteten Entstehung eines neuen Erregers und dem Zeitpunkt, wo er erstmals sein Potenzial entfaltet und wahrnehmbar in Erscheinung tritt. Entsprechend umstritten ist daher auch die Herkunft des Coronavirus, das seit 2020 die ganze Welt in Atem hält. Das kann, wie sich erwiesen hat, ein Politikum erster Güte sein.

Politisch heikel war und ist ebenso die Frage der Herkunft des HI-Virus. Seit den Achtzigerjahren ist die HIV-Pandemie im Gange, die weltweit bisher rund 35 Millionen Menschenleben gefordert hat. Die Immunschwäche-Krankheit wurde im Juni 1981 durch einen Fachartikel über rätselhafte Fälle einer neuen Krankheit bekannt. Aber wann und wo entstand das Virus? Wissenschaftler vermuten aufgrund der Indizienfülle, die maßgebliche Virusvariante HIV-1 sei vermutlich Anfang des 20. Jahrhunderts per Zoonose (also per Übertragung vom Tier auf den Menschen) in Afrika entstanden, irgendwo zwischen Kongo, Burundi und Ruanda. Frühe Ansteckungen von Mensch zu Mensch gehen nachweislich bis in die 1950er-Jahre zurück, dann gelangte der Erreger über Haiti nach Nordamerika.

Und trotzdem hält sich bis heute die Behauptung, das Virus entstamme einem US-Forschungslabor, von wo aus es in die Welt getragen wurde. Dabei handelt es sich um einen klassischen Fall sowjetischer Desinformation zur Zeit des Kalten Krieges, eine fabrizierte Verschwörungstheorie mit zwei Varianten, in denen entweder Unfall oder Absicht zur Verbreitung des Virus führten. Längst wurde die Desinformationskampagne enttarnt, doch als

Irrtum über den Ursprung von Aids ist sie noch virulent. Nicht nur wissenschaftlich wurde die Theorie längst widerlegt. Als nach dem Ende der Sowjetunion 1991 KGB-Akten zugänglich wurden, erwies sich schwarz auf weiß, wie sich Moskau die Aids-Panik der 1980er-Jahre politisch zunutze machen wollte.

Seuchen und Pandemien haben als heikle Nebenwirkung fast immer Verschwörungserzählungen im Gefolge, das hat zuletzt die Corona-Pandemie gezeigt, in der sogar antisemitische Klischees wie aus Pestzeiten wieder bedient wurden, so abstrus und haltlos sie sein mögen. Auch die Labortheorie wurde wiederbelebt – und nicht zuletzt die populäre Verschwörungserzählung, wonach finstere Mächte oder ein vermeintlicher »deep state« absichtsvoll Erreger in die Welt bringen, um die Menschheit zu knechten. Als im 19. Jahrhundert die Cholera zur Schreckenskrankheit wurde, waren aufgrund ihrer prekären Lebensverhältnisse die ärmeren Schichten weit überproportional betroffen. Das führte zu Verschwörungserzählungen über Ländergrenzen hinweg, die Reichen hätten sich verschworen, um die rasant wachsende Zahl der Armen zu dezimieren. Es gebe gar keine Krankheit namens Cholera, das Ganze sei vielmehr eine Arsenvergiftung, wozu zwar die Symptome der Krankheit passten, nicht aber die Fakten. Die Spanische Grippe brachte 1918 kriegsbedingt unter anderem die aberwitzige Theorie hervor, die Deutschen würden die Krankheit mit Aspirintabletten oder per U-Boot verbreiten. Die seit Jahrzehnten durch die WHO verfolgte Ausrottung der Kinderlähmung (Polio) schließlich scheitert immer wieder an der islamistischen Propagandalüge, der Westen wollte per Impfung die Muslime unfruchtbar machen. Kommende Pandemien werden nach alten Mustern neue Theorien hervorbringen, wenn sie nur ihren Zweck erfüllen: einfache Erklärungen für komplexe Sachverhalte liefern, politisch verwertbar sein, eigene Verantwortung abschieben.

Wem es chinesisch vorkommt

Dass die Gegenwart stets von neuen Krankheitserregern bedroht ist, hat auch damit zu tun, dass es im 21. Jahrhundert auf der Erde keine unbekannten Flecken mehr zu geben scheint. Abgesehen von den stockdunklen Tiefen der Weltmeere mit Lebewesen, die noch nie ein Mensch gesehen hat, wurde fast jeder Winkel der Welt ausgeleuchtet und kartografiert. Das Zeitalter der Entdeckungen ist lange vorbei, und mittels Pauschaltourismus reist die Menschheit selbst in entlegenste Regionen. Insofern fällt es uns schwer, die Unwissenheit der Menschen des Mittelalters nachzuvollziehen, aber auch die Vorbehalte gegenüber unbekannter Ferne. Als Mitte des 13. Jahrhunderts in Venedig Marco Polo geboren wurde, der bis heute als Inbegriff des Globetrotters gilt, wusste man von der Welt weniger als noch in der Antike – viel von dem zuvor gesammelten Wissen war infolge der Turbulenzen nach dem Ende des Römischen Reiches verloren gegangen. Die Welt stellte man sich gemeinhin als kreisrunde Scheibe vor: Die untere Hälfte teilten sich die Kontinente Europa und Afrika, getrennt vom Mittelmeer. Die obere Hälfte aber beanspruchte allein Asien, von dessen immenser Größe man zumindest eine vage Vorstellung hatte. Immerhin kannte man Berichte antiker Reisender und von den Eroberungen Alexanders des Großen, einer im Mittelalter äußerst populären Figur. Alexander war bis zum Indus vorgestoßen, aber längst beherrschte das Dahinter die Fantasie der Menschen: vor allem das exotische Indien und das unendlich weit entfernte, unermesslich reiche China. Man vermutete Einhörner und Amazonen, jede Menge Gold, merkwürdig anzusehende Menschen mit Hundeköpfen oder Hufen als Beine – und irgendwo ganz hinten den Garten Eden.

Im 13. Jahrhundert wurden Reisen nach Fernost zunehmend sicherer, weil die Mongolen als herrschende Macht Reisenden Schutz gewährten. Zur Zeit der Geburt Marco Polos machte sich ein flämischer Franziskaner namens Wilhelm von Rubruk auf nach Asien und bereiste das Mongolenreich. Sein missionarischer Auftrag schlug zwar fehl, aber der Mönch brachte faszinierende Informationen nach Europa: Nicht nur vom vorbildlichen Staatswesen der Mongolen wusste er zu berichten, sondern auch von der buchstabenlosen Schrift der Chinesen oder ihrer merkwürdigen Sitte, Rechnungen mit Papiergeld zu begleichen. Außer Wilhelm versuchten weitere Missionare, das Christentum in Asien zu etablieren – mit eher bescheidenem Ertrag. Umso erfolgreicher waren Kaufleute aus Italien, angespornt vom Aufschwung der italienischen Handelsstädte und der Aussicht, Handel mit Fernost zu treiben. Asiatische Waren hatten auch zuvor schon Europa erreicht, jedoch durch arabische Händler, die man nunmehr umgehen wollte. Und zu den Ersten, die mit dieser Absicht im Jahr 1260 von Konstantinopel zur Wolga aufbrachen, gehörten die Brüder Niccolò und Maffeo Polo. Viele Jahre länger als geplant waren die Venezianer unterwegs, weil Unruhen ihre Rückreise vereitelten und sie stattdessen weiter ostwärts bis nach Buchara im heutigen Usbekistan zogen, ein wichtiger Handelsplatz der Seidenstraße. Und von dort ging es noch einmal bis ins mongolische Shangdu, auch als Xanadu bekannt. Großkhan Kubilai, ein Enkel des Eroberers Dschingis Khan, ermöglichte ihnen schließlich mit Privilegien die Rückreise in ihre Heimatstadt, wo sie 1269 wieder eintrafen. Nur zwei Jahre später brachen sie zu ihrer zweiten Asienreise auf und nahmen Niccolòs 17-jährigen Sohn Marco mit.

Es war eine Studienreise der sehr besonderen Art, zumal für diese Zeit – welcher junge Mann hätte damals eine solche Bildungschance gehabt? Zunächst ging es ins Heilige Land, sodann per Schiff in Richtung Norden zum Golf von Iskenderun und von dort durch die heutigen Staaten Türkei, Irak, Iran, entlang der Salzwüste nach Südosten und zum Persischen Golf. Dort schifften sie sich nicht wie geplant ein, um auf dem Seeweg bequemer nach China zu gelangen, sondern entschieden sich wegen der zweifelhaften Schiffe dafür, weiter über Land zu reisen, durch fruchtbare Gebiete Persiens ebenso wie durch Wüsten, und dann auf unklarer Route nach Baktrien, heute teils Afghanistan, teils Turkmenistan. Über die südliche Seidenstraße ging es weiter durch Pakistan nach China, wo sie rund zweieinhalb Jahre nach ihrem Aufbruch von zu Hause angekommen sein dürften. Im Sommer 1275 gelangten sie schließlich nach Shangdu, der Sommerresidenz des Kubilai Khan, wovon sich Marco Polo ebenso beeindruckt zeigte wie von Peking. In den folgenden Jahren bereiste er China, aber auch Indien und Tibet. Am Ende erhielten die drei Polos den Auftrag, die zukünftige Frau des persischen Khan – ein Sohn Kubilais – von Peking aus und ab Quanzhou auf dem Seeweg nach Persien zu begleiten. Eine große Delegation machte sich auf den Weg durch das Südchinesische Meer, über Vietnam, Sumatra, Ceylon und Südindien. Mit einer arg dezimierten Brautdelegation erreichten sie Anfang 1293 Persien, wo der Bräutigam inzwischen allerdings gestorben war. Ausgestattet mit Reiseprivilegien, traten die Polos schließlich die Rückreise an: auf dem Landweg zum Schwarzen Meer, von dort per Schiff nach Konstantinopel und weiter nach Venedig. Bei seiner Rückkehr nach Hause im Jahr 1295 zählte Marco Polo 41 Jahre.

Als der Weitgereiste drei Jahre später in Kriegsgefangenschaft geriet, weil zwischen den erbitterten Rivalen Venedig und Genua wieder mal ein Krieg um die Vorherrschaft im Seehandel tobte, diktierte er einem Mitgefangenen seine Erlebnisse, die Bestseller ihrer Zeit wurden. Polos Erinnerungen avancierten zum wichtigsten mittelalterlichen Sachbuch über Asien, sie wurden in alle maßgeblichen Sprachen West- und Mitteleuropas übersetzt und mit vielen Prachtausgaben gewürdigt. Und als der Buchdruck Europa eroberte, war Marco Polos Buch unter den ersten, die gedruckt wurden. Eine Ausgabe des Buches führte Christoph Kolumbus mit, als er zu seiner Asienreise aufbrach, die ihn nach Amerika brachte.

Eine Beschreibung der Welt oder *Die Wunder der Wunder*, wie der deutsche Titel des Buches lautet, das in Marco Polos Heimat besser bekannt ist als *Il Milione,* ähnelt einem Reiseführer: Nach kurzer Einleitung über die beiden Reisen der Polos schildert es Regionen und Städte des riesigen Mongolenreiches von West nach Ost sowie Südostasien und Indien, die auf der Rückroute nach Europa lagen. Gleichzeitig liefert es Informationen für italienische Handelsreisende über Routen, Handelsorte und Waren, aber auch über die Menschen und ihre Sitten, über Edelsteinvorkommen, obskure Religionen und die Vogelwelt, über köstliche Speisen und gute Weine, über Porzellan, über exotische Gewürze und Pflanzen, darunter Rhabarber und Ingwer, über Freudenhäuser und strenge Asketen. Einige Aspekte mussten Europäer, die eher beschwerliches Reisen gewohnt waren, beeindrucken, vor allem die vorbildliche Infrastruktur mit einem engen Netz an Pferdestationen und bequemen Gasthöfen. Ein leistungsfähiges Kuriersystem gewährleistete die schnelle Übermittlung von Nachrichten auch über große Distanzen. Es gab gepflasterte Straßen mit Schatten spendenden Bäumen und steinernen Brücken. Auch die Vorsorge gegen Hungersnöte findet Marco Polo bemerkenswert, er beschreibt Armenspeisungen, die staatlichen Getreidespeicher für Notzeiten und die Regelung, bei Missernten Steuererlässe zu gewähren.

Bloß: Kam Marco Polo überhaupt bis nach China? Oder hat er sich einfach das Nichtwissen seiner Leser zunutze gemacht? Tat er nur so, und zwar mittels geschickten Einsatzes der Informationen, die er auf seiner Reise zweifellos gewinnen konnte, aus erster Hand zu berichten, was er eigentlich aus zweiter Hand weitergab? Kann es also sein, dass Marco Polo zwar Persien erreichte, was sich nachweisen lässt, aber nicht die Mongolei, China, Südostasien?

Solche Zweifel müssen erlaubt sein, wo Marco Polos Buch doch eine Menge Märchen enthält – ebendie Vorstellungen, die sich das Mittelalter von China und Indien machte. Wenn der Venezianer doch selbst da war: Wieso korrigierte er diese Ammenmärchen nicht? Und was ist davon zu halten, dass ein so aufmerksamer Chinareisender kein Wort über den Tee verliert? Dass er auslässt, dass chinesischen Frauen die Füße eingebunden wurden, um sie dem Schönheitsideal entsprechend klein zu halten? Dass er die chinesische Schrift nicht erklärt oder den in Europa noch unbekannten Buchdruck? Und, vor allem, dass er nicht einmal die Chinesische Mauer erwähnt, immerhin das eindrucksvollste Bauwerk des riesigen Landes? Wieso vermerken ihn chinesische Quellen nicht, obwohl er behauptet, im Auftrag des Kubilai Khan dessen ausgedehntes Reich bereist zu haben? Er sei sogar drei Jahre lang Gouverneur der Stadt Yangzhou gewesen – wieso taucht er dann nicht in den Stadtakten auf und wie konnte er einen solchen Posten bekleiden, wo er doch nie Chinesisch lernte?

Und doch war Marco Polo tatsächlich in China. Dass er nicht jeden Ort und jedes Land, das er beschreibt, selbst besucht hat, sondern ältere Berichte weitergibt, stimmt zwar. Falsch ist jedoch die Annahme, er wäre nie weiter als bis nach Persien gekommen. Dafür dringt aus seinem Buch zu überzeugend seine Person hindurch – wäre das Ganze zusammengestottert aus zahllosen Berichten anderer, wäre es kaum so einheitlich geworden. Dass trotzdem in Marco Polos Longseller die fantastischen Vorstellungen seiner Zeitgenossen über das ferne Asien ihren Platz bekommen, hat weniger der Reisende zu verantworten als sein Schreiber. Im Gefängnis schrieb sein Mitgefangener Rustichello von Pisa nicht nur auf, was Marco diktierte, sondern ergänzte, was in seinen Augen fehlte – oder von dem er glaubte, dass es die europäischen Leser erwarten würden. Das Buch ist auch nie wirklich abgeschlossen worden – gut möglich also, dass Marco Polo bei genauerer Redaktion einige Zusätze seines Schreibers, der selbst als Verfasser von Ritterromanen reüssierte, gestrichen hätte. Manches wurde aber auch erst nach Marco Polos Tod hinzugefügt, darunter wohl die Behauptung, die Polos hätten den Mongolen ermöglicht, die Stadt Xiangyang mit einer Wurfschleuder zur Kapitulation zu zwingen. Dieser militärische Erfolg lag vor der Ankunft der Polos, und die Schleudern stammten von den Persern.

Einige der Personen, die Marco Polo benennt, lassen sich durch Quellen von anderer Seite bestätigen. Die Reisen im Auftrag des Khan sind zwar nicht zweifelsfrei nachzuweisen, aber durchaus wahrscheinlich – wenn auch nicht in offizieller Mission, aber ausgestattet mit Privilegien und Reiseerleichterungen und in der Absicht, die Neugier, die rasche Auffassungsgabe sowie den unbefangenen Blick des jungen Ausländers zu nutzen, um Informationen zu beschaffen. Dass Marco Polo in chinesischen Quellen nicht auftaucht, ist kein Beweis für Schwindelei: Selbst ein hochrangiger päpstlicher Gesandter, der Mitte des 14. Jahrhunderts an den Hof eines Nachfolgers von Kubilai Khan reiste, wurde nicht in Chroniken erwähnt. Dagegen sprechen überaus detaillierte Angaben beispielsweise zum Steuerwesen, die sich noch heute bestätigen lassen, dafür, dass Marco Polo bei diesen Reisen Einblicke gewährt bekam, wie sie ohne entsprechende Maßnahmen des Khan kaum möglich gewesen wären. Ebenso weiß er über die Brautgesandtschaft mehr, als ein Außenstehender hätte wissen können.

Bei der Falschbehauptung, Marco Polo sei Gouverneur von Yangzhou gewesen, handelt es sich aller Wahrscheinlichkeit nach um einen Kopierfehler, wie er bei mittelalterlichen Handschriften häufig vorkommt. Vermutlich stand ursprünglich nur im Text, dass Marco Polo sich drei Jahre in der Stadt aufhielt, denn das

Wort sejourna lässt sich leicht als governa lesen. Den Tee nicht zu erwähnen erscheint aus heutiger Sicht als kaum nachvollziehbar, so wichtig ist die chinesische Teekultur. Vielleicht fand Marco Polo, der bekanntermaßen eher alkoholischen Getränken zugeneigt war, das Getränk schlichtweg nicht so interessant. Gut möglich, dass es für ihn ein Blattaufguss war wie andere auch: für seinen Geschmack wenig erquicklich und nicht erwähnenswert. Der Buchdruck erscheint uns aus heutiger Sicht bemerkenswert, aber in Europa bestand dafür zu jener Zeit so wenig Bedarf wie Interesse. Die chinesische Schrift erlernte Marco Polo nie, also konnte er sie in seinem Buch auch nicht erklären – sie blieb auch nachfolgenden Reisenden ein Buch mit sieben Siegeln.

Und was den vorgeblichen Hauptbeweis betrifft: Der Sinologe Hans-Wilm Schütte verweist lapidar darauf, dass es eher erstaunen müsste, hätte Marco Polo die Chinesische Mauer ausgiebig gewürdigt. Denn zur Zeit seiner Reise handelte es sich gar nicht um das Bauwerk, das wir kennen, dieses Aussehen bekam sie erst zwischen dem 14. und 17. Jahrhundert – vorher war es eine Ansammlung von gestampften Lehmmauern, die weder so bemerkenswert noch so beeindruckend waren wie die heutige Mauer aus Stein, die sich majestätisch durch die Landschaft zieht und sich am Horizont im Dunst verliert. Zu Marco Polos Zeiten war der Schutzwall so unwichtig, dass er nicht einmal auf chinesischen Karten verzeichnet wurde.

Zuletzt hat sich der Tübinger Sinologe und Technikhistoriker Hans Ulrich Vogel überaus akribisch mit Marco Polos Angaben über Geld und die so bedeutende Salzindustrie in China befasst. Der Venezianer wusste als Einziger überhaupt zu berichten, dass Papiergeld in Fernost aus Maulbeerbaumrinde hergestellt wurde. Das Aussehen dieser Geldnoten gibt er detailliert wieder bis hin zu Größe, Stempeln und Einheiten, und sogar die Regelung, dass abgenutzte Scheine bei dreiprozentiger Wertminderung umgetauscht wurden, wird erwähnt. Daneben erklärt er das staatliche

Monopol auf Edelmetalle und Perlen, auf dem die Papierwährung beruhte, und die Bestrafung von Geldfälschern. Die Forschung bestätigt außerdem seine Informationen darüber, dass die Papierwährung vor allem im Norden Chinas sowie entlang des Jangtsekiang gebräuchlich war. Ebenso akkurat beschreibt Marco Polo die Salzgewinnung und -verbreitung und die Bedeutung der Salzsteuer für den Staatshaushalt – und auch hier bestätigen ihn chinesische Quellen.

Übrigens: Der Legende zufolge äußerte Marco Polo auf seinem Sterbebett, er habe nur die Hälfte von dem beschrieben, was er auf seiner Reise tatsächlich gesehen habe.

Ein Jahrtausendsassa

Marco Polo mag für die damalige Zeit als Bestsellerautor durchgehen, doch im Vergleich zu heute waren Bücher in seiner Lebenszeit noch ein kostbares und eher seltenes Gut. Einfache Christenmenschen des Mittelalters dürften sie außerhalb der Kirche, in anderer Gestalt als der Bibel, kaum wahrgenommen haben. Lesen und schreiben konnten sie ohnehin nicht, daran hatte die Kirche auch wenig Interesse. Bücher waren »gottgefällige Objekte« und vor allem für den religiösen Gebrauch bestimmt. In den Klöstern arbeiteten Mönche emsig daran, Handschriften zu kopieren und mit kunstvollen Buchmalereien zu verschönern, um den Glanz der klostereigenen Bibliothek zu bereichern und so dem Ruhm Gottes zu dienen. Die Szene aus dem Film *Der Name der Rose,* in der Adson und sein Meister das erste Mal die Schreibstube eines berühmten Klosters betreten, ist so atmosphärisch wie glaubwürdig: Hier ist die Elite am Werk, die nicht bereit ist, ihren Schatz des geschriebenen Wortes mit jedermann zu teilen.

Im Verlauf des Mittelalters wurde das Buch zunehmend auch zum Gebrauchsobjekt – schon durch die stetig zunehmende Zahl von Studenten in den aufkommenden Universitäten und dem damit steigenden Bedarf an Lehrbüchern. Man begann, für diese Zwecke das Kopieren von Büchern zu effektivieren, indem gefragte Bücher nicht mehr ausschließlich von Mönchen und außerdem nunmehr sozusagen im Akkord kopiert wurden – jetzt auch auf Papier. Schon im ausgehenden Mittelalter gab es in Paris am Ufer der Seine Buchhändler, die solche flugs hergestellten, meist notdürftig gebundenen Konvolute feilboten. Unter den Studenten, die sich dort mit Lesestoff eindeckten, waren auch viele Deutsche. Gleichzeitig lernten immer mehr Menschen lesen, zunächst im städtischen Bürgertum.

Der Bedarf an Büchern stieg also weiter, und die Erfindung des Buchdrucks durch Johannes Gutenberg musste wie eine Bombe eingeschlagen haben. Nicht ohne Grund werden die Arbeit des Mainzer Erfinders und ihre Auswirkungen als Startpunkt einer medialen Revolution gefeiert und gelegentlich mit der Erfindung des Computers verglichen. Und nicht unüberlegt setzen manche Historiker mit Gutenbergs Wirken den Beginn der Neuzeit an, denn Gutenbergs Entwicklung war in der Tat bahnbrechend. Ohne den Buchdruck wäre das Lesen eine elitäre Angelegenheit geblieben, das Wissen hätte sich nicht derart verbreiten können, und es hätte keine Zeitungen gegeben. Die »Demokratisierung des Wissens«, geistige Entwicklungen, Reformation, Revolutionen und vieles andere sind ohne die rasche Verbreitung von Ideen mittels Druckerzeugnissen nicht vorstellbar. Deshalb wählte das US-amerikanische *Time Life Magazine* den Mainzer Meister kurz vor Ende des 20. Jahrhunderts zum »Man of the Millennium«.

Der Titel »Erfinder des Buchdrucks« ist jedoch im strengen Sinn nicht zutreffend, und auch als Mann des Jahrtausends kann man Johannes Gutenberg guten Gewissens eigentlich nicht bezeichnen. Gutenberg druckte nämlich nicht die ersten Bücher. Man hatte schon vorher mit dem Holzdruck experimentiert, aber es war anfangs billiger geblieben, emsige Mönche an ihren Pulten Seite um Seite mit der Hand abschreiben zu lassen. Das neue Verfahren war ungeheuer aufwendig und teuer, weil der gesamte Inhalt der Seite eines solchen »Blockbuches« in das Holz eingekerbt werden musste. Ein fertiger Block konnte dann zwar für beliebig viele Exemplare nur eines Buches verwendet werden – aber eben nur dieses einen Buches. Um ein Buch anderen Inhalts zu drucken, musste aufs Neue Buchstabe für Buchstabe neu geschnitzt werden. Gutenberg revolutionierte die Drucktechnik insofern, als er bewegliche Lettern benutzte, die immer wieder für neue Werke genutzt werden konnten. Für sein Repertoire fertigte er insgesamt 290 verschiedene Zeichen an, die immer wieder in neuer Kombination zum Einsatz kamen. So wurde die Buchherstellung billiger und schneller. Hinzu kam, dass das dafür notwendige Papier zu dieser Zeit in Europa verfügbarer wurde – eine wesentliche Bedingung für Gutenbergs Erfolg. Vor dem 14. Jahrhundert wurde fast ausschließlich Pergament, also Tierhaut, beschrieben, die sich aber nicht bedrucken lässt. In den Jahrzehnten nach dem ersten Bibeldruck (die berühmte »B 42«, die 42-zeilige Bibel) des Mainzer Patriziers wurde vor allem in den Städten Süddeutschlands Druckerei um Druckerei eröffnet und Papier bedruckt.

Aber ach: Gutenberg war nicht einmal der Erste, der mit beweglichen Lettern druckte. In China nutzte man seit dem 8. Jahrhundert die Holzschnitttechnik zum Drucken, seit dem 11. Jahrhundert gab es dort außerdem Tonlettern. Für die chinesische Sprache mit ihren 40 000 bis 50 000 Zeichen waren bewegliche Lettern aber keine sonderlich hilfreiche Erfindung.

Mindestens 200 Jahre vor Gutenberg druckte man in Korea mit beweglichen Metalllettern. Die Auswirkungen dieser Erfindungen waren in Asien aber bei Weitem nicht so groß wie in Europa. Gutenberg kommt also das Verdienst zu, zur richtigen Zeit am richtigen Ort verschiedene Produktionselemente zusammengefasst und mit eigenen Erfindungen zu einem Verfahren entwickelt zu haben, das ökonomisch war, Aufsehen erregte und den Boden für die »erste Medienrevolution« bereitete. Der Irrtum verdient zwar eine Korrektur, aber im Ergebnis wird Gutenbergs Verdienst davon nicht beeinträchtigt. Gutenberg als Mann des Jahrtausends zu bezeichnen hat also seine Berechtigung – wenn auch des zweiten.

Wer sich bewegt

Dass mit dem Buchdruck neue Ideen und Erkenntnisse leichter in Umlauf kamen, konnte nicht allen recht sein, in früheren Jahrhunderten galt das insbesondere für die katholische Kirche. Ihre Geschichte als Zensor und ihr Verhältnis zur Wissenschaft sind ein ebenso beliebtes wie ergiebiges Thema für Kritiker. Auch wenn die Kirche Darwins Lehre von der Evolution längst anerkennt, geht ein Aufschrei durch die aufgeklärte Welt, sobald irgendwo ein unbedeutender Kleriker publicityträchtig den Standpunkt der fundamentalistischen Kreationisten verteidigt, die vom Schöpfungsverlauf der Bibel nicht abrücken wollen. Noch immer gilt die katholische Kirche als wissenschaftsfeindlich eingestellt, weil sie die freie Forschung als Bedrohung ihrer Lehre verstehe. Hat nicht die römische Inquisition Galileo Galilei (1564–1642) zum Schweigen gebracht, weil er auf seiner Erkenntnis bestand, die Erde drehe sich um die Sonne und nicht umgekehrt? Und hat es nicht mehr als 350 Jahre gedauert, bis ein Papst den Irrtum der Kirche zugab und Galileo rehabilitierte?

Der Inquisitionsprozess gegen den florentinischen Hofmathematiker und berühmten Wissenschaftler Galileo Galilei 1633 gilt bis heute als herausragendes Beispiel für den Konflikt zwischen Glauben und Wahrheit, zwischen Kirche und Wissenschaft. Galileo erscheint als aufrechter, unbeugsamer Held der Wahrheit; die

Kirche dagegen als despotische Macht, die unerbittlich unterdrückt, was ihre Lehre und damit ihren Machtanspruch untergräbt. Somit gilt Galileo vielen als Mensch ganz nach dem modernen Geschmack, sehr im Unterschied zur hoffnungslos rückwärtsgewandten Kirche. Das populäre Bild der Affäre stellt die grausame Inquisition in den Mittelpunkt, weil sie Galileo nach Rom zitierte, gar in Kerkerhaft nahm und folterte. Bilder zeigen einen geschundenen Galileo in Ketten vor hochmütigen Inquisitoren. Seit dem 17. Jahrhundert wurde der Stoff immer wieder literarisch verarbeitet, und unsere heutige Sicht auf Galileo und den Prozess ist nicht zuletzt von Bertolt Brechts berühmtem Theaterstück *Leben des Galilei* (1938) beeinflusst. Was aber ist dran am Bild des Vaters der modernen Wissenschaft, den die Kirche unbarmherzig unterdrückt und zum Märtyrer macht?

Galileo gehört völlig zu Recht und unbestritten zu den Begründern der modernen Wissenschaft. Allerdings liegen seine Verdienste eher in den Disziplinen Physik und Mathematik als auf dem Gebiet der Astronomie, auch wenn diese der Gegenstand des Prozesses und seines dort verhandelten Buches Dialog über die beiden maßgeblichen Weltsysteme war. Das Schwergewicht unter den Astronomen dieser Zeit war allerdings Johannes Kepler. Die Theorie, dass nicht die Erde, sondern die Sonne das Zentrum des Universums sei und sich bewege, anstatt statisch zu sein, war seit der Antike immer wieder einmal aufgebracht und verworfen worden, bis Nikolaus Kopernikus sie 1543 mit neuen Argumenten erneut ins Spiel brachte. Bedenken, die These könne die Kirche in Aufruhr bringen, hatten Kopernikus die Veröffentlichung seiner Theorie bis ins hohe Alter immer wieder verschieben lassen, und Galileo verhielt sich zunächst ähnlich vorsichtig. Nicht zu unterschätzen im Streit um die Planetenordnung ist aber ebenso das Argument des gesunden Menschenverstands. Heute können wir uns beispielsweise erklären, wieso keine Zentrifugalkraft die Objekte von einer rotierenden Erde schleudert, aber das war noch während der Renaissance eine offene Frage. Und überdies bestätigte der Augenschein, dass die Sonne sich bewegte, immerhin ging sie morgens auf und abends unter. Außerdem besaß die Bibel als göttliche Offenbarung unumschränkte Autorität, und darin war von der Bewegung der Sonne ebenso die Rede, wie die Einzigartigkeit der Schöpfung dafür sprach, dass die Erde das Zentrum der Welt war. Hier hatte Gott Pflanzen, Tiere und Menschen erschaffen, was sonst sollte also der Mittelpunkt der Welt sein? Das war schwer vorstellbar – und ohne stichhaltigen Beweis allemal.

Bis 1609 ging Galileo bei seiner Lehrtätigkeit in Pisa, wo er den schiefen Turm für seine physikalischen Experimente nutzte, und in Padua nicht auf die Thesen des Kopernikus ein. Aber dann führten ihn Entdeckungen der Jupitermonde, der Beschaffenheit der Mondoberfläche und der Sonnenflecken mithilfe der neuen Erfindung Teleskop zu der Überzeugung, dass Kopernikus recht gehabt hatte. Was er sah, bestätigte dessen These, dass sich die Erde bewegte – nur ließ es sich weiterhin nicht beweisen. Galileo führte zwar die Gezeiten an, die von der Bewegung der Erde ausgelöst seien. Er musste sich aber fragen lassen, warum sich dann Ebbe und Flut nicht an den Zwölfstundenrhythmus hielten – wir wissen heute, dass Galileo tatsächlich falschlag. Wie auch immer, es dauerte nicht mehr lange, und der Physiker aus Florenz wurde zu den Befürwortern der kopernikanischen These gezählt. Deswegen galt er für die Kirche noch lange nicht als inakzeptabel, im Gegenteil zählten hochrangige Kirchenvertreter zu seinen Förderern, darunter Jesuiten und der spätere Papst Urban VIII. Inzwischen zu einiger Berühmtheit gelangt, wurde Galileo aber nicht nur mutiger, sondern auch zunehmend überheblich und ungeduldig mit seinen Kritikern, die ihm vorwarfen, die biblische Autorität zu missachten.

Galileos Widersacher brachten die Angelegenheit 1616 vor die Inquisition, die aber keine Veranlassung sah, Galileo wegen Ketzerei zu belangen. Kopernikus' Werk wurde vorübergehend auf den Index verbotener Bücher gesetzt, aber mit einigen Veränderungen bereits 1620 wieder zugelassen. Die Lehre des Kopernikus war also nicht verboten, wohl aber zweifelhaft, weil weder bewiesen noch mit der Bibel vereinbar. Darum durfte sie nur als Hypothese behandelt werden, woran sich auch Galilei zu halten hatte, wie ihm der Vertreter der Inquisition, Kardinal Roberto Bellarmino, zu verstehen gab. Die Kirche wandte sich also weniger gegen die Wissenschaft an sich als gegen die Folgen unbewiesener Thesen für die Auslegung der Bibel. Das mag man aus heutiger Sicht belächeln, aber um theologische Meinungsverschiedenheiten wurden zu jener Zeit erbitterte Auseinandersetzungen geführt, weil sie das Leben damals unmittelbar berührten. Ohnehin befand sich die katholische Kirche damals, zur Zeit der Gegenreformation und im Vorfeld des Dreißigjährigen Krieges, in der Defensive – konnte man es den Kirchenführern da verübeln, dass sie keine unbewiesene Theorie anerkennen wollten, die eine Neuauslegung der Bibel nötig gemacht hätte? Schließlich musste sich Rom der Vorwürfe von protestantischer Seite erwehren, der Heiligen Schrift nur unzureichend zu folgen. Daher hatte das Konzil von Trient Mitte des 16. Jahrhunderts die Autorität der Bibel für Glauben und Moral ausdrücklich bestätigt.

Zum eigentlichen Inquisitionsverfahren gegen Galileo kam es erst 1633, nachdem der Gelehrte seinen Dialog veröffentlicht hatte. Galileo hatte zwar verschiedene Vorkehrungen getroffen, damit das Buch nicht zu einer Konfrontation mit der Kirche führte: Vor allem wollte er die Erdbewegung als reine Hypothese und sein Buch nicht als Parteinahme für eine Theorie, sondern als Informationsschrift verstanden wissen. Auch deshalb war es als Dialog dreier venezianischer Adeliger verfasst, die die widerstreitenden Theorien gegeneinander abwägen, ohne am Ende einer ausdrücklich den Vorzug zu geben. Aber bei aller Vorsicht lief der Dialog doch recht eindeutig auf ein Plädoyer für die kopernikanische

Theorie hinaus. Das offene Ergebnis des Dialogs war zu offensichtlich fabriziert, zumal Galileos Sympathie für Kopernikus' Theorie kein Geheimnis war. Inzwischen hatte er mehr als einmal den Eindruck vermittelt, er wolle den Theologen vorschreiben, wie sie die Heilige Schrift am besten auslegen sollten. Die Entrüstung so manchen Kirchenmannes war also durchaus nachvollziehbar: Galileo schien sich in Bibelfragen für kompetenter zu halten als die Fachleute, was seiner Beliebtheit unter konservativen Klerikern nicht gerade zuträglich gewesen sein dürfte.

Das Heilige Offizium, Vorläufer der heutigen Glaubenskongregation, zitierte den fast 70-jährigen, kranken Galileo aus Florenz nach Rom, wo er sich für die Inquisition zur Verfügung halten sollte. Er landete aber nicht etwa in den Verliesen des Vatikans, wie allzu gern behauptet, sondern durfte mit Dienerschaft als Hofgelehrter des Großherzogs der Toskana ganz standesgemäß in dessen römischer Botschaft residieren. Während der Vernehmungen selbst erhielt er eine eigens geräumte Wohnung im Gebäude der Inquisition, und um das leibliche Wohl durfte sich die florentinische Botschaft kümmern. Diese Vorzugsbehandlung erklärt sich aus den guten Beziehungen zu Papst Urban VIII., den Galileo noch in dessen Zeit als Kardinal kennengelernt hatte, aber auch aus der generellen Wertschätzung für den berühmten Gelehrten. Und sie zeigt, dass die Inquisitoren keineswegs glaubten, einen ausgekochten Ketzer vor sich zu haben, der erbarmungslos verfolgt werden musste.

Trotzdem verlief der Prozess nicht so, wie Galilei es sich erhofft haben mochte. Er fühlte sich zwar ganz auf der Seite des Rechts und der Kirche, weil er in seinen Augen die Lehre des Kopernikus nicht verteidigt, sondern nur dargestellt hatte. Das Gutachten der Inquisition sah das jedoch anders. Nicht nur ergreife Galilei Partei für Kopernikus, er glaube wohl auch an die Lehre von der Erdbewegung, so die Kritik. Galileo versuchte sich herauszureden, seine Eitelkeit des Wissenschaftlers habe ihn übers Ziel hinausschießen lassen. Er hoffte wohl, man würde es ihm als lässlichen Fehler durchgehen lassen. Allerdings war aus den Untiefen des päpstlichen Archivs ein Dokument von 1616 aufgetaucht, das Galileos Situation verschärfte. Dem unterschriftslosen Papier zufolge hatte er nämlich gelobigt, die kopernikanischen Thesen nicht nur nicht zu verteidigen, sondern gar nicht erst zu diskutieren. Galilei besaß ein anderslautendes Dokument des damaligen Inquisitors, nach dem er die Thesen durchaus diskutieren durfte, solange er nicht dafür Partei ergriff – die Aktenlage war also widersprüchlich. Die Inquisitoren verfolgten daher diesen formellen Anklagepunkt nicht weiter, und es schien, als würde Galileo mit einer bloßen Bußstrafe davonkommen.

Nun aber regte sich in der römischen Kurie angesichts des milden Umgangs mit Galileo Widerstand, dessen Ursprung nicht mehr bestimmt werden kann. Jedenfalls schloss sich der Papst dieser strengeren Haltung an, und die Inquisition verlangte von dem Beschuldigten einzugestehen, dass er unerlaubterweise Werbung für Kopernikus gemacht hatte, was Galileo auch bereitwillig tat. Unmissverständlich gab er zu Protokoll, er halte nach längerer Unsicherheit die gewohnte Lehre von der unbeweglichen Erde und der sich bewegenden Sonne für die richtige. Am 22. Juni 1633 erging im römischen Dominikanerkonvent Santa Maria sopra Minerva nicht weit vom Pantheon der Urteilsspruch, den bezeichnenderweise nicht alle Inquisitoren unterzeichnen mochten. Galileo wurde als »der Häresie verdächtig« eingestuft. Er wurde unter lebenslangen Hausarrest gestellt, sein Dialog wurde verboten – als begehrte Bückware stieg sein Preis übrigens alsbald auf das Zwölffache. Über die Thesen des Kopernikus durfte er sich nicht mehr äußern, konnte aber weiter wissenschaftlich arbeiten.

Aus den Prozessakten geht im Übrigen nicht hervor, dass Galileo gefoltert wurde – das hätte die obligatorische Voruntersuchung angesichts seines Alters und Gesundheitszustands höchstwahrscheinlich ohnehin ausgeschlossen. Angedroht wurde diese Verhörmethode immer, weil es vorgeschrieben war – und durchaus wirkungsvoll. Ebenfalls unhistorisch ist der oft bemühte Satz, den Galileo im Aufstehen trotzig gemurmelt haben soll, nachdem er sein Urteil auf Knien entgegengenommen hatte: »Eppur si muove! – Und sie bewegt sich doch!« Nicht nur fehlt dafür jeder Beweis – eine solche Äußerung, auch noch so leise ausgesprochen, hätte Galilei den Kopf kosten können, weil sie seine öffentliche Abschwur null und nichtig gemacht hätte. Das aber entspricht ganz und gar nicht Galileos Strategie von Anfang an, sich so unbeschadet wie möglich aus der Affäre zu ziehen. Das Zitat ist vielmehr ein Detail im lieb gewonnenen Bild des Wissenschaftlers, der sich unter der Knute der Kirche nur zähneknirschend und innerlich unbeugsam fügt.

Natürlich wirkt dieser Prozess wie jeder Inquisitionsprozess auf den modernen Menschen unerhört. Der historische Blick muss aber berücksichtigen, dass zu dieser Zeit die Autorität der Kirche kein bloßer Machtfaktor und eigentlich überholt, sondern anerkannt war. Der Einzelne achtete ganz überwiegend die Deutungshoheit der Kirche über das Wesen der Welt. Daneben lohnt sich über den direkten Konflikt mit Galileo hinaus der Blick auf den Kontext. Dazu gehört neben dem Wettstreit zwischen katholischer und protestantischer Kirche um die Auslegung der Bibel der innere Kampf zwischen progressiven und konservativen Klerikern. In der europäischen Zerreißprobe um die rechte Konfession mit ihren weltlichen Dimensionen aber hatte sich Papst Urban VIII., ein ausgesprochener Machtmensch, mit außenpolitischen Entscheidungen innerkirchliche Probleme eingehandelt. Schon deshalb konnte der Papst sich keine Schwäche erlauben und den Florentiner Wissenschaftler nicht ungeschoren davonkommen lassen. 1633 kam Galileo nicht so leicht aus der Sache heraus wie 1616, aber er kam heraus. Die Behandlung durch die Inquisition war nicht nur respektvoll, sondern auch erheblich milder und umsichtiger als zumeist behauptet.

Der Prozess gegen Galileo Galilei war also kein unerbittlicher Schauprozess, in dem die Kirche die Wahrheit blutig unterdrückte. Da Kopernikus' Thesen damals noch nicht bewiesen waren, lässt sich die Affäre Galileo auch nicht zu einem Konflikt zwischen Glauben und Wahrheit stilisieren. Ein Ruhmesblatt war er trotzdem nicht, was wohl jeder Kirchenmann bestätigt und Papst Johannes Paul II. bald nach seinem Amtsantritt 1978 veranlasste, den Physiker nach und nach vollständig zu rehabilitieren. Vom Index verbotener Bücher waren Galileos Schriften schon 1835 gestrichen worden. Auf der anderen Seite aber war auch Galileo nicht der unerschrockene Streiter für eine freie Wissenschaft, als der er bis heute gerne dargestellt wird. Er hat von vornherein versucht, sich nicht mit der Kirche anzulegen, und schließlich, als er doch vor die Inquisition zitiert wurde, bereitwillig eingelenkt. Er bot sogar an, sein Buch durch eindeutige Ergänzungen klar von dem Vorwurf zu befreien, es propagiere Kopernikus' These von der Erdbewegung. Den Titel des aufrechten Wissenschaftlers darf wohl eher der prinzipientreue Protestant Johannes Kepler für sich beanspruchen. Galileo hingegen trieb erheblichen Aufwand, um einer Konfrontation mit der Kirche aus dem Weg zu gehen. Was ihn schließlich vor die Inquisition brachte, war seine selbstgerechte Überheblichkeit, mit der er aufgrund eigener wissenschaftlicher Überzeugungen glaubte, den Theologen vorschreiben zu können, wie sie die Bibel auszulegen hätten.

Die Straßen des Führers

Falsche Ansichten darüber, wie unsäglich die katholische Kirche mit Galileo umgesprungen sei, bergen heute keine echte Sprengkraft mehr. Etwas anders steht es mit weiterhin oft Geäußertem, das auf den ersten Blick gar nicht allzu heikel wirkt. Doch die Mär vom Reichskanzler Hitler, dem trotz Verbrecherstatus doch auch ein paar Positiva ins Stammbuch zu schreiben seien, ist gefährlich: In voller Absicht nämlich soll das Alltägliche immer wieder Monstrositäten verharmlosen, als ließe sich das politische Tagesgeschäft gegen Genozid, Kriegstreiberei und blanken Vernichtungswillen aufrechnen. Da hilft der Blick auf die nackten Tatsachen, denn die vermeintlichen Verdienste sind meist gar keine.

Natürlich – Hitler hat den Autobahnbau initiiert und mit dieser gewaltigen Arbeitsbeschaffungsmaßnahme die erdrückenden Arbeitslosenzahlen in Deutschland senken und die öffentliche Meinung für sich gewinnen können. So jedenfalls lautet die noch heute geäußerte Meinung über den Autobahnbau der Nationalsozialisten: Hitler mochte ja ein skrupelloser Verbrecher gewesen sein, der Deutschland ins Verderben stürzte – aber mit der Autobahn habe er dem Land einen noch heute wirksamen Dienst erwiesen. Auch wenn die Autobahn vor allem den Truppenbewegungen im längst geplanten Krieg dienen sollte.

Dass die deutschen Autobahnen zu einem Mythos wurden, daran arbeiteten die Nationalsozialisten in der Tat. Man propagierte die Straßen als Möglichkeit, die »nordische Neigung« auszuleben, die Enge des Raumes zu überwinden. Die Autobahn galt als Synonym des Fortschritts und wurde mit den großen Taten der Menschheit verglichen – wie den Pyramiden oder der Chinesischen Mauer. Plakate zeigten landschaftlich reizvolle Autobahnabschnitte. Und man beschwor die Zukunft, wenn dereinst 80 Millionen Volksdeutsche mit dem eigenen Volkswagen unterwegs sein würden. Zu Beginn der Dreißigerjahre aber war Deutschland im Vergleich zu Frankreich, England oder gar den USA automobilistisches Entwicklungsland. In Frankreich und England fuhren, im Verhältnis zur Einwohnerzahl, dreimal so viele Autos durchs Land wie im Deutschen Reich. Also priesen »Kraft durch Freude«-Busreisen die Autobahnen einstweilen als Attraktion an. Hitler und sein ihm treu ergebener »Generalinspektor für das deutsche Straßenwesen«, Fritz Todt, nutzten die »Straßen des Führers« für die propagandistischen Zwecke des Regimes.

Dabei ist Hitler keineswegs als Erster darauf gekommen, Autobahnen bauen zu lassen. Die Berliner »Automobil-Verkehrs- und Übungsstraße« (Avus) war schon 1921 eingeweiht worden – nach langen Jahren der Planung. Italien hatte seine erste autostrada bereits 1924 in Betrieb genommen. Die deutsche Strecke Köln–Bonn wurde 1932 fertiggestellt. Und Hitlers erstes Projekt, das er selbst 1933 mit einem in der Wochenschau wie in verschiedenen Zeitungen öffentlichkeitswirksam dokumentierten Spatenstich in Gang setzte, war Teil eines bereits seit 1926 verfolgten Projekts: Die HAFRABA sollte Hamburg, Frankfurt/Main und Basel verbinden, mit geplanter Verlängerung in Richtung Italien. Außerdem bestanden längst Planungen für ein ganz Deutschland erfassendes Autobahnnetz von 10 000 Kilometern Länge. Aber dass Hitler dem Straßenbau enorme Bedeutung zuwies, zeigen seine umgehenden Maßnahmen bereits wenige Wochen nach der Machtergreifung.

Seine notorische Technikbegeisterung dürfte daran allerdings nicht unschuldig gewesen sein.

Bleiben die arbeitsmarktpolitischen Maßnahmen. Fritz Todt verstand es, den Autobahnbau als wirksame Bekämpfung der Arbeitslosigkeit zu vermitteln. Grafiken, die die sinkende Arbeitslosigkeit dokumentieren sollten, prangten oft als nach unten weisende Kurve vor dem Hintergrundbild freudig marschierender, neu eingestellter Autobahnarbeiter. Fritz Todt hatte den Aspekt der Arbeitsbeschaffung schon 1932 in seinem sogenannten Braunen Bericht für Adolf Hitler angeführt: Mindestens 600 000 Arbeitsplätze sollte der Autobahnbau schaffen. Tatsächlich aber lag der Anteil der Autobahnen an der Arbeitsbeschaffung nur bei ca. 4 Prozent. Die höchste Beschäftigungszahl wurde 1936 mit knapp 125 000 Arbeitsplätzen erreicht.

Und der militärische Hintergrund? Sollten Hitler und Todt vor allem an den »kriegswichtigen« Aspekt der Autobahnen gedacht haben, so versäumten sie offenbar, auf Wünsche und Bedenken der Generäle einzugehen. Diese befürchteten nämlich, die Strecken könnten feindlichen Fliegern zur Orientierung dienen. Panzerfahrzeuge konnten die zu dünne Betondecke ohnehin nicht nutzen, gegenüber der leistungsfähigen Eisenbahn waren die Autobahnen also eindeutig im Nachteil. Trotzdem sorgte sich das Militär, »der Feind« könne im Fall einer Invasion die Autobahnen für eigene Transportzwecke nutzen. Eine Karte aus dem Jahr 1941 zeigt aber immerhin, wie die Reichsautobahn das künftig unter deutscher Herrschaft stehende Europa verkehrsmäßig erschließen sollte.

Was Hitler »neu« erfand, war das propagandistische Potenzial der Autobahnen. Um aus der nationalen Aufgabe ein »Kunstwerk« zu machen, wurden den Ingenieuren Landschaftsarchitekten zur Seite gestellt. Für die optische Wirkung wurde schon mal auf Fahrkomfort (vermeidbare Steigung) oder Fahrzeitverkürzung (Streckenführung mit Umwegen) verzichtet. Außerdem sollten die

Straßen auf möglichst vielen Kilometern den »deutschen Wald« durchqueren. In einem Propagandafilm aus dem Jahr 1935 klärt der Mann am Steuer seine Beifahrerin über den hohen Anspruch der Ingenieurskunst auf: »Ein festgefügtes, unzerstörbares Band, das Technik und Natur verbindet.« Darauf sollte nur fahren, wer dem arischen Rasseideal entsprach: Den Juden wurde die Benutzung der Autobahnen gesetzlich untersagt.

Bei aller Euphorie und Energie, die Hitler auf den Reichsautobahnbau verwendete, war ihm zweifellos schnell klar, dass der Bau der Autobahn vorerst weder verkehrspolitisch noch aus militärischen Erwägungen notwendig oder sinnvoll war. Erst 1941/42 aber wurden, nachdem seit Kriegsbeginn verstärkt Kriegsgefangene und Juden für den Bau eingesetzt worden waren, alle Arbeiten eingestellt. Viele der Arbeiter wurden dann nötiger bei den gewaltigen technischen Einsätzen im Russlandfeldzug gebraucht und erlebten nicht mehr, wie die Wehrmacht Autobahnbrücken sprengte, damit die näher rückenden alliierten Truppen sie nicht benutzen konnten. Viele Raststätten entlang der Autobahnen wurden später in Lazarette umfunktioniert. Und nach der Kapitulation 1945 sah man auf den Autobahnen in einer Richtung zerlumpte deutsche Soldaten in die Kriegsgefangenschaft laufen, während in der Gegenrichtung die Westalliierten in ihren Jeeps fuhren und ihre Besatzungszonen in Besitz nahmen.

Der Sieg im Handumdrehen

Die militärische Niederlage hielten die meisten Beobachter wenige Jahre zuvor noch für unwahrscheinlich – solange die Deutschen Land um Land mühelos zu besiegen schienen. Der Begriff Blitzkrieg für die Taktik der deutschen Wehrmacht im Zweiten Weltkrieg ist legendär geworden. Seit dem Westfeldzug 1940, mit dem Hitler die Kriegserklärungen Frankreichs und Großbritanniens – in Reaktion auf den Überfall Polens am 1. September 1939, mit dem er den Krieg vom Zaun brach – konterte, war dieser Begriff in aller Munde. Die Alliierten benutzten ihn ebenso wie die nationalsozialistische Propagandamaschinerie.

Frankreich hatte sich hinter der Maginotlinie sicher gefühlt im festen Bewusstsein, die stärkste Armee zu besitzen. Das Land wurde von der unerwarteten Niederlage und dem Vormarsch der Wehrmacht tief ins Landesinnere überrascht – und zutiefst schockiert. Wie hätten sie auch damit rechnen sollen, dass den deutschen Truppen in nur vier Tagen gelingen würde, was sie in den vier Jahren des Ersten Weltkrieges nicht vermocht hatten: die französische Front zu durchbrechen? Die Beurteilung des unerwarteten schnellen Sieges sparte denn auch auf allen Seiten der Frontlinie nicht mit Superlativen: Von den Ausmaßen einer griechischen Tragödie war da die Rede, vom »überwältigendsten Sieg der modernen Geschichte«, von einer nicht gekannten militärischen Katastrophe.

Die fassungslose Weltöffentlichkeit erklärte sich den Sieg der deutschen Wehrmacht mit einem genialen neuen militärischen Schachzug: Mit der sogenannten Blitzkrieg-Strategie habe Hitler militärisch etwas ganz Neues erdacht. Aufgrund der strategisch ungünstigen Mittellage des Deutschen Reiches auf dem europäischen Kontinent hatten die Militärs zwar schon immer versucht, in Feldzügen rasche Entscheidungen herbeizuführen, um der Gefahr eines langwierigen Zwei-Fronten-Krieges im Osten und Westen zu entgehen, aber dieser Sieg musste eine geniale, ganz neue Strategie zur Ursache haben. Noch heute ist die Überzeugung verbreitet, Hitler und seine Generäle hätten die Blitzkrieg-Strategie eigens für den Westfeldzug entwickelt und bewusst eingesetzt. Vor einigen Jahren hat jedoch ein Militärhistoriker die Akten eingehender befragt und herausgefunden, dass wir da einem Irrtum aufgesessen sind, an dem die Nationalsozialisten eifrig mitgestrickt haben.

Tatsächlich wurde die Blitzkrieg-Strategie erst nach dem erfolgreichen Westfeldzug planmäßig eingesetzt. Hitler hatte 1939 gehofft, mit dem Überfall auf Polen ebenso davonzukommen wie mit dem Anschluss Österreichs oder der Zerschlagung der Tschechoslowakei. Mit der umgehenden Kriegserklärung der Alliierten hatte er nicht gerechnet. Und dem Heereskommando muss die Luft weggeblieben sein angesichts der militärischen Übermacht Frankreichs und Englands. Zudem befanden sich Panzer- und Luftwaffe der Deutschen aufgrund der Restriktionen des Versailler Vertrages noch im Aufbau. Wie sollte das Wagnis also gut ausgehen können, wenn das eigene Militär nur teilweise einsatzbereit war?

Archivforschungen haben ergeben, dass die Wehrmacht 1940 mit einem langwierigen Kampf rechnete – das ergibt sich aus den Vorbereitungen, die man traf. Dann aber trat eine Entwicklung ein, die niemand erwartet hatte und die eine ungeahnte Dynamik freisetzte – und letztlich zum Erfolg der Wehrmacht führte: durch den Einsatz neuer technischer Möglichkeiten, zusammen mit der Strategie, mittels Luft- und Panzerwaffe einen Stellungskrieg zu vermeiden. Die Auswirkungen dieser »Flucht nach vorn« überforderten die Alliierten ebenso, wie sie die Wehrmachtsgeneräle überraschten. Dazu kamen Umstände, die den Erfolg der Deutschen begünstigten, beispielsweise Fehler aufseiten der Militärführung der Kriegsgegner. Daher nützte den Alliierten ihre faktische Überlegenheit wenig. Sogar die deutschen Militärs verloren zeitweise die Kontrolle über die Ereignisse, und das eigenmächtige Handeln der Truppen erhöhte die Dynamik der Entwicklungen noch zusätzlich. Hitler reagierte entsprechend euphorisch auf den unerwartet schnellen Sieg: »Es ist ein Wunder, ein ausgesprochenes Wunder!«, rief er. So wenig hatte er an einen Sieg geglaubt, so unheimlich war ihm sein unerhörtes Glück, dass er eine Falle der Alliierten witterte.

Die Kriegspropaganda mochte natürlich nicht zugeben, dass der schnelle Sieg den Deutschen sozusagen in den Schoß gefallen war. Die Blitzkrieg-Theorie war viel wirkungsvoller, zumal die Alliierten dieselbe Interpretation der Ereignisse wählten. Das entlastete ihre militärische Führung, denn man konnte kaum erwarten, dass sie sich so rasch einer unerwarteten, zudem noch »genialen« Strategie hätten anpassen können. Man konnte ihnen daher keine Unfähigkeit vorwerfen. Der Westfeldzug war also nicht aufgrund einer neu eingesetzten Taktik siegreich verlaufen, sondern hatte der Wehrmacht aufgrund verschiedener Umstände unverhofft einen Sieg verschafft. Das Blitzkrieg-Denken als militärische Strategie war nicht der Grund für diesen Sieg, sondern seine Folge.

Klägliche Reste eines Weltverbrechers

Zu den Orten in Berlin, die eine große Zahl ausländischer Touristen unbedingt sehen wollen, gehören die Orte des NS-Regimes im Allgemeinen und eine unscheinbare Straßeneinmündung unweit des Holocaust-Mahnmals im Besonderen. Wo sich einmal der Garten der Reichskanzlei befand und heute überwiegend DDR-Plattenbauten der Achtzigerjahre stehen, sammeln sich Tag für Tag geführte Gruppen vor einer Informationstafel neben einem Parkplatz. Nicht sichtbar und unzugänglich befindet sich unter der Erde, teilweise im hochstehenden Grundwasser, der mehrmals gesprengte Überrest des »Führerbunkers«, in dem Adolf Hitler mit der ihm verbliebenen Entourage seine letzten Wochen verbrachte. Meist erklären Stadtführer die einstigen Gegebenheiten sowie die letzten Wochen des Naziregimes und weisen dann in Richtung parkender Autos, wo nach dem Selbstmord der Eheleute Hitler deren Leichen verbrannt wurden, bevor die verbliebenen Bunkerbewohner entweder ebenfalls Suizid begingen oder die Flucht wagten und schließlich die sowjetischen Truppen die Reichskanzlei mitsamt dem Bunker einnahmen.

Manche Stadtführer jedoch erzählen die Geschichte anders. Sie schaffen Spannung oder Grusel mit dem Ungefähren und erklären den Ort, an dem Hitler »angeblich« seinem Leben ein Ende gemacht hat. Wer weiß denn schon, was da unten wirklich geschah?

Könnte nicht Hitler entkommen sein wie andere aus dem Bunker? Könnte er nicht wie andere Nazis nach Südamerika entkommen sein? Es gibt eine Menge »Vielleicht doch?«-Erzählungen, mal mehr, mal weniger ernst gemeint. Dabei wissen wir es eigentlich ziemlich genau.

Der »Großdeutsche Rundfunk« meldete den Tod des »Führers«, angeblich im tapferen Kampf gegen den Bolschewismus, am 1. Mai um 22:26 Uhr. Von Suizid war ebenso wenig die Rede wie von der Tatsache, dass sich Hitler bis zur buchstäblich letzten Minute in seinem Bunker verschanzt hatte, aber keineswegs tapfer im Kampf getötet wurde. Selbstmord war in den Wochen um den Zusammenbruch des Deutschen Reiches epidemisch. In zahllosen Abschiedsbriefen, Protokollen und Berichten Überlebender zeigt sich, wie sich der Fanatismus bei vielen derart festgefressen hatte, dass sie keinen anderen Ausweg mehr sahen, und wie sehr die Nazipropaganda von der schrecklichen Vergeltung der Sowjets verfangen hatte, sodass Selbstmord als einzige Möglichkeit erschien, dem zu entgehen. Dass Hitler diesen Weg wählen würde, hatten viele zeitgenössische Beobachter schon lange erwartet. Auf das Drängen seiner Umgebung zu fliehen, war er nicht eingegangen und hatte kurz nach seinem letzten Geburtstag, wie auch früher schon, intern mehrfach angekündigt, sich umbringen zu wollen. Um dem Schicksal zu entgehen, das dem italienischen Diktator Mussolini gerade posthum zuteilgeworden war, dessen Leiche Partisanen aufgehängt und geschändet hatten, regelte Hitler sein unmittelbares Nachleben. Er ordnete daher an, seine Überreste und die seiner Geliebten Eva Braun, die er noch heiraten sollte, unverzüglich zu verbrennen.

Die Hochzeit wurde am 29. April vollzogen, tags darauf testete Hitler eine Zyankali-Kapsel an seiner Schäferhündin Blondi. Am Nachmittag des 30. April verabschiedete er sich von der Bunkerbesatzung und zog sich mit seiner Frau in sein Arbeitszimmer zurück, wo die beiden etwas später tot aufgefunden wurden. Er hatte sich erschossen, Eva Hitler war durch Zyankali gestorben. Sein persönlicher Adjutant Otto Günsche, sein Diener Heinz Linge, Chauffeur Erich Kempka sowie drei SS-Männer trugen die Leichen nach oben in den Garten, schütteten eigens zurückgehaltenes Benzin darüber und verbrannten sie vor den Augen Bormanns, Goebbels‘ und zweier Generäle. Die Aktion war nicht ganz einfach, weil das Gelände unter starkem Artilleriebeschuss stand und die Männer leicht getroffen werden konnten. Deshalb verbrannten die Leichen nah am Bunkerausgang zum Garten, und die Akteure des makabren Schauspiels warfen brennende Papierfackeln auf die benzingetränkten Leichen, bevor sie sich schnell hinter der Bunkertür in Sicherheit brachten. Die Leichen wurden notdürftig begraben und ein paar Tage später von sowjetischen Soldaten exhumiert. Außer Asche war nicht allzu viel vorhanden, aber aufgefundene Teile von Kieferresten und Zahnbrücken wurden mit Unterlagen von Hitlers Zahntechniker abgeglichen, mehr war nicht übrig. Als der Abwehrchef der britischen Besatzungszone in Deutschland zur Klärung der Sache beim sowjetischen Oberbefehlshaber in Deutschland, Marschall Schukow, vorsprach, versicherte der, Hitler und Goebbels hätten in der Reichskanzlei Selbstmord begangen, die Leichen seien verbrannt worden und man habe Hitler anhand von Gebissresten identifiziert. Den Selbstmord hatten in der Reichshauptstadt bereits am 2. Mai Lautsprecherwagen der Roten Armee den Berlinern kundgetan.

Warum aber verbreiteten sich trotzdem Gerüchte und Fehleinschätzungen über das Ende des Mannes, der Deutschland in Verbrechen und Verderben geführt hatte? Wie kommt es, dass der seriöse *Guardian* noch 2009 mit »Zweifeln an Hitlers Selbstmord« titelte? Dass TV-Dokus noch immer von einem Rätsel sprechen und genüsslich alle Theorien über Hitlers Verbleib auswalzen? Nun, es handelt sich dabei um ein kombiniertes Lehrstück in Sachen Sensationslust, Chaos, Sowjetgeschichte und sich abzeichnendem Kalten Krieg. Der bis heute kursierende Irrtum entstand zuvörderst aufgrund bewusster Irreführung durch Josef Stalin sowie der Tatsache, dass keine Leiche vorzuweisen war. Der »Sowjetführer« wollte den Tod Hitlers natürlich bewiesen sehen, war aber weniger daran interessiert, diese Gewissheit mit seinen Kriegsverbündeten in London und Washington zu teilen. In klassischer Sowjetmanier der Desinformation rechnete er sich Vorteile aus, wenn seine Partner weniger wussten als er. Am 1. Mai bereits, als in Berlin noch der letzte Kampf um den Reichstag tobte, erhielt Stalin die Information, dass Hitler tot sei. Am 5. Mai gruben sowjetische Offiziere die Überreste aus, sicherten Reste von Kieferknochen und zwei Zahnbrücken, und ein paar Tage darauf bestätigten zwei an Hitlers Behandlung beteiligte Zahntechniker, dass es sich um Hitlers Überreste handelte. Auch das wurde Stalin umgehend mitgeteilt.

Doch am 6. Juni 1945 ließ Stalin seinem amerikanischen Verbündeten, US-Präsident Truman, seine angebliche Überzeugung mitteilen, dass Hitler noch am Leben sei. Kurz darauf sagte auch Marschall Schukow auf einer Pressekonferenz: »Wir haben noch keine Leiche gefunden, die als die Hitlers identifiziert werden konnte.« Seither streuten die Sowjets Gerüchte – mal von Hitlers Flucht nach Spanien oder Japan, mal von seinem Versteck in der britischen Zone, von London gedeckt, oder dass Hitler in Frauenkleidung im irischen Dublin gesehen worden sei. Aber wie der britische Historiker und Geheimdienstmitarbeiter Hugh Trevor-Roper noch 1945 rekonstruieren konnte, war Hitler zweifelsfrei tot. Zwar litt auch Trevor-Roper unter der Informationsblockade der Sowjets, doch seine Ergebnisse bestätigten sich später. Er spürte überlebende Zeugen und Unterlagen auf, darunter Hitlers Testament, und legte schlüssig dar, was genau geschehen war. Ungewissheit und Sensationslust setzen sich aber häufig besser durch als die Wahrheit, und Moskau spielte virtuos auf dieser Klaviatur, um Unfrieden zu säen, seinen Informationsvorsprung zu nutzen und zum eigenen Vorteil einzusetzen.

Dass Hitlers Leiche zu Asche verbrannt und daher der letzte Beweis nicht zu führen war, diente diesem propagandistischen Störfeuer als Steilvorlage. Im Chaos des Zusammenbruchs und aufgrund des naturgemäß enormen internationalen Interesses schuf die vermeintliche Gewissheitslücke umgehend Raum für mehr oder weniger verwegene Vermutungen und Gerüchte, die nicht allein aus Moskau befeuert wurden. Theorien und angebliche Tatsachen wurden ebenso von Medien weltweit verbreitet und von ihren Lesern begierig aufgenommen. Am beliebtesten ist bis heute die Geschichte, Hitler habe es nach Argentinien geschafft – später sollte sich ja in der Tat erweisen, dass Adolf Eichmann viele Jahre nach dem Krieg in dem südamerikanischen Land vom israelischen Geheimdienst Mossad aufgespürt und nach Israel entführt wurde, um ihm dort den Prozess zu machen. Doch handfeste Beweise blieben die auflagenträchtigen Publikationen stets schuldig, während sie auf notorische Weise alle fundierte Beweisführung von zunächst Augenzeugen und später Historikern als »gesteuert« oder »politische Lügen« abtaten, als hätten sie ihre Taktik beim sowjetischen Geheimdienst abgeschaut.

Auf den restlichen Kriegsverlauf hatte der umstrittene Sachverhalt keinen Einfluss. In Berlin endeten die Kämpfe am 1. Mai, und eine Woche später wurden die Kapitulationsurkunden unterzeichnet. Als Hitler in seinem Bunkerraum Selbstmord beging, war sein angestrebtes »Großdeutsches Reich« längst auf ein winziges Gebiet rund um die Reichskanzlei und den Reichstag zusammengeschnurrt, und das deutsche Nazireich, dessen Krieg mindestens 60 Millionen Menschen das Leben gekostet hatte, folgte ihm sehr bald nach.

* * *

Bei jener gespenstischen Hochzeit im Führerbunker am 29. April 1945, untermalt vom Artilleriefeuer der sowjetischen Armee, die im Begriff war, das Regierungsviertel einzunehmen, eilte es. Das Brautpaar beabsichtigte Selbstmord, und geheiratet wurde überhaupt nur auf Drängen der Braut. Eva Braun wollte als Frau Hitler in den Tod gehen. Es war eine Kriegstrauung wie so viele andere, doch das Protokoll vermerkt, dass auf Wesentliches Wert gelegt wurde: Die zu Nazizeiten obligatorische Feststellung von »arischer Abstammung« wurde ebenso vermerkt wie der Zusatz »keine Erbkrankheiten«, dann unterzeichneten die Trauzeugen Goebbels und Bormann.

Doch war Hitler wirklich rein »arischer« Abstammung und erfüllte er die Anforderungen, die seine Regierung 1935 mit den »Nürnberger Rassegesetzen« festgelegt hatte? Nach den rassistischen Gesetzen in Nazideutschland waren Eheschließung zwischen denen, die nach Gesetzeslage jüdisch waren, und denen, die eine »arische« Abstammung nachweisen konnten, verboten. Schon sexuelle Beziehungen erfüllten den Tatbestand der »Rassenschande«.

Eine der Säulen des deutschen Besatzungsterrors war Hitlers Gefolgsmann der ersten Stunde und Rechtsanwalt Hans Frank, der 1939 Generalgouverneur in Polen wurde. Die Bezeichnung »Schlächter von Polen« verdiente er sich mit grausamer Besatzungspolitik, als einer der Hauptkriegsverbrecher wurde er im Nürnberger Prozess 1946 zum Tode verurteilt und gehängt. Zuvor schrieb er in Nürnberg eine »Deutung Hitlers«, in der er darlegte, er habe bereits 1930 von Hitler den Auftrag erhalten, seiner Herkunft nachzugehen. Damals war in der Presse immer wieder zu lesen, Hitler besitze jüdische Vorfahren.

Hitlers Problem waren seine eher ungeordneten Herkunftsverhältnisse. Sein Vater Alois war zwar als Zollamtsoffizial im österreichischen Braunau am Inn ein beruflich angesehener Mann, privat aber nach damaligen Standards ein durchaus zweifelhafter Charakter. Adolf Hitler war sein Sohn aus dritter Ehe mit einer Cousine zweiten Grades; ein älterer Bruder war vorehelich gezeugt worden. Die Gerüchte über Hitlers Abstammung ergaben sich aus einer Lücke im Stammbaum: Hitlers Vater Alois Schicklgruber, der seinen Namen später in Hitler ändern ließ, war unehelich geboren; der Name des Vaters war nirgendwo aktenkundig geworden. Jedoch beruht die Behauptung, Hitler habe einen jüdischen Großvater gehabt und sei mithin nach den Standards der NS-Gesetzgebung »Vierteljude« gewesen, auf zwei bloßen Verdächtigungen: Erstens, Alois Schicklgruber sei ein Sohn des Dienstherrn seiner Mutter gewesen, und zweitens, dieser Dienstherr namens Frankenberger sei Jude gewesen. Hitlers polnischer Statthalter Frank behauptet in seinem Buch, dies könne zutreffen, ohne Beweise vorzulegen. Die gibt es tatsächlich nicht, denn ein jüdischer Einwohner von Graz namens Frankenberger ist nicht nachweisbar. Vermutlich hieß der betreffende Mann Frankenreiter und war zwar damals Bürger von Graz, allerdings katholisch.

Warum Frank diese Geschichte erzählt, ist offen. Er verfasste das Buch während des Nürnberger Prozesses im Nürnberger Zellengefängnis. Denkbar ist, dass er mit seiner Behauptung das Judentum auf besonders perfide Weise diskreditieren wollte – ganz ähnlich wie noch 2022 der russische Außenminister Lawrow mit dem Gerücht, Hitler sei Jude gewesen, den ukrainischen Präsidenten Selenskij diffamieren und beleidigen wollte und einen internationalen Sturm der Entrüstung entfachte. Jedenfalls hat die Behauptung über Hitlers jüdischen Großvater keinerlei Substanz, sondern speist sich allein aus der Lücke in seinem Stammbaum. Die wurde aber nicht etwa nachträglich herbeigeführt, um etwas zu verschleiern, sondern ergibt sich aus der Tatsache, dass Alois Schicklgruber als uneheliches Kind zur Welt kam. Ungeklärt ist übrigens auch der Urheber des sehr treffenden Satzes: »Die Deutschen werden uns Juden Auschwitz nie verzeihen.«

Zerrissenes Eiland

Zu einem späten Opfer der zerstörerischen NS-Politik wurde Jahre nach dem Krieg Deutschlands einzige Hochseeinsel. Das siebzig Kilometer vor der Küste in der Nordsee gelegene Helgoland hat eine wechselvolle Geschichte. Ursprünglich von den Friesen besiedelt und seit dem 15. Jahrhundert zu Schleswig-Holstein-Gottorp gehörig, wurde es im 18. Jahrhundert dänisch. 1807 besetzten die Briten das strategisch bedeutsame Schmugglerparadies. Später wurde es zum Seebad ausgebaut, bereits 1826 kamen die ersten Badegäste. Der deutsche Kaiser Wilhelm II. hatte es schon lange auf die Insel abgesehen, als er 1890 mit dem Vereinigten Königreich den Helgoland-Sansibar-Vertrag abschloss. Darin einigte man sich über Kolonialansprüche und Grenzen in Afrika, die Briten traten dafür Helgoland an Deutschland ab. Im Ersten Weltkrieg kam der Insel als Flottenstützpunkt große strategische Bedeutung zu, und nach der deutschen Niederlage 1918 wurden die militärischen Anlagen geschleift. In den Dreißigerjahren wurde Helgoland dann erneut militärisch ausgebaut: als Marinehafen mit U-Boot-Bunker, Flakturm und einem riesigen Munitionsdepot.

Kurz nach Kriegsende besetzten britische Truppen die wegen der schweren Luftangriffe in Mitleidenschaft gezogene Insel, den evakuierten Bewohnern wurde die Rückkehr in ihre Heimat verwehrt. Die Engländer gingen so weit, die Gemeinde Helgoland rechtlich aufzulösen und die Insel direkt der Royal Navy zu unterstellen. Bis 1952 weigerte sich die Regierung Ihrer Majestät kategorisch, Helgoland an Deutschland zurückzugeben, stattdessen bombardierte man die Insel weiter – zu Versuchszwecken, wie es hieß. Für die Rückgabe setzten Exilinsulaner eine beachtliche Kampagne in Gang. Die Bemühungen fanden ihren Höhepunkt in der friedlichen Besetzung durch anfangs zwei, später 16 Aktivisten seit Ende 1950. Zum 1. März 1952 übergab Großbritannien das gezeichnete Eiland an die Bundesrepublik, und die Helgoländer konnten auf ihre Heimatinsel zurückkehren.

Die schwersten Zerstörungen brachten die Bombenabwürfe vom 18. April 1947: Fast 7000 Tonnen Sprengstoff aus Beständen der deutschen Wehrmacht, zum Teil schon auf der Insel gelagert, erschütterten Helgoland, ein Viertel der Steilküste wurde ins Meer gerissen, die Insel war von Kratern übersät – eine Katastrophe, vor allem für die Insulaner, die weiter auf eine Rückkehr gehofft hatten. Die Explosionen waren bis aufs Festland zu hören, und von Cuxhaven aus konnte man eine riesige Rauchwolke aufsteigen sehen.

Viele Experten hatten befürchtet, die Insel würde bei diesem Angriff völlig zerstört werden, und in Deutschland hält sich bis heute die Überzeugung, die Briten hätten genau dies mit ihrer Aktion beabsichtigt: Fakten schaffen, um die Insel nicht doch noch zurückgeben zu müssen. Warum sonst dieser Angriff, der die bis dahin schwerste je durch konventionellen Sprengstoff ausgelöste Detonation auslöste?

Aber die heute zugänglichen Akten des britischen Public Record Office bestätigen diese Vermutung nicht. Den Briten ging es vielmehr darum, alle verbliebenen militärischen Anlagen zu zerstören, die den Krieg und die bisherigen Angriffe überstanden hatten: Vor allem der U-Boot-Bunker und die ausgedehnten Anlagen im Inneren der Insel sollten für immer unbrauchbar gemacht werden. Zwar gaben die Briten die Insel fünf Jahre später nur auf diplomatischen Druck und höchst widerwillig zurück, aber die raue Insel in Grund und Erdboden zu bomben, das hatte Großbritannien zu keinem Zeitpunkt beabsichtigt.

Auftakt zum Aufbau

Sowieso konzentrierten sich die Westalliierten sehr bald nach dem Krieg auf den wirtschaftlichen Wiederaufbau Europas, wobei Deutschland eine wichtige Rolle spielte. Die Erinnerung an die fatalen Auswirkungen des Versailler Vertrages, die die politischen Extreme in Deutschland begünstigten, war frisch genug. Am 5. Juni 1947 hielt der US-amerikanische Außenminister George C. Marshall an der Harvard University einen Vortrag. Er kündigte umfangreiche Aufbauhilfe-Maßnahmen für das noch immer unter den wirtschaftlichen Folgen des Krieges leidende Europa an, das »European Recovery Program«. Noch heute gilt das besser unter dem Namen »Marshallplan« bekannte Programm als Synonym für erfolgreichen wirtschaftlichen Wiederaufbau. Und fast immer, wenn heutzutage ein Land mit massiven wirtschaftlichen Problemen zu kämpfen hat, wird der Ruf nach einem »neuen Marshallplan« laut. Das forderte Bundesaußenminister Genscher im März 1990 für die DDR, das verlangte die serbische Reformregierung nach dem Ende der Ära Milosevic, und zuletzt wurde die Forderung laut, ein ähnliches Programm für den Wiederaufbau der Ukraine einzusetzen.

Das Wundermittel Marshallplan wird vor allem in Deutschland mit Vorliebe beschworen, denn hier hat dieser Name einen besonders guten Klang. Mit dem Wirtschaftsprogramm nach dem

Zweiten Weltkrieg verbindet die Aufbaugeneration in Westdeutschland das Wirtschaftswunder, die Währungsunion und auch die politische Rückkehr Nachkriegsdeutschlands auf die internationale politische Bühne. Weil der Marshallplan in der öffentlichen Wahrnehmung untrennbar mit dem berühmten westdeutschen Wirtschaftswunder der frühen Fünfzigerjahre verbunden ist, wird hierzulande oft übersehen, dass er keineswegs allein für Westdeutschland entworfen wurde oder seine Gelder nur dorthin geflossen wären. Gleichzeitig wird seine Bedeutung für das westdeutsche »Wirtschaftswunder« ebenso überschätzt wie für den wirtschaftlichen Wiederaufstieg (West-)Europas.

Die USA hatten nach dem Ende des Zweiten Weltkrieges sehr bald erkannt, dass Europa sich von den wirtschaftlichen Auswirkungen des Krieges nur erholen konnte, wenn auch Deutschland die Möglichkeit gegeben wurde, sich zu entwickeln. Deshalb kam der berüchtigte Morgenthau-Plan nicht zur Anwendung. Der nach dem US-amerikanischen Finanzminister benannte Plan hatte noch 1944 vorgesehen, Deutschland nach der längst absehbaren Niederlage zu zerteilen und zu einem politisch wie ökonomisch bedeutungslosen Agrarland zu machen – auf dass es nie wieder gefährlich werde. Als aber 1947 der ehemalige US-Präsident Hoover das besetzte Deutschland besuchte, das gerade einen außerordentlich strengen Winter hinter sich hatte, war er schockiert von den Verhältnissen im Land. Zurück in Amerika, forderte er mit Nachdruck, Deutschland müsse wieder auf die Beine geholfen werden.

Zunächst versuchte man, eine gemeinsame Wirtschaftspolitik aller Besatzungsmächte durchzusetzen, Deutschland zu entlasten und den wirtschaftlichen Wiederaufbau zu fördern. Das scheiterte jedoch an der Sowjetunion. Ebenso ließ sich vielerorts in Europa kaum vermitteln, den besiegten ehemaligen Feind zu unterstützen, ohne den unschuldig vom Krieg betroffenen Ländern des alten Kontinents ebenfalls unter die Arme zu greifen. Also ging man zu der Strategie über, die Wirtschaftskraft Europas als Ganzes wiederherzustellen, Deutschland darin zu integrieren und so seinen Aufschwung zu ermöglichen. Europa sollte insgesamt in das neue Weltwirtschaftssystem unter US-amerikanischer Führung eingebunden werden. Vor Beginn war man sich in den USA uneinig über die Frage, ob die UdSSR und die Länder ihrer Einflusssphäre zur Teilnahme eingeladen werden sollten. Die Sowjetunion und einige osteuropäische Länder signalisierten zwar überraschenderweise Interesse. Eine Außenministerkonferenz zum Thema scheiterte jedoch, da die UdSSR die amerikanischen Auflagen als unvereinbar mit ihrer Souveränität betrachtete. Die Ablehnung der Sowjetunion zog die Absage aller osteuropäischen Staaten nach sich. Als die Tschechoslowakei von einer Beteiligung nicht ablassen wollte, musste der Prager Regierungschef Klement Gottwald auf massiven Druck Stalins einen Rückzieher machen.

Das bis dahin größte Projekt internationaler wirtschaftlicher Zusammenarbeit trat im April 1948 in Kraft. Neben Deutschland waren 15 weitere europäische Staaten beteiligt, darunter die Alliierten Großbritannien und Frankreich. Aber auch Island und die Türkei, Dänemark, Österreich oder die Niederlande waren unter den Teilnehmerstaaten des »European Recovery Program«. Rund 14 Milliarden US-Dollar wurden bereitgestellt, was dem heutigen Gegenwert von über 150 Milliarden Dollar entspricht. Nur ungefähr zehn Prozent der bereitgestellten Gelder flossen nach Deutschland, die Siegermächte Frankreich und Großbritannien erhielten erheblich mehr. Allein ein Viertel der Gelder wurde in Großbritannien ausgegeben.

Der Marshallplan war außerdem nicht, wie häufig angenommen, ein von den USA finanziertes Hilfsprogramm. Bedingung der Amerikaner war, dass die teilnehmenden Länder ein gemeinsames Wirtschaftsprogramm auf die Beine stellten, für das sie Gelder aus den Vereinigten Staaten erhielten. Die Unterstützung bedeutete auch nicht, dass Deutschland von seinen Reparationszahlungen befreit worden wäre. Entlastend war jedoch das Zugeständnis, die Kredite in eigener Währung zurückzuzahlen.

Zwar war der Marshallplan die Grundlage für den Wiederaufbau und die Westintegration, die zur Gründung der Bundesrepublik Deutschland und ihrem Aufstieg als westliche Wirtschaftsmacht führte. Er war aber keineswegs so erfolgreich, wie gemeinhin angenommen wird. Sein Ziel, die europäischen Volkswirtschaften in vier Jahren zum außenwirtschaftlichen Gleichgewicht zu führen, misslang. Daneben wird der Marshallplan auch gerne als Voraussetzung für die europäische Integration herangezogen. Schließlich hätten die europäischen Staaten erstmals umfassend wirtschaftlich zusammengearbeitet. Doch der Wahrheit kommt näher, dass die USA die Europäer zu ihrem Glück drängen mussten. Gegen die Schaffung supranationaler Einrichtungen stand noch immer der alte Egoismus der Nationalstaaten. Und auch das sogenannte Wirtschaftswunder im Gefolge der deutschen Währungsreform lässt sich nicht allein dem Marshallplan zuschreiben, so erwiesen sich zum Beispiel die Zerstörungen von Industrieanlagen als weniger gravierend denn erwartet, was den Wiederaufbau erleichterte. Psychologisch war der Marshallplan ungeheuer wichtig, weil die Deutschen damit ihre Rückkehr auf die internationale Bühne verbanden. Ebenso war das Programm ein Signal für ganz Europa, dass die Kriegsfolgen nunmehr überwunden würden. Der Chefberater im US-Außenministerium George F. Kennan sagte später, der psychologische Effekt sei schon vor dem Anlaufen des Marshallplans überwältigend gewesen; damit habe man noch vor den ersten Transfers einen Großteil geschafft. Entscheidender für die Westintegration waren aber geopolitische Umstände: der einsetzende Kalte Krieg mit der Sowjetunion und die Entschlossenheit der USA, Westeuropa fest an sich zu binden. Die wirtschaftlichen Auswirkungen des Programms hingegen kamen erst Jahre später zum Tragen, schon weil das Programm eher schleppend anlief.

Blick in den Abgrund

Die Absage des Marshallplans durch die Sowjetunion und die folgsamen Regierungen Mittel- und Osteuropas 1947 gehörte zum ersten Akt des Kalten Krieges zwischen West und Ost. Der erreichte 15 Jahre später einen brandgefährlichen Höhepunkt mit der Kubakrise. Als US-Präsident John F. Kennedy am 22. Oktober 1962 die Seeblockade Kubas ankündigte und damit die Kubakrise in ihre entscheidende Phase eintrat, hielt die Welt gebannt den Atem an. Der Kalte Krieg hatte schon einige Krisen hervorgebracht, doch nun drohte mehr denn je eine Eskalation im Ost-West-Konflikt. Über die Entwicklungen der folgenden Tage im Weißen Haus und im Moskauer Kreml versuchte sich eine aufgeschreckte Weltöffentlichkeit nach Kräften auf dem Laufenden zu halten. Denn diese Konfrontation konnte enorme Auswirkungen haben, bis hin zu einer militärischen Auseinandersetzung der atomar und konventionell bis an die Zähne hochgerüsteten Weltmächte USA und UdSSR. In Berlin, Brennpunkt der Systemkonfrontation, verfolgten die Menschen besonders ängstlich den Verlauf der Geschehnisse – sie wussten, dass die Bewegungen der Schiffe in der Karibik sie unmittelbar betrafen. Am Checkpoint Charlie fuhren beidseits der Demarkationslinie Panzer auf. In der DDR bereiteten sich Rote Armee und Nationale Volksarmee derweil auf den Ernstfall vor. Es drohte der Dritte Weltkrieg.

John F. Kennedy ist spätestens durch seine Ermordung im Jahr darauf zum Mythos geworden. Teil dieses Mythos ist sein umsichtiges und erfolgreiches Handeln in der Kubakrise, mit dem er um jeden Preis eine Eskalation der Ereignisse verhindern wollte. Aus dieser ernsthaften Konfrontation der beiden Supermächte sei er als Sieger hervorgegangen, der angesichts eines unberechenbaren Gegners in Moskau Größe bewiesen habe. Aber ist dieser Sieg historisch belegbar, oder handelt es sich um eine Legende über den jugendlichen Präsidenten, mit dem eine ganze Generation größte Hoffnungen verband, von denen sie auch nach dem Attentat von Dallas keinen Abstand nehmen mochte? Und war die Kubakrise tatsächlich der Höhepunkt des Kalten Krieges, an dem die Welt einem Atomkrieg so nahe war wie nie zuvor und niemals wieder?

Die Blockade Kubas war die Reaktion auf verlässliche Informationen der US-Luftaufklärung über im Bau befindliche Raketenstationen der Sowjets auf der mit Moskau verbündeten Karibikinsel Kuba. Einen solchen Affront und eine derartige Bedrohung vor der unmittelbaren Haustür des US-amerikanischen Festlandes konnte die Regierung in Washington unmöglich ignorieren. (Dabei unterschätzten sie noch ganz erheblich das Ausmaß sowjetischer Militärpräsenz auf der Karibikinsel: Statt einigen Tausend, wie Washington vermutete, waren es bereits mehrere Zehntausend.) Quälend lange Tage diplomatischer und geheimdiplomatischer Verhandlungen folgten. Im Weißen Haus tagte das ExComm (Executive Committee), ein Krisenrat, den der Präsident eigens wegen dieser Krise zusammengestellt hatte und in dem Kennedys Bruder und Berater Robert (»Bobby«) eine Schlüsselposition einnahm. Am Ende der Krisenwoche stand ein Deal: Die UdSSR entfernte die Stellungen, die USA verkündeten öffentlich, nicht auf Kuba einmarschieren zu wollen. Eine weitere Vereinbarung über den Abzug von US-Raketen aus der Türkei wurde erst später bekannt.

Nach den Morden an den Kennedy-Brüdern John F. und Robert 1963 und 1968 erschien Bobbys Buch *Thirteen Days* über die heroische Gedulds- und Diplomatieleistung der Regierung Kennedy, angefangen von der Information über die Raketenstationen auf Kuba bis hin zur Beilegung der Krise, in der die Welt am Abgrund eines Atomkrieges gestanden hatte. Dieses berühmte Tagebuch über die beiden Krisenwochen hat entscheidenden Anteil am Mythos über die Kubakrise – aber es geht mit den historischen Tatsachen nicht wahrheitsgetreu um. Tatsächlich wurden die Originalaufzeichnungen Kennedys von dem Kennedy-Vertrauten Theodore Sorenson vor der Veröffentlichung bearbeitet, um die US-Regierung möglichst positiv dastehen zu lassen.

Hymnisches Lob für die Leistung der Kennedy-Brüder und ihrer Vertrauten kam aber schon kurz nach dem Ende der Krise auf. Die US-Medien schwärmten vom amerikanischen Triumph über Moskau und vom Präsidenten, der mit den »Besten und Klügsten« die Krise souverän gemanagt habe. Allerdings ist diese sehr wohlwollende Einschätzung der Krisentage im Weißen Haus im Herbst 1962 nicht belegbar. Das ExComm war weniger ein Krisenstab, der die Lage im Griff hatte und Entscheidungen fällte, als eine Absicherung für die Kennedys, damit niemand im Regierungsapparat aus dem Kurs ausscherte, den sie einschlugen. Dieser Kurs fiel insbesondere zum Missfallen der US-Militärs aus, die die verhängte Blockade als schwächliche Reaktion ansahen – wie den Kennedy-Kurs insgesamt. Sie forderten einen Angriff auf die Raketenstationen auf Kuba. Der Präsident aber verhielt sich extrem vorsichtig: Er fürchtete nicht nur eine Eskalation in der Karibik, sondern auch Konsequenzen in Europa: Westberlin war damals die Achillesferse der westlichen Welt. Gleichzeitig jedoch stand Kennedy innenpolitisch unter erheblichem Druck: Angesichts der gescheiterten Invasion Kubas in der Schweinebucht ein Jahr zuvor durfte er keinesfalls als derjenige aus der Krise hervorgehen, der vor den Sowjets eingeknickt war. Vor der Öffentlichkeit gelang dies auch weitgehend, die US-Militärs sahen sich dagegen in ihrer Einschätzung bestätigt, es bei Kennedy mit einem schwachen Präsidenten zu tun zu haben.

Insbesondere am Abend des 27. Oktober schien allen Beteiligten die Kriegsgefahr so hoch wie nie zuvor: als Chruschtschow über Radio Moskau öffentlich forderte, Washington müsse als Gegenleistung für den Abzug der sowjetischen Raketen auf Kuba US-Raketen aus der Türkei abziehen. Dann aber lenkte Moskau ein und gab sich mit dem Versprechen, die USA würden Kuba in Ruhe lassen, und der inoffiziellen Zusicherung für den Abzug der türkischen US-Raketen zufrieden.

Die Lösung zum Verständnis und zur richtigen Einordnung liegt zunächst in der Vorgeschichte. Inmitten des Kalten Krieges sahen sich die Führer beider Supermächte in der Defensive: Kennedy wegen des Berliner Mauerbaus und der dortigen hochexplosiven Situation sowie aufgrund seiner gescheiterten Invasion Kubas; Chruschtschow wegen der Verlautbarung des Pentagon im Oktober 1961, die Atomstreitmacht der USA sei der der UdSSR überlegen. Angesichts der Bedeutung, die die Atomrüstung im Wettstreit der Supermächte damals hatte, musste das zu einer Reaktion Moskaus führen. Die unmittelbare waren Widerspruch und ein sowjetischer Atomtest; die langfristige Chruschtschows Kubapolitik. Auf Kuba konnte der sowjetische Staatschef mehrere Fliegen mit einer Klappe schlagen: Schutz der sozialistischen Karibikinsel und Machtdemonstration sowohl gegenüber den USA als auch im sozialistischen Lager gegenüber China sowie Zugewinn an innenpolitischem Renommee.

Was bis heute als Sieg der USA und als Meisterleistung der Kennedys gilt, war in Wahrheit der Vorsicht beider Seiten zu verdanken. Hinzu kam der jeweilige Blick auf die Lage, der nicht immer mit den Realitäten übereinstimmte. Die prinzipiell unversöhnliche Konfrontation beider Machtblöcke wurde für einen kurzen historischen Moment zweitrangig, weil Washington und Moskau einen Atomkrieg verhindern wollten. Auch Chruschtschow verhielt sich verantwortungsvoll und akzeptierte den geheimen Raketentausch mit den USA, den er sich also nicht als Erfolg ans Revers heften konnte. Inzwischen lässt sich durch neu zugängliche Akten belegen, dass Chruschtschow erstaunlicherweise vor allem Angst hatte, Kennedy könnte abgesetzt werden oder einem Militärputsch zum Opfer fallen. Das wollte er verhindern, weil ihm die Folgen für die Sowjetunion und den Weltfrieden unabsehbar schienen. Außerdem befürchtete Moskau aufgrund von zweifelhaften Geheimdienstinformationen, eine US-Invasion Kubas stehe unmittelbar bevor.

Beiden Mächten war klar, wie gefährlich die Konfrontation gewesen war. Die Einschätzung Kennedys und Chruschtschows und ihr Verantwortungsbewusstsein verhinderten den Atomkrieg, mit dem ihre Militärs längst kalkulierten. Aber lässt sich die Kubakrise deshalb als Höhepunkt des Kalten Krieges bezeichnen? Eher nicht, denn das Verhalten beider Politiker zeigt, wie sie das grundsätzliche Ringen der Ost-West-Konfrontation für die Dauer der Kubakrise unterbrachen – und den Kalten Krieg anschließend weiterführten, wenn auch in leicht veränderter Form. Als Sieger der Krise von 1962 konnte sich bei redlicher Überlegung keiner der beiden fühlen. Chruschtschows Raketenstrategie war nicht aufgegangen, und er hatte in der Wahrnehmung der Welt einlenken müssen. Kennedy musste seinerseits auf den – wenn auch geheimen – Raketendeal eingehen und vor allem von seinem Lieblingsvorhaben abrücken, dem kubanischen Sozialismus vor seiner Haustür ein Ende zu bereiten. Beide fühlten sich verwundbar: Moskau wegen der strategischen Überlegenheit der USA, Washington wegen der prekären Lage in Berlin. Und zu den Gründen für ihren Willen, die Krise beizulegen, gehörten nicht zuletzt gegenseitige Fehleinschätzungen: Während Moskau nicht, wie Kennedy glaubte, mit der Raketenstationierung auf Kuba eine Lösung der Berlinfrage anstrebte, stand weder eine US-Invasion Kubas bevor, die Chruschtschow befürchtete, noch die Entmachtung Kennedys.

Revolution auf Rezept

Rückblickend waren die Sechzigerjahre in der westlichen Welt eine ambivalente Dekade: Einerseits war die Angst vor einer nuklearen Auseinandersetzung zwischen den Supermächten ein ständiger Begleiter, andererseits machte die gesellschaftliche Liberalisierung das Leben vergnüglicher. Das gilt nicht zuletzt für das Sexualleben, dem in der allgemeinen Erinnerung eine pharmazeutische Neuerung Schubkraft verlieh. Denn die Sache gilt als klar: Nachdem in den USA 1957 die Antibabypille auf den Markt kam – zunächst als Mittel gegen Menstruationsbeschwerden und seit 1960 zugelassen als Verhütungsmittel –, war der Weg zur berühmten Sexuellen Revolution der Sechzigerjahre nicht mehr weit. Das eine bedingte das andere: Die Möglichkeit, ohne die Gefahr einer Schwangerschaft Sex zu haben, ließ die Hemmungen schwinden, sich sexuell ein wenig umfassender zu betätigen. So lautet die herrschende Meinung seit Jahrzehnten, in der Öffentlichkeit und der Fachwelt gleichermaßen. Wie so viel anderes setzte sich »die Pille«, wie sie schon bald genannt wurde, mit ein paar Jahren Verzögerung auch im Rest der westlichen Welt und schließlich darüber hinaus durch. In der Bundesrepublik kam sie 1961 auf den Markt, ebenso in Großbritannien. Die Niederlande folgten 1964, die DDR zog 1965 nach, Frankreich 1967.

In den Vereinigten Staaten wird die Sexuelle Revolution mit den Sechzigerjahren verbunden, seit in deren mittleren Jahren bei jungen Leuten die Zahl der Sexualkontakte mit unterschiedlichen Partnern anstieg. Nicht überraschend, dass die US-amerikanische Kultserie *Mad Men* diesem Zusammenhang denn auch viel Aufmerksamkeit widmete. Mit einiger Verspätung erreichte die Entwicklung zu größerer sexueller Freiheit und mehr Selbstbestimmung auch Europa und wird hier gleichermaßen mit dem allseits gerühmten Segen der Antibabypille in Verbindung gebracht. Uwe Wesels Buch über die westdeutschen 68er, *Die verspielte Revolution,* setzt die seit Anfang des Jahrzehnts verfügbare »Pille« in direkten Zusammenhang zum freieren Sexualverhalten. Dort ist vom Glück für die Revolte die Rede, »in einer Bundesrepublik zu entstehen, die nicht nur auf dem Höhepunkt ihres Wirtschaftswunders angekommen war, sondern seit einigen Jahren auch schon die Antibabypille kannte und noch nicht die Gefahren von Aids. Und die alten Nazis mit ihren lustfeindlichen Ideen waren auch noch da …« Im Westdeutschland der Nachkriegszeit galt vielen Kritikern die strenge Sexualmoral weniger als ein Zeichen jahrhundertelanger kirchlicher Prägung und nachwirkender wilhelminischer Prüderie als vornehmlich einer repressiven Sexualität aus der Nazizeit. Das Gegengift machte jedenfalls Spaß: »Wer zweimal mit derselben pennt, gehört schon zum Establishment.«

In Wirklichkeit aber begann, mindestens in den USA, aber mit einiger Wahrscheinlichkeit auch anderswo, die Sexuelle Revolution ein volles Jahrzehnt früher, weil andere Gefahren im Zusammenhang mit Sexualität eingedämmt werden konnten: 1943, mitten im Zweiten Weltkrieg, erkannte man Penicillin als geeignetes Mittel gegen die Syphilis. Das machte die Behandlung bedeutend billiger und einfacher und senkte die Risiken dieser gefürchteten sexuell übertragbaren Krankheit.

Seit dem späten 15. Jahrhundert hatte die Geschlechtskrankheit Syphilis in Europa ihren Schrecken entfaltet, und bald hatte sich erwiesen, dass sie beim Sex übertragen wurde. Bis zur Entwicklung einer wirksamen Behandlung vergingen aber noch mehrere Hundert Jahre, schon weil der Erreger überhaupt erst Anfang des 20. Jahrhunderts in Berlin isoliert werden konnte. Dann jedoch ging es rasch voran, bald darauf wurde eine Serumdiagnose entwickelt, und die Suche nach einer heilsamen Arznei setzte ein.

Die medikamentöse Behandlung von Syphilis begann der Berliner Arzt und Pionier der experimentellen Chemotherapie Paul Ehrlich 1909, im Jahr darauf kam seine Arznei Salvarsan auf den Markt, eine organische Arsenverbindung. Die Behandlung erwies sich als zeitaufwendig, aber wirksam. Trotzdem war damals die Empörung groß, weil eine Heilung der Syphilis für Kritiker der verwerflichen Tat gleichkam, dem moralischen Verfall Tür und Tor zu öffnen. Selbst der Reichstag sah sich veranlasst, die Angelegenheit zu debattieren.

Salvarsan blieb für vier Jahrzehnte das Mittel der Wahl zur Therapie der Syphilis. 1928 jedoch entdeckte der schottische Bakteriologe Alexander Fleming das antibakterielle Potenzial von Penicillin: Startschuss für die Behandlung mit Antibiotika. Das war auch vielen Leidtragenden zu wünschen, denn die Epidemie breitete sich weiter aus. In den Vereinigten Staaten starben allein 1939 etwa 20 000 Menschen an den Folgen einer Syphiliserkrankung. Aber erst im Zweiten Weltkrieg geriet die Sache in Bewegung, weil die Armee mit einer regelrechten Epidemie zu kämpfen hatte. Gegen Ende des Krieges förderte eine Erhebung von Musterungsdaten zutage, dass schon unter den Männern, die noch gar nicht an die Front geschickt worden waren, fünf Prozent an Syphilis litten. Und im Laufe des Einsatzes stieg diese Zahl kräftig, wie die erschreckenden Infektionszahlen unter den Soldaten im Dienst belegten. Die Behandlung mit Salvarsan brachte allerdings den für die Truppen bedeutsamen Nachteil mit sich, dass sich die Gesundung über mehrere Monate hinzog, in denen die Lücken in den Reihen der Armee anderweitig aufgefüllt werden mussten. Ein anderes, schneller wirksames Mittel lag also nicht zuletzt im Interesse des Militärs, das bekanntlich quer durch die Geschichte immer wieder wichtige Innovationen beförderte.

1941 wurde Penicillin in Oxford erstmals klinisch eingesetzt, 1943 begann die Behandlung von Syphilispatienten mit dem Wundermittel; sie verlief nicht nur sehr erfolgreich, sondern konnte innerhalb von maximal zwei Wochen beendet werden. Natürlich blieb die Behandlung nicht auf das Militär beschränkt, sodass seit Ende der Vierzigerjahre in den Vereinigten Staaten die Infektionszahlen mit Syphiliserregern insgesamt signifikant sanken, bis ein Jahrzehnt später ein sehr niedriges Niveau erreicht wurde: Die Zahl der Infektionen war 1957 um 95 Prozent, die der Todesfälle um drei Viertel zurückgegangen. Abermals jedoch war der Jubel über den medizinischen Triumph keineswegs grenzenlos. Ein spanischer Arzt bemängelte noch 1961, durch Penicillin könne man ungestraft sündigen, weil es den Stachel der Sünde entferne, und bezog sich weiterhin höchst katholisch auf das Neue Testament, wo Paulus im Römerbrief vom Tod als »der Sünde Sold« spricht. Die überkommene Auffassung, Geschlechtskrankheiten seien eine Strafe für sündiges Handeln, ist bis heute nicht auszurotten.

Parallel zur Behandlung von Syphilis veränderte sich das Sexualverhalten merklich, wie Forschungen gezeigt haben. Sie bezogen sich einstweilen nur auf die USA und standen vor dem Problem, dass die Datengrundlage schwierig war, weil es zum Sexualverhalten keine nutzbaren Erhebungen gab. Auch der berühmte Kinsey-Report, für den der Sexualforscher Alfred Kinsey, eigentlich promovierter Zoologe, 1948 und 1953 Tausende US-Amerikaner über ihre sexuellen Gewohnheiten ausfragte und mit den damals erstaunlichen Ergebnissen einen Skandal auslöste, bot wenig Hilfe, weil das Material aus einer nicht repräsentativen Erhebung stammte. Also wurde auf Umwegen ermittelt, ob sich das Sexualverhalten der US-Amerikaner schon vor der Zeit veränderte, die man gemeinhin als die der Sexuellen Revolution ansieht. Die Forscher nutzten statistische Daten der US-Gesundheitsbehörden über Fälle, die mit dem Sexualverhalten in Zusammenhang stehen und deren Umfang auf Veränderungen hindeutet: die Zahl der Erkrankungen an Gonorrhoe, die Zahl unehelicher Geburten und die Zahl von Teenager-Schwangerschaften.

Dabei stellte sich heraus, dass im Untersuchungsraum dieser Studie die Fälle von Gonorrhoe seit 1957 stark zugenommen hatten. Bereits Mitte der Fünfzigerjahre begann die Zahl unehelicher Geburten zu wachsen, und auch die Zahl der Teenagerschwangerschaften schnellte seit Mitte der Fünfziger steil nach oben, und zwar dramatisch. Diese Zahlen legen nahe, dass sich die US-Amerikaner lange vor dem Zeitraum, der im Allgemeinen mit der Sexuellen Revolution identifiziert wird, zunehmend häufiger bei außerehelichem Sex vergnügten. Und da im gleichen Zeitraum die Syphilis ihren Schrecken verlor, weil seit den Vierzigerjahren die Todesrate infolge einer Erkrankung drastisch sank und die Ansteckungsrate schließlich 1957 auf ein Allzeittief fiel, ist der Zusammenhang beider Entwicklungen zwingend.

Die sogenannte Sexuelle Revolution kam also bereits mit der Syphilisbehandlung durch Penicillin ins Rollen und nicht erst mit der Einführung der Antibabypille. Allerdings trug die »Pille« durchaus weiter zur sexuellen Liberalisierung bei; sie verstärkte deren Entwicklung, weil sie durch abnehmende Risiken neue Freiheiten schuf. Und natürlich wurde die sexuelle Liberalisierung nicht allein durch medizinische Entwicklungen ausgelöst und gefördert, sondern ebenso von einem veränderten gesellschaftlichen Klima und einer neuen Offenheit im Umgang mit und im Reden über Sexualität. Dabei ist die Vorstellung einer »Revolution« im Zusammenhang mit Sexualverhalten, gerade im größeren Rahmen betrachtet, übrigens ziemlich umstritten. Es gab zu verschiedenen Zeiten immer wieder Veränderungen im Umgang mit Sexualität, die alle möglichen Ursachen haben konnten. Zudem ist Gegenstand von Debatten in der Fachwelt, ob solche Veränderungen nun revolutionären oder nicht eher evolutionären Charakters sind, ob sie plötzlich oder allmählich auftreten, ob auf lange Sicht die Entwicklung kontinuierlich verlief oder die Vorzeichen sich auch wieder änderten. Die Antibabypille ist also ein zwar wichtiges Puzzlestück des sich verändernden Umgangs mit Sexualität, aber nicht der Auslöser der Sexuellen Revolution.

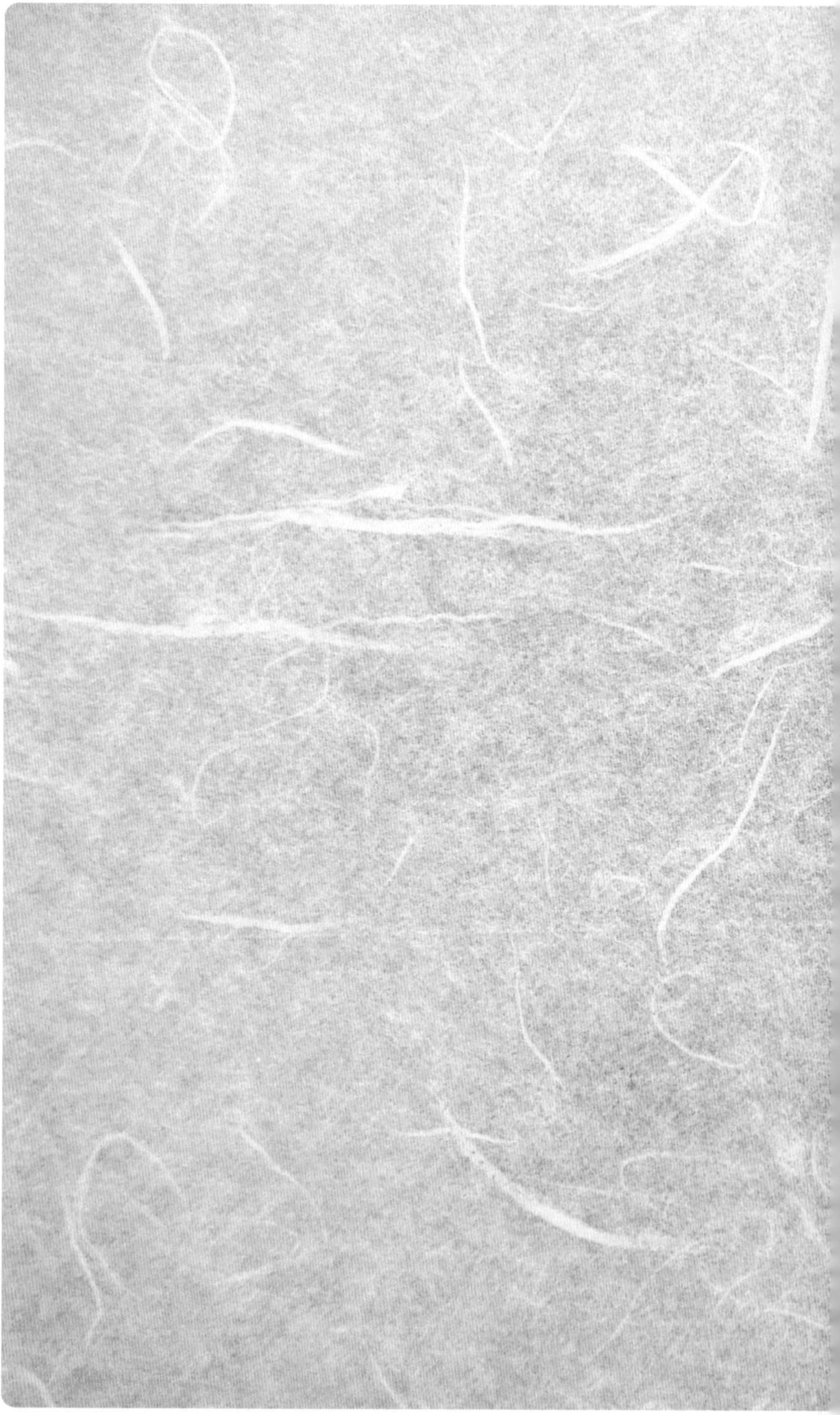

Rätsel

Vereinbart oder nicht

500 v. Chr. lehnten sich die griechischen Städte Kleinasiens und Zyperns gegen das persische Großreich auf. Der mehrjährige »Ionische Aufstand« schlug fehl und endete mit der Zerstörung Milets 494 v. Chr. Auf ihn folgten die berühmen Perserkriege zwischen Athen beziehungsweise später dem Attisch-Delischen Seebund, einem Zusammenschluss der griechischen Städte rund um die Ägäis, und den Persern. Diese Kriege waren für die weitere Geschichte Griechenlands und Europas von enormer Bedeutung, weil sie die persischen Könige dauerhaft von einer Ausdehnung ihrer Macht nach Westen abbrachten. Der »Vater aller Historiker« Herodot schrieb über die Perserkriege ebenso wie der griechische Dramatiker Aischylos. Nach jahrzehntelangen Kämpfen und wechselnden Siegen der Perser und Griechen fanden die Feindseligkeiten Mitte des 5. Jahrhunderts v. Chr. ein Ende. Als Grundlage für die friedlicheren Zeiten nach jahrzehntelangen Scharmützeln zwischen den lange verfeindeten Griechen und Persern wird der Kalliasfrieden angesehen, den der athenische Gesandte Kallias 449/448 v. Chr. in der persischen Hauptstadt Susa mit Großkönig Artaxerxes ausgehandelt haben soll.

Der Überlieferung nach war der Vertrag, den Kallias im Namen des Attisch-Delischen Seebundes schloss, eine Art Nichtangriffspakt. Die Athener verpflichteten sich, nicht gegen die Perser ins Feld zu ziehen; Persien wiederum akzeptierte einen Küstenstreifen Kleinasiens von der Breite eines Tagesritts als tabu für sein Militär. Persische Kriegsschiffe durften nicht über eine festgelegte Linie im Mittelmeer hinaus in Richtung Westen vordringen. Außerdem wurden die griechischen Städte Kleinasiens wieder unabhängig.

Allerdings ist es durchaus zweifelhaft, ob es diesen Vertrag zwischen Athenern und Persern überhaupt je gegeben hat. Als wichtigster zeitgenössischer Zeuge der Ereignisse, in deren Rahmen der Friedensschluss stattgefunden haben soll, gilt der Geschichtsschreiber Herodot. Der aber berichtet zwar vom athenischen Unterhändler Kallias und dessen Mission bei den Persern, spricht aber nicht von einem abgeschlossenen Friedensvertrag. Sein Bericht verweist außerdem gar nicht auf den Zeitraum, in dem der Friede stattgefunden haben soll, sondern auf einen Zeitpunkt 25 Jahre zuvor.

Zudem sprechen weitere gewichtige Argumente gegen die Echtheit des Vertrages. Warum hätte Athen einen Vertrag abschließen sollen, der dem Attisch-Delischen Seebund die Existenzberechtigung entzogen, mithin den Einfluss Athens geschmälert hätte? Immerhin hatten sie die Schlacht bei Salamis klar gewonnen. Warum hat sich der maßgebliche Chronist Thukydides über den Frieden ausgeschwiegen? Der Grieche, athenischer Flottenkommandant im Peloponnesischen Krieg (431–404 v. Chr.), gilt schließlich als überaus verlässlich in seinem Bericht über die athenische Kriegführung im 5. Jahrhundert.

Die Frage, ob es den Friedensvertrag zwischen Griechen und Persern wirklich gegeben hat, ist durchaus bedeutsam, denn die Geschichtsschreibung der nachfolgenden Epoche baut auf der Authentizität dieses Vertrages auf. Die Perserkriege spielen in der Geschichte des klassischen Griechenlands eine außerordentlich wichtige Rolle. Ihren Abschluss findet diese Epoche im Kalliasfrieden – oder sie ging ohne diesen offiziellen Friedensschluss von einer Phase kriegerischer Auseinandersetzung sang- und klanglos in eine Friedensphase über. Das erscheint den meisten Historikern offenbar so unbefriedigend, dass sie den Bericht über den Friedensvertrag trotz der Fragwürdigkeiten weiterhin als glaubhaft ansehen. Die Forschungskontroverse darüber wird möglicherweise nie gelöst, und selbst die betroffenen Historiker stöhnen mitunter über diese Frage, die zu einem regelrechten Stehaufpüppchen der klassischen Antike geworden ist.

Rechnen mit Bethlehem

Ein wenig mehr Bezug zum heutigen Lebenshorizont hat ein anderes Rätsel, denn es betrifft unmittelbar Kalender und Zeitrechnung, wie sie im Großteil der Welt bis heute genutzt werden. Als nach der christlichen Chronologie vor über zwei Jahrzehnten das neue Jahrtausend anbrach, stritten akkurate Zeitgenossen gerne, wann das 21. Jahrhundert eigentlich begann, 2000 oder 2001? In den Diskussionen tauchte häufig das ominöse Jahr null auf. Da schließlich, so konnte man hören, setze unsere Zeitrechnung ein, und deshalb sei da auch die Antwort auf die Frage zu finden, ob das neue Jahrtausend am 1. Januar 2000 oder erst ein Jahr später beginnt.

Zwar ist bekanntermaßen die christliche Chronologie die am weitesten verbreitete auf der Erde, aber es gibt noch andere Zählungen der Zeit, andere Kalender. Die christliche Chronologie, wie wir sie noch heute benutzen, wurde erst im 6. Jahrhundert nach Christus eingeführt. Und selbst dann dauerte es noch Hunderte Jahre, bis sie sich auch nur im Abendland bis in den abgelegensten Winkel, bis zum letzten Klosterschreiber und Stadtchronisten durchsetzen konnte. Die Zählung vom Nullpunkt rückwärts, also die Angabe vorchristlicher Jahre, ist sogar noch jünger, denn bis in die Neuzeit hinein rechnete man für die Zeit vor Christi Geburt ab dem – zugegebenermaßen aus heutiger Sicht höchst zweifelhaften – Zeitpunkt der göttlichen Schöpfung, der Erschaffung der Welt.

Bevor die eben noch obskure »Sekte« der Christen unter dem römischen Kaiser Konstantin Anfang des 4. Jahrhunderts Staatsreligion wurde, hatte die verfolgte Minderheit kaum damit rechnen können, dass sich ein christlich orientierter Zeitmaßstab jemals so umfassend durchsetzen würde, wie das für uns heute selbstverständlich ist. Wäre dem Judentum ein ähnlich ausgeprägtes Missionsbewusstsein eigen, hätte es damals dem Christentum den Status der dominierenden Religion des Abendlandes womöglich noch streitig machen können – und heute gälte der jüdische Kalender als universelle Zeitrechnung. Außerdem sah man das Leben Jesu zunächst in Verlängerung der biblischen Zeitrechnung, erkannte also keine Notwendigkeit, eine »Stunde null« kalendarisch festzulegen. Das tat man später, nachdem die Geburt Christi mehr und mehr als eine Zeitenwende verstanden wurde, die auch kalendarisch zu würdigen war. Ein Jahr null aber, das einer solchen »Stunde null« entsprochen hätte, hat es nie gegeben. Das hat seinen einfachen Grund darin, dass sich das Christentum in der römischen Welt etablierte und daher Latein als Sprache mitsamt dem lateinischen Zählsystem übernahm. Unter den römischen Ziffern gibt es aber keine Null, daher gab es, auch in der rückwirkenden Zählung, kein Jahr null. Die arabischen Zahlen wurden in Europa erst gegen Ende des Mittelalters eingeführt. Aus diesem Grund begann das dritte nachchristliche Jahrtausend am 1. Januar 2001 und nicht ein Jahr zuvor: Erst mit Ablauf des 31. Dezember 2000 war das zweite Tausend sozusagen »voll«. Denn das erste Jahr der christlichen Zeitrechnung war das Jahr 1 nach Christus, in der Zählung direkt davor liegt das letzte Jahr des ersten vorchristlichen Jahrhunderts, 1 vor Christus.

* * *

Wenn es kein Jahr null gab, in welchem Jahr wurde dann Jesus von Nazareth geboren? Das Datum gehört zu den umstrittensten der Weltgeschichte. Seit vielen Jahrhunderten wird auf allen möglichen Wegen versucht, dem auf die Spur zu kommen. In welchem Jahr ereignete sich, was Christen in aller Welt Jahr für Jahr als Weihnachten feierlich begehen und auf das der Kalender gründet, nach dem sich der überwiegende Teil der Menschheit richtet?

Diese Frage ist zunächst ein kalendarisches Problem, weil die christliche Zeitrechnung erst im Jahr 525 erstellt wurde und sich auch dann nur allmählich durchsetzte. Als sich im 6. Jahrhundert n. Chr. Probleme bei der Berechnung des Osterdatums ergaben, wurde der Kirchengelehrte Dionysius Exiguus damit beauftragt, eine Lösung zu finden. Dionysius erstellte aber auch gleich eine neue Chronologie, denn er wollte die Jahre nicht mehr in heidnischen Dimensionen zählen, sondern mit der »Menschwerdung unseres Herrn Jesu Christi« beginnen, wie er schrieb. Aber setzte der gelehrte Dionysius überhaupt das richtige Datum an? Für seine Berechnungen bezog er sich auf die Regierungszeit des Augustus und die Gründung Roms, konsultierte aber beispielsweise keine jüdischen Quellen. Müsste also nicht Jesus in der Nacht vom 24. auf den 25. Dezember 1 v. Chr. geboren sein, wenn darauf das Jahr 1 n. Chr. folgt? Die Sache ist jedoch ausgesprochen verworren, weil die Angaben im Neuen Testament zumindest uneinheitlich, wenn nicht gar widersprüchlich sind. Man muss sie sehr kritisch mit anderen historischen Angaben vergleichen, um dem Geburtsjahr Jesu auf die Spur zu kommen.

Die Geburt Jesu wird in zwei Erzählungen des Neuen Testaments geschildert. Das Matthäusevangelium, zwischen 80 und 90 n. Chr. verfasst, berichtet recht knapp: von den Sterndeutern aus dem Morgenland, die sich in Jerusalem nach der Geburt des Messias erkundigen, weil ein Stern sie ihnen verkündet habe. Dieser Stern führte die drei nach Bethlehem, wo sie das Neugeborene fanden und ihm huldigten. Das geschah am Ende der Regierungszeit von Herodes I., der von 37 bis zum Frühling des Jahres 4 v. Chr.

amtierte. Ob der Stern die Geburt des Messias nur ankündigte oder vermeldete, geht aus dem Evangelium nicht eindeutig hervor. In jedem Fall ließ Herodes laut Matthäus auf die Nachricht hin alle Knaben in und um Bethlehem, die nicht älter als zwei Jahre waren, umbringen. Er wollte sichergehen, dass der »neugeborene König der Juden«, wie es in der Bibel heißt, auch wirklich unter den getöteten Kindern war. Für den Zeitpunkt von Jesu Geburt würde dies bedeuten, dass Jesus mindestens eindreiviertel Jahre vor dem Ende der Regierungszeit des Herodes geboren wurde, also im Jahr 6 v. Chr. Mehr gibt das Matthäusevangelium diesbezüglich nicht her, weil es nichts darüber sagt, wie lange Jesus mit seinen Eltern im ägyptischen Exil blieb, um den Häschern des Herodes zu entgehen, vor denen Gott sie gewarnt hatte.

Der Evangelist Lukas erzählt die weltgeschichtliche Begebenheit ausführlicher. Er berichtet ungefähr zur selben Zeit wie Matthäus von einer Volkszählung unter dem römischen Kaiser Augustus und zur Regierungszeit des Statthalters Quirinius in Syrien. Maria und Joseph reisten von Nazareth in Galiläa nach Bethlehem in Judäa, woher Josephs Familie stammte. Dort wurde Jesus geboren, ein halbes Jahr nach der Geburt von Johannes dem Täufer, dessen Geburt »zur Zeit des Königs Herodes« verkündigt wird. Dieser König wird im Allgemeinen als Herodes der Große identifiziert, der, wie erwähnt, 37–4 v. Chr. den jüdischen Staat regierte. Allerdings gibt es da noch seinen Sohn Herodes Antipas, der nach dem Tod seines Vaters unter anderem Galiläa erhielt und dort bis 39 n. Chr. herrschte.

Indirekt ließe sich die Information des Lukas zur Taufe Jesu durch Johannes den Täufer für die Bestimmung seines Geburtsjahres verwenden. Laut Lukasevangelium wurde Jesus mit 30 Jahren getauft, und zwar im 15. Jahr der Regierungszeit des Kaisers Tiberius. Letzteres weist auf einen Zeitraum zwischen Herbst 27 und Sommer 29 hin – aber war Jesus wirklich genau 30 Jahre alt oder soll diese Angabe nur bedeuten, dass er im reifen Mannesalter war? Oder bezieht sich die Zahl 30 auf König David, der in diesem Alter König wurde?

Dieses schwache und widersprüchliche chronologische Gerüst der Evangelisten erlaubt keine eindeutige Aussage über das Geburtsjahr Jesu. Einen Anhaltspunkt für Lukas' Bericht bietet aber der jüdische Geschichtsschreiber Flavius Josephus, der von dem Zensus in Judäa berichtet. Quirinius habe ihn im 37. Jahr nach der Schlacht bei Actium durchführen lassen, also 6 oder 7 n. Chr.

Die Chronologie nach Lukas hat jedoch Schwächen. Vor allem lässt sie sich nicht mit der Regierungszeit von Herodes dem Großen in Einklang bringen, zumal unter dessen Herrschaft gar keine Volkszählung stattgefunden hat. Sein Sohn Herodes Antipas wiederum regierte nur in Galiläa und Peräa, wo keine Volkszählung durchgeführt wurde. Auch hätte die Kreuzigung Jesu nach Lukas' Angaben nicht wie überliefert in die Regierungszeit des Pontius Pilatus fallen können – jedenfalls nicht, wenn Jesus, wie zumeist angenommen, mit 33 Jahren hingerichtet wurde.

Der kritische Vergleich mit anderen, vor allem jüdischen Quellen über das Leben Jesu lässt Lukas' Datierung trotzdem als die wahrscheinlichere erscheinen. Die Unstimmigkeit der Regierungszeit des Herodes könnte daran liegen, dass mit dem König ein weiterer Sohn von Herodes dem Großen gemeint war: Archelaus, den Augustus nach kurzer Regierungszeit schon 6 n. Chr. wegen Unfähigkeit nach Gallien verbannte. Dafür spricht unter anderem, dass er auf seinen Münzen mit dem Namen seines Vaters auftaucht. Dann wäre Jesus tatsächlich im Jahr 6 oder 7 neuer Zeitrechnung geboren worden, hätte seine Mission 35 oder 36 n. Chr. aufgenommen und wäre 36, im letzten Amtsjahr des Pontius Pilatus und jünger als gemeinhin vermutet, am Kreuz gestorben. Mit den Angaben bei Matthäus lässt sich dies aber noch immer nicht in Einklang bringen.

Nun ist aber ohnehin fraglich, welche Aussagen der Evangelien über die Geburt Jesu überhaupt historisch belastbar sind. Wie viel in den Erzählungen ist vielmehr symbolisch zu verstehen? Am ehesten möchte man das bei der Erzählung des wandernden Sterns annehmen, der die drei Weisen zum Geburtsort Jesu geführt haben soll. Der Stern könnte rein mythischen Ursprungs sein und sich auf das Messias-Motiv des Alten Testaments beziehen. Zwar wurden immer wieder astronomische Erklärungen für ein Himmelsphänomen zu jener Zeit gesucht: eine dreifache Jupiter-Saturn-Konjunktion des Jahres 7 v. Chr. beispielsweise oder auch ein Komet. Himmelskonstellationen waren für die Menschen der Antike aber eine fast unvermeidliche Begleiterscheinung, wenn sich auf der Erde große Dinge vollzogen – denkbar also, dass der Evangelist mit dieser Pointe deutlich machen wollte, dass sich Großes anbahnte.

Dann der berühmte Kindermord des Herodes: Hat er überhaupt stattgefunden oder soll dieses Detail vermitteln, dass ein auserwähltes Kind auf wundersame Weise überlebt hat – mit einer Anspielung auf den Mose der hebräischen Bibel, der als Baby in einem Weidenkörbchen auf dem Nil ausgesetzt und gerettet wurde? Auch die Datierung anhand der Volkszählung könnte in die Irre leiten. Denn es ist durchaus denkbar, dass Lukas damit nur erklären wollte, wieso Jesus aus Nazareth kam, wenn doch der Prophezeiung nach der Messias in Bethlehem geboren werden sollte. Möglich also, dass die Evangelisten historische Ereignisse zur Illustrierung heranzogen, die zwar stattgefunden haben, aber nicht unbedingt in direktem zeitlichen oder kausalen Zusammenhang mit der Geburt Jesu stehen.

Die ungeklärte Frage bleibt also weiter faszinierend, aber es ist wohl ziemlich unwahrscheinlich, dass sie je befriedigend beantwortet werden kann. Für das Wirken Jesu und die Geschichte des Christentums ist die Frage nach dem genauen Datum des Religionsstifters aber auch eher unwesentlich, denn sie ändert nichts an seiner Bedeutung und seiner Lehre. Auch unser Kalender würde vermutlich nicht geändert, wenn das Geburtsjahr doch noch zweifelsfrei festgestellt werden könnte – die daraus folgende Verwirrung wäre einfach zu groß.

* * *

Wie aber steht es eigentlich mit dem Tag der Geburt Jesu? Das Datum ist neben Ostern und Pfingsten eins der drei großen Feste des Christentums und darüber hinaus für Kinder, Familienselige und Schenkfreudige in aller Welt ein zentrales Ereignis im Jahr. Mit seinem Weg von einer Art jüdischer Hippie zum Stifter einer neuen Religion, die Weltgeltung erlangt hat, ist Jesus von Nazareth eine historisch außerordentlich bedeutsame Figur auch über den religiösen Aspekt seines Wirkens hinaus. Folglich ist auch der genaue Zeitpunkt seiner Geburt nicht unerheblich. Die Sache scheint auf den ersten Blick einfach, weil mit dem 25. Dezember ja ein Termin vorliegt, an dem das Ereignis seit Jahrhunderten gefeiert wird – aber hält dieses Datum einer genauen Prüfung stand? Feiern wir Weihnachten zum historisch belegten Termin der Geburt Jesu oder sitzen wir alljährlich einem Irrtum auf, weil Jesus gar nicht an Weihnachten geboren wurde?

Bemühen wir noch einmal die Heilige Schrift als nächstliegende Autorität, so erweist sich, wie wenig sie zur Wahrheitsfindung beizutragen hat: Von einem bestimmten Tag der Geburt des Jesuskindes in Bethlehem ist weder bei Matthäus noch bei Lukas die Rede. Die ausführlichste Darstellung des Lukas, wohl im letzten Viertel des 1. Jahrhunderts verfasst, wird an Weihnachten weltweit in den Kirchen verlesen. Aber Lukas gibt zum Datum des Tages, der für die Entwicklung einer neuen Weltreligion so wichtig war, keine näheren Hinweise, nicht einmal von kaltem Wetter schreibt er.

Das Datum 25. Dezember als Geburtstag des Religionsstifters ist ebenso zweifelhaft wie das Geburtsjahr Jesu. Es ist paradox und auch wieder nicht: Über keine andere antike Persönlichkeit liegen derart viele Hinweise vor wie über Jesus von Nazareth. Da aber das meiste davon aus christlichen Federn stammt, darf man anzweifeln, dass es da stets wahrheitsgetreu zugeht. Die Evangelisten verfuhren durchaus ähnlich wie andere antike Autoren, die es mit der historischen Akkuratesse nicht so genau nahmen, wenn sich nur ihre Botschaft überzeugend vermittelte. Schließlich waren sie ja auch nicht primär dazu angetreten, unanfechtbare Geschichtsschreibung zu betreiben, sondern eine neue Religion zu propagieren.

Wenn aber die wichtigsten Gewährsmänner des Lebens Jesu uns das exakte Datum seiner Geburt vorenthalten, hilft nur die Suche nach Informationen von anderer Seite. Naheliegend ist dabei die Untersuchung der Weihnachtstradition selbst, die sich ja mutmaßlich auf gesicherte Erkenntnisse stützt. Aber auch der Ursprung von Traditionen verliert sich oft im Dunkel der Geschichte, was für Weihnachten gleichermaßen gilt. Das Problem geht auf das – aus heutiger Sicht – mangelnde Problembewusstsein in der Frühzeit des Christentums zurück: Anfangs war das genaue Datum der Geburt Jesu nämlich ziemlich unerheblich, ungleich wichtiger war sein Sterbedatum. Den Geburtstag zu würdigen war eine eher heidnische Tradition und somit zweifelhaft, während der Tod als Übergang vom schnöden irdischen Leben in die himmlische Gemeinschaft mit Gott das eigentlich bedeutsame Datum einer christlichen Biografie darstellte. Man ging einfach davon aus, dass Jesus so, wie er zum jüdischen Pessachfest gestorben, ebenda auch geboren worden war. Es entsprach der antiken Erwartung an einen außergewöhnlichen Menschen, dass er am gleichen Tag die Welt verließ, an dem er auch auf die Welt gekommen war. Wie aber verfiel man dann auf ein Geburtsdatum zum Jahresende?

Laut einem Text zur Berechnung des Osterfestes aus dem Jahr 243 wurde Jesus am Tag der Erschaffung der Sonne geboren, denn er sei die »Sonne der Gerechtigkeit«. Dieser Vorstellung zufolge begann die Schöpfung mit der Tag-und-Nacht-Gleiche, nach dem julianischen Kalender der 25. März. Drei Tage später schuf Gott die Sonne, also erblickte Jesus am 28. März das Licht der Welt. »Wie ausgezeichnet und göttlich ist die Vorhersehung des Herrn, dass Christus geboren wurde an gerade jenem Tag, an dem auch die Sonne geschaffen wurde, nämlich fünf Tage vor den Kalenden des April am vierten Tag der Woche«, rühmt der Traktat *De Pascha Computus* (Über die Berechnung des Osterfestes). Auch andere wichtige Lebensdaten ermittelt dessen unbekannter Verfasser sehr umfassend und virtuos. Allerdings macht er das ein wenig zu gekonnt: Die Forschung ist sich weitgehend einig, dass die Berechnungen auf das symbolisch aufgeladene Ergebnis ausgerichtet sind, also frisiert. Noch dazu hat es mit dem uns geläufigen Weihnachtsfest am Ende des Kalenderjahres wenig zu tun, sondern verweist auf eine noch recht lange bestehende Annahme, Jesus sei im Frühling zur Welt gekommen. Wie also erklärt sich die heutige Datierung?

Konsultieren wir den 2023 verstorbenen Johannes Ratzinger, vormals Papst Benedikt XVI., einen zweifellos überaus gelehrten, theologisch wie wissenschaftlich versierten Mann. Er folgt wie andere Fachleute der These der Pessachgeburt am 28. März, der aber zugunsten der Empfängnis Jesu umgewidmet wurde: Im 3. Jahrhundert identifizierte man den 25. März als Tag der Empfängnis – wenn sich aber im Frühling die unbefleckte Empfängnis ereignete, ergibt sich als Geburtstermin neun Schwangerschaftsmonate später der 25. Dezember. Dass genau neun Monate bis zur Niederkunft veranschlagt wurden, entlarvt übrigens die Berechnung zusätzlich als nachträglich, denn für die Dauer der Schwangerschaft Marias wurde ein Durchschnittswert angesetzt, der bekanntlich erheblich unter- oder überschritten werden kann und selten punktgenau erreicht wird. Da sich die Zeitrechnungen in Ost und West im kirchlichen Ritus bis heute unterscheiden, feiern orthodoxe Christen Weihnachten am 6. Januar.

Eine zweite These wird als »religionsgeschichtliche Hypothese« bezeichnet, weil sie die Entwicklung des christlichen Ritus im größeren religionsgeschichtlichen Kontext betrachtet und ältere heidnische Riten berücksichtigt. In vielen Fällen hat das Christentum, beispielsweise zum Zwecke der besseren Legitimierung, ältere Bräuche übernommen und umgewidmet. Diesem Erklärungsansatz zufolge geht das christliche Weihnachtsfest auf eine heidnische Sonnwendfeier zurück, die ebenfalls am 25. Dezember begangen wurde: die Geburt des Sol Invictus, des unbesiegten Sonnengottes im antiken Mithraskult. Es lässt sich ja auch ganz gut vermitteln, wenn eine neue Lichtgestalt den Platz der Sonne einnimmt und zugleich die Menschen ihre Gewohnheiten nicht vollends umstellen müssen. Auch der 6. Januar hat einen heidnischen Vorlauf als Festtag, den des Aion nämlich, des Gottes der Ewigkeit.

Nur: Diese heidnische Sonnwendfeier hat es vielleicht nie gegeben, denn Forschungen des Wiener Kirchenhistorikers Hans Förster haben ergeben, dass die Sache mit der heidnischen Sonnwendfeier zum späteren Weihnachtstermin ein regelrechtes Weihnachtsmärchen, eine veritable Forschungslegende ist. Ein christlicher Autor des 4. Jahrhunderts, Maximus von Turin, lobt ganz im Gegenteil sogar, dass Weihnachten ein treffliches Datum habe, weil es eben keine konkurrierenden heidnischen Bräuche für diesen Tag gebe – andere Autoren des frühen Christentums stoßen ins selbe Horn. Das spricht nicht gerade für die Notwendigkeit, einen konkurrierenden, weil besonders beliebten heidnischen Festtag durch christliche Umdeutung zu verdrängen. Einer weiteren Annahme zufolge entstand der Brauch des Weihnachtsfestes aus Spannungen innerhalb der noch jungen Kirche im 4. Jahrhundert, um der Gefahr des Arianismus, einer christlichen Strömung, die der offiziellen Lehrmeinung zuwiderlief und deshalb bald als Ketzerei abgetan wurde, etwas entgegenzusetzen.

Es ist also höchst kompliziert. Und sowieso wurde Weihnachten als kirchliches Fest zunächst gar nicht begangen, der ältere Brauch ist der österliche. Die Geburt des Gottessohnes, der fleischgeworden unter die Menschen tritt, wurde dann aber doch als bedeutsam für die christliche Liturgie erkannt und musste ins christliche Festjahr eingepasst werden. Aber wann genau das der Fall war, lässt sich nicht mehr bestimmen. Erste konkrete Spuren hinterlässt das Weihnachtsfest im 3. Jahrhundert, etwas später wird in der Ostkirche Epiphanias als Fest greifbar, also der 6. Januar. Die erste überlieferte Weihnachtspredigt stammt aus dem 4. Jahrhundert: 362 oder 363 hat sie der nordafrikanische Bischof Optatus von Mileve in Numidien gehalten. Berühmt ist die Predigt des Johannes Chrysostomos, die der spätere Erzbischof von Konstantinopel zu einem Weihnachtsfest zwischen 386 und 388 in Antiochia hielt. Daraus geht hervor, dass das Weihnachtsfest damals zwar schon länger im Westen bekannt war (wohl seit mehreren Jahrzehnten), sich nunmehr aber auch im Osten der Christenheit durchsetzte. Es bestanden jedoch Vorbehalte gegen die Bevorzugung des Weihnachtstermins gegenüber Epiphanias am 6. Januar, deshalb ergriff Johannes Partei und stritt für den 25. Dezember als den historischen Tag der Geburt Jesu. Da aber der Hintergrund seiner Predigt nicht die Herleitung des historischen Geburtstages Jesu, sondern der Streit um die Terminfrage 25. Dezember oder 6. Januar ist, hilft Johannes beim eigentlichen Problem nicht weiter. Der Kirchenvater Augustinus, der um 400 in Nordafrika wirkte und einer der wichtigsten Kirchenlehrer wurde, schätzte am Datum 25. Dezember, dass an diesem (nach damaliger Zeitrechnung) kürzesten Tag des Jahres das Licht wieder mehr werde – so wie Jesus das Licht des Christentums unter die Menschen brachte.

Nun, alle diese frühen Berechnungen, historisch mehr oder weniger belastbar, wurden angestellt – oder konstruiert – als Rechtfertigung dafür, dass man das Weihnachtsfest zu diesem Datum beging. Beweise für den historischen Geburtstag des Religionsstifters Jesus sind sie ebenso wenig, wie sie erklären, wann Weihnachten in den christlichen Festkanon aufgenommen wurde. In jüngster Zeit wurde schließlich noch eine weitere Begründung für den Termin 25. Dezember ins Spiel gebracht, die ausgesprochen weltlich und praxisorientiert ist und womöglich deshalb besonders wahrscheinlich: Danach stand die Einführung eines weiteren Festankers in einiger zeitlicher Entfernung zum beliebten Osterfest im engen Zusammenhang mit der Tatsache, dass zu jener Zeit, im frühen 4. Jahrhundert, in immer größerer Zahl Pilger ins Heilige Land kamen. Feierte man dessen Geburt zusammen mit seinem Tod an Ostern, so fielen die beiden wichtigsten christlichen Feste kalendarisch zusammen und lockten zu dieser Jahreszeit schwer zu bewältigende Touristenströme an die heiligen Stätten.

Ob diese Herleitung des Weihnachtsfestes die letzte und unwidersprochen bleiben wird, darf bezweifelt werden – zumal derart weltliche Gründe religiösen Gemütern allzu profan erscheinen dürften. Weiterhin gilt, was ein Autor schon vor 60 Jahren feststellte: »Bis heute weiß man weder, wann die beiden Christusfeste entstanden, noch, wie sie entstanden. Hypothesen zu beiden Fragen sind interessant, aber nicht abschließend.« Im Ergebnis muss man konstatieren, dass Festtage und die historisch-kalendarische Grundlage, auf die sie Bezug nehmen, häufig nicht übereinstimmen. Und dass alles gegen die verbreitete Meinung spricht, Jesus sei am 25. Dezember zur Welt gekommen.

Die graue Vorzeit

Unzweifelhaft ist die christliche Kirche ausgesprochen männerdominiert und entspricht darin, wenngleich inzwischen einigermaßen anachronistisch, sehr genau der Geschichte als Ganzes. Über Jahrhunderte wurde sie fast ausschließlich von Männern und damit aus deren Perspektive geschrieben. Das ist längst inakzeptabel, und die feministische Geschichtswissenschaft hat wertvolle Impulse geliefert, um die daraus entstandenen Defizite ab- und aufzuarbeiten. Überhaupt leisten neue Zweige der historischen Forschung immer wieder Wertvolles: Sie richten den Fokus auf Übersehenes und stoßen neue Diskurse an, erweitern mit bisher vernachlässigten Perspektiven den Blick, heben unerwartete Schätze aus Archiven und beleben die historische Diskussion. Gift für jede Wissenschaft sind allerdings Ideologie, die sich aus den akademischen Debatten mit dem Ende des Kalten Krieges keineswegs verabschiedet hat, und Wunschdenken, das in rätselhaften Funden willige Objekte mutwilliger Interpretation findet. Das gilt natürlich auf allen Seiten, sei es bei der Propagierung neuer Erkenntnisse oder ihrer Abwehr. Mal schießt eine neue Forschungsrichtung im ideologisierten oder euphorisierten Erkenntniseifer übers Ziel hinaus, begünstigt in einer Forschung, die ohne Schriftquellen auskommen muss. Mal wehren sich die Vertreter etablierter Thesen über die Vergangenheit dagegen, Erkenntnisse zu revidieren. So steht es auch mit dem Rätsel eines Matriarchats in grauer Vorzeit. Bei wechselnder Zutatenliste und schwankender Akzentsetzung geht ein Teil der Forschung davon aus, in vorgeschichtlicher Zeit habe die Menschheit gewaltfrei und klassenlos in einer vom weiblichen Prinzip bestimmten Gesellschaft gelebt, mit einem nie mehr erreichten Maß an emotionaler Kompetenz und dem Kult um eine »Große Göttin« als religiöser Begleitung. Dass eine klare Definition fehlt, macht die Sache gleichzeitig kompliziert und öffnet sie für eine inhaltliche Bestückung je nach Gusto. Immerhin macht es einen Unterschied, ob das Matriarchat als einstiges Herrschaftssystem angesehen wird, wie der Begriff nahelegt, oder als herrschaftsfreies, harmonisch wirkendes weibliches Prinzip. Wie auch immer: Das patriarchalische System, das bis heute die Geschicke der Welt bestimmt, habe sich erst danach entwickelt und der Menschheit mehr Unheil als Gutes gebracht: Hierarchien, Gewalt, Kriege, Unterdrückung, Zerstörung. Den Frauen bescherte das Ende des weiblichen Prinzips als Gesellschaftsform Entwicklungen wie sexuelle Unterdrückung, Hexenverfolgung, verkrüppelte eingebundene Füße oder Genitalverstümmelung und anderes mehr. Meist fällt die Bilanz recht klar aus: matriarchalisches Paradies, patriarchalische Hölle. Als Urheber der Matriarchatstheorie gilt allerdings ein Mann: Johann Jakob Bachofen. Der Baseler Jurist, überaus produktive Altertumsforscher und wohlhabende Privatgelehrte veröffentlichte 1861 eine umfängliche Schrift mit dem Titel *Das Mutterrecht*. Eine Untersuchung über die Gynaikratie der alten Welt nach ihrer religiösen und rechtlichen Natur. Bachofen war zwar ein ausgesprochen eigenwilliger Denker, aber keinesfalls progressiv, sondern sogar unverhohlen chauvinistisch: Er machte unmissverständlich klar, dass er die Entwicklung vom Mutter- zum Vater-Prinzip als Fortschritt zum Besseren ansah. Von der hetärischen Phase lästerlicher Unzucht und der amazonischen Phase des Krieges gegen die Männer fand die Frau ihre

Bestimmung als Mutter in der beginnenden Ackerbauphase der Menschheit. So sah Bachofen das.

Die Idee vom Matriarchat entstand zu einer Zeit, als mit Charles Darwins Forschungen und Funden prähistorischer Menschheitszeugnisse die alte biblische Chronologie von 6000 Jahren Menschheitsgeschichte unhaltbar geworden war und sich neue Zeiträume der Vergangenheit ergaben, die der Füllung harrten. Zu einer Zeit außerdem, in der die Geschlechter- und Familienordnung streng patriarchalisch ausgerichtet war, prägnant mit dem Philosophen Feuerbach ausgedrückt: »Der Mann ist der Kopf, das Weib der Bauch der Menschheit.« Vordergründig war dieses Modell noch intakt, tatsächlich aber begann es allmählich aufzubrechen. Nicht nur die sich beschleunigende Industrialisierung, Verstädterung und Modernisierung zeigte Wirkung, sondern die Frauen begannen auch, sich ihrer Beschränkungen bewusst zu werden und sie zu hinterfragen. Und mochte Bachofen sein Buch auch nicht als Munition der frühen Frauenbewegung verstanden haben, so diente seine Theorie über die Urgesellschaft gleichwohl alsbald ebendiesem Zweck. Zahlreiche Schriftsteller und Schriftstellerinnen, berühmt und unbekannt, bezogen sich in der ersten Hälfte des 20. Jahrhunderts auf Bachofen, darunter berühmte Männer wie Thomas Mann, Rainer Maria Rilke und Walter Benjamin. 1931 erschien die Abhandlung *Weltgeschichte der Steinzeit* des österreichischen Vorgeschichtlers Oswald Menghin, der sich zur Matriarchatstheorie ebenso bekannte wie zur Kulturkreistheorie und zur Notwendigkeit spekulativer Methoden zum Erkenntnisgewinn. Zur Attraktivität der Theorie trugen neben völkischen allerlei pantheistische oder mystische Lehren bei, wie sie damals Konjunktur hatten.

Nach dem Zweiten Weltkrieg erfuhr die Mutterrechtstheorie in der zweiten Frauenbewegung eine kraftvolle Renaissance, weil damit dem Alltagskampf gegen die Macht der Männer gleichzeitig eine historische Tiefenschärfe und eine Zukunftsvision zur Seite gestellt wurden – ein wichtiges identitätsstiftendes Moment der Bewegung. Attraktiv erwies sich die Lehre vom vorzeitlichen Matriarchat auch für den esoterischen oder spirituellen New-Age-Feminismus des späteren 20. Jahrhunderts sowie für die Autorinnen prähistorischer Romane, die der matriarchalen Kultur eine Bühne bauten und die These enorm popularisierten – und daran mitunter gut verdienten. Schließlich erhielt die Theorie sozusagen wissenschaftliche Weihen, als Marija Gimbutas, eine US-amerikanische Archäologin und Anthropologin litauischer Herkunft, in mehreren Büchern ein friedlich-feminines prähistorisches Europa beschrieb, das der Großen Göttin huldigte, bis das Patriarchat die Idylle zerstörte. Sie war nicht die einzige Wissenschaftlerin, die sich nach 1945 des Themas Matriarchat annahm, aber eine seiner entschiedensten Fürsprecherinnen. Und sie wurde dafür massiv kritisiert, keineswegs immer streng wissenschaftlich, sondern durchaus auch ideologisch.

Verschiedene Aspekte also haben die Herausbildung der Matriarchatstheorie begünstigt, vor allem Zeitgeistströmungen unterschiedlicher Art. Aber natürlich konnte die Theorie eines geschichtlichen Phänomens nicht ohne jegliche Belege im luftleeren Raum erblühen, sondern es bedurfte archäologischer Hinweise sowie Wissenschaftler als Fürsprecher einer entsprechenden Lesart. Dabei geht es vor allem um prähistorische Fruchtbarkeitskulte, stark sexualisierte Frauendarstellungen und Zeugnisse der Megalithkultur im mediterranen Raum und im Nahen Osten, die in diesem Sinne interpretiert werden können. Einen Beweis für die Existenz eines vorzeitlichen Matriarchats haben Prähistoriker nicht erbringen können, aber wer die These vertreten will, profitiert davon, dass archäologische Funde, also materielle Überreste vergangener Kulturen, ihr Geheimnis oft nicht von allein mitteilen. Ihre Einordnung muss daher entweder durch andere Hinweise bestätigt werden oder rein spekulativ erfolgen. Ohne Beweise für die Existenz eines Matriarchats hängt alles davon ab, wie man Indizien gewichtet und interpretiert.

Worauf stützt sich also die These vom Matriarchat in grauer Vorzeit? Quer durch Europa kann man in zahlreichen frühgeschichtlichen Museen kleine Venusstatuetten aus Kalkstein, Lehm oder Elfenbein bestaunen, die aus der Altsteinzeit stammen und mehrere Zehntausend Jahre alt sind. Die Fundorte erstrecken sich von Frankreich bis nach Sibirien, wobei die westeuropäischen Frauenfiguren eher dick, die sibirischen eher dünn geraten sind. Am berühmtesten ist die 1908 gefundene Venus von Willendorf in Oberösterreich, allen gemeinsam aber ist die unverwandte Darstellung vor allem von Scham und Vulva. Sie werden als Kunstobjekte einer matriarchalischen Gesellschaft interpretiert, mal als Verherrlichung des weiblich-kosmischen Prinzips, mal als Muttergöttin. Nur: Dass steinzeitliche weibliche Figuren der Fruchtbarkeit huldigen, ist so naheliegend, wie es ein bestimmendes weibliches Prinzip eben nicht beweist. Selbst die Annahme, es handele sich um Abbildungen von Göttinnen, ist weder Beweis für eine große Muttergöttin – fast alle Religionen verehren Göttinnen – noch für die Abwesenheit männlicher Gottheiten. Nimmt man die Bildquellen unserer Zeit, könnte man in Unkenntnis des Drumherums bezüglich der Bedeutung der Frau auf eine ähnlich gewagte Auslegung verfallen. Ebenso gut könnte es sich also bei den Venusfigurinen um frühe pornografische Darstellungen handeln, was in der Forschung durchaus als möglich gilt.

Ähnlich steht es mit den Megalithgräbern als markante Überbleibsel der Jungsteinzeit. Sie als Darstellungen der weiblichen Vulva anzusehen ist zwar eine mögliche Interpretation, aber keineswegs eine zwingende – und selbst dann wäre es noch kein Beweis für die Existenz eines Matriarchats oder eines vorherrschenden weiblichen Prinzips. Ganz insgesamt stützt sich die Matriarchatsforschung auf Symbole, die sich durchaus auch ganz anders als im Sinne einer vorzeitlichen frauengestützten Gesellschaft interpretieren lassen. Vorzeigeobjekt der Matriarchatsforschung ist die jungsteinzeitliche Ansiedlung Çatalhöyük in Zentralanatolien. Der englische Archäologe James Mellaart, der in den 1960er-Jahren erste Ausgrabungen durchführte, erkannte darin eine matriarchale Siedlung ohne ausgeprägte Rangunterschiede, in der die Große Göttin verehrt wurde, weil sie den Menschen den Weg in Sesshaftigkeit und Ackerbau gewiesen habe. Aber er interpretierte durchaus eigenwillig, denn seine Beschreibung des Lebens in Çatalhöyük ist erkennbar darauf ausgerichtet, matriarchalische Strukturen und einen weiblichen Fruchtbarkeitskult ausmachen zu können. Die Freiburger Archäologin Juliane Hummel nannte die Vorstellung von einer matriarchalischen Siedlung Çatalhöyük »ein hohles Wunschgebilde«, das auf Spekulationen beruht. Trotzdem sind Mellaarts Interpretation nicht nur begeisterte Matriarchatsfans gefolgt, sondern ebenso Fachkollegen. Dasselbe gilt für eine angebliche matriarchalische Gesellschaft im Kreta der Bronzezeit, die schon Bachofen ausgemacht hatte. Der wichtigste Vertreter für das kretische Matriarchat war Arthur Evans, verdienter britischer Archäologe und erbitterter Konkurrent des Troja-Entdeckers Heinrich Schliemann. Er grub seit Beginn des 20. Jahrhunderts den Palast von Knossos aus und gilt als Entdecker der minoischen Kultur auf Kreta. Bei allem Verdienst um die Wissenschaft ist auch seine Auslegung der Funde als Nachweis eines Matriarchats auf der Mittelmeerinsel keineswegs zwingend. Und was schließlich die Vorstellung einer zutiefst friedlichen, gewaltlosen Gesellschaft betrifft, so steht dem ein reicher Fundus an Steinzeitskeletten entgegen, die eindeutige Gewaltspuren aufweisen.

Wenn Archäologen zwar Hinweise, aber keine Beweise für ein Matriarchat liefern konnten: Können Anthropologen oder Ethnologen aushelfen? Als weiteren Beweis der Matriarchatstheorie wurden nämlich Erkenntnisse über Matrilinealität und Matrilokalität angeführt. Ersteres bezeichnet eine weibliche Abstammungslinie, bei der die Familienzugehörigkeit sich allein aus der mütterlichen Abstammung ergibt. Letzteres bezieht sich auf den Wohnort einer Familie, der in matrilinear organisierten Gesellschaften der Heimatort der Frau, nicht des Mannes ist. Nur sind solche Strukturen abermals kein Beweis für ein ausgewiesen matriarchalisches System, weil dazu mehr gehört als Familienstruktur; außerdem kommen sie nur vereinzelt vor. Die Matriarchatsforschung folgt aber dem Postulat einer universalen Menschheitsgeschichte, die überall auf der Welt eine matriarchale Phase hervorgebracht haben soll.

Der größere Teil der seriösen Wissenschaft hat eine solche Universalgeschichte der Menschheit inzwischen zu den Akten gelegt, weil die Vielfalt der Entwicklungen in archäologischen Zeugnissen überaus reich belegt ist. Ein Argument außerdem: Wäre die Welt von einst matriarchalisch gewesen – wo sind dann Hinweise auf den Umbruch zum männerzentrierten System, der doch grundlegend und dramatisch gewesen sein müsste? Die Religionswissenschaftlerin Cynthia Eller bezeichnet die Idee vom einstigen Matriarchat als ein Kartenhaus, das zwar einige belastbare Karten aufweist, als Ganzes aber nur durch zweifelhafte, also unbeweisbare Bauteile standfest ist. Solange nicht genügend tragende Elemente das Haus stabilisieren, muss die Sache mit dem vorzeitlichen Matriarchat als mögliche, aber nicht bewiesene Theorie gelten, die uns weiter Rätsel aufgibt.

Rätselhaftes in der Geschichte kann ein willkommener Trostspender sein, wenn Leiden oder Verdruss an der eigenen Gegenwart dazu verleitet, nach tröstlichen Vergangenheiten Ausschau zu halten. Als der römische Geschichtsschreiber Tacitus seine Gegenwart der römischen Kaiserzeit als stetigen Niedergang wahrnahm, verfasste er seine Schriften über die Römische Republik mit dem klaren Blick auf eine bessere Vergangenheit. Die Vertreter von Humanismus und Renaissance beschworen am Ende des Mittelalters, das sie als dunkle Epoche verachteten, die

Grandeur der lichten Antike und wollten sie wiedererstehen lassen. Und als der Anthropologe und Pionier der Maya-Forschung Eric Thompson sich Mitte des 20. Jahrhunderts einen Reim auf die Geschichte des mittelamerikanischen Volkes und ihre vom Regenwald überwucherten Ruinenstädte machen wollte, identifizierte er sie unter dem Eindruck des kriegsversehrten Europa als friedliebendes Göttervolk, was sich mit der Entzifferung ihrer Schrift Jahrzehnte später als völlig haltlos erwies. Ganz ähnlich erging es dem Begründer der Matriarchatstheorie Bachofen, der als konservativer Baseler Patrizier der stürmischen Moderne wenig abgewinnen konnte und das Grausen bekommen hätte im Wissen, was von feministischer Seite aus seinem Buch alles erwachsen würde. Der Frauenbewegung schließlich kam die Matriarchatsdebatte der historischen Wissenschaften gelegen, um im Rückgriff auf eine vermeintliche Geschichte Frauen eine Zukunftsperspektive zu eröffnen.

* * *

Rätsel gibt auch eines der bekanntesten Bauwerke der Menschheitsgeschichte auf, Ikone schlechthin der Steinzeit: Stonehenge, die Formation mehrerer Steinkreise aus riesigen Monolithen in Südengland, nur 130 Kilometer von der hochmodernen Metropole London entfernt. Wer Stonehenge besucht, kann sich seinem rätselhaften Zauber nicht entziehen, selbst Abbildungen strahlen noch eine magische Faszination aus. Sie wird durch die Tatsache genährt, dass bis heute nicht zweifelsfrei geklärt werden konnte, unter welchen Umständen und zu welchem Zweck Stonehenge errichtet wurde. Schon die Frage, wie Vorzeitmenschen ohne große technische Hilfe meterhohe, tonnenschwere Monolithen über weite Strecken bis zu ihrem Bestimmungsort transportieren, bearbeiten, aufstellen und überaus exakt ausrichten konnten, blieb lange unbeantwortet.

Stonehenge wurde in der Jungsteinzeit in mehreren Bauabschnitten errichtet und ist heute nicht mehr vollständig. Es besteht aus in mehreren konzentrischen Kreisen angelegten Gräben und Erdwällen von insgesamt rund 115 Metern Durchmesser, in deren Mitte riesige, vier Meter hohe Steine aufgerichtet wurden. Besonders bekannt ist die Ansicht des äußeren Steinkreises von knapp 30 Meter Durchmesser, der einstmals aus 30 Pfeilersteinen bestand, die mit aufliegenden Tragsteinen verbunden wurden. Reste davon sind noch vorhanden und ermuntern dazu, sich das Originalbauwerk intakt vorzustellen: einen schwebenden Kreis, tonnenschwer. Aus einem anderen, bläulichen Stein bestehen die nur rund zwei Meter großen Bauteile des zweiten Kreises. Dieser umschließt wiederum ein inneres Hufeisen, das ursprünglich aus fünf Steinpaaren von bis zu sieben Metern Höhe bestand, die je einen Deckstein trugen. Auch davon sind nur noch Reste erhalten. Weiterhin gibt es noch mehrere Einzelsteine außerhalb der Kreisformationen, aber noch innerhalb der Wallanlagen, sowie außerhalb den berühmten Heel Stone, über fünf Meter hoch und unbearbeitet.

Seit mehreren Tausend Jahren existiert Stonehenge, das unter den zahlreichen Zeugnissen der steinzeitlichen Megalithkultur das bei Weitem bekannteste ist. Bevor sich moderne Wissenschaftler daranmachten, Forschungen zu unternehmen und mehr oder weniger plausible Theorien aufzustellen, beschäftigte der Ursprung des magischen Rundbauwerks die Menschen schon über viele Jahrhunderte. Um 1135 notierte der englische Chronist Geoffrey von Monmouth, Bauherr sei im Jahr 485 der berühmte Zauberer Merlin gewesen – einem Geringeren wollte man die enorme Leistung nicht zutrauen. Zweifel wurden bald geäußert, aber die Geschichte blieb auf lange Zeit im Gespräch. Auch als römischer Tempel wurde Stonehenge angepriesen, außerdem als Krönungsort der dänischen Könige Englands, als phönizisches Bauwerk oder als keltische Kultstätte, in dem die Druiden ihre Rituale durchführten. Für die Annahme, Stonehenge könne erheblich älter sein, als diese Vermutungen nahelegen, bedurfte es der Revision der christlichen Zeitvorstellungen vom Alter der Menschheit sowie der entstehenden Wissenschaften, in diesem Fall der Archäologie. Deren Forschungen ergaben, dass die Steinkreise über lange Zeit genutzt, wieder aufgegeben oder zumindest vernachlässigt wurden, ehe sie dann wieder in veränderter Form in Gebrauch genommen wurden.

Abgesehen von drei Holzpfählen, die möglicherweise zu rituellen Zwecken bereits vor bis zu 10 000 Jahren ein Stück entfernt aufgestellt wurden, begannen die Arbeiten an Stonehenge um 3000 v. Chr. mit der Aufschüttung eines Walls, der einen Radius von 55 Metern aufwies – leuchtend weiß dank des hiesigen Kreidebodens und damit weithin sichtbar. Innerhalb des Kreisrunds stellte man vermutlich Holzpfähle auf. Um 2500 v. Chr. wechselte das Baumaterial von Holz zu Stein, außerdem wurde die Anlage nunmehr in nordöstlicher Richtung auf den Sonnenaufgang der Sommersonnwende ausgerichtet, wenn der längste Tag des Sonnenjahres beginnt. Dafür wurden etwa 85 jeweils rund vier Tonnen schwere Blausteine aus Westwales herbeigeschafft – über eine Strecke von knochenbrecherischen 250 Kilometern. Wie genau das vonstattenging, ist nicht bekannt, aber vermutlich nutzte man Wasserwege, wo es ging, und bewältigte den Rest wie im Fall der ägyptischen Pyramiden auf Schlitten, die man über Holzpfähle als Transportwalzen zog.

Ungefähr ein Jahrhundert später, noch bevor die Blausteine der Planung entsprechend aufgestellt waren, ergänzte man abermals mit neuem Baumaterial und errichtete den Kreis der Vier-Meter-Steine mitsamt Abdeckung sowie das innere Hufeisen. Auch in diesem Fall ist unklar, wie die Decksteine in die Höhe gelangten, vermutlich mittels eines nach oben wachsenden Holzgerüsts unter dem Bauelement. Die Blausteine erhielten ihre endgültige, heute in Resten erhaltene Formation als Kreis und Hufeisen schließlich um 2000 v. Chr.

Was hat es mit diesem rätselhaften Bauwerk auf sich? Wer entschloss sich vor Tausenden von Jahren zur aufwendigen, Generationen dauernden Errichtung dieser Steinkreise, für die man das Material aus großer Entfernung heranschaffen musste? Und wozu diente das Ensemble den Steinzeitmenschen, die doch ansonsten – so will es zumindest das Klischee – in Höhlen ums Feuer saßen und sich mit Fellen dürftig bedeckten? Eine eindeutige Lösung gibt es bis heute nicht, aber zahlreiche Theorien – manche mehr, manche weniger überzeugend.

Entschieden überambitioniert erklärte in den Sechzigerjahren des 20. Jahrhunderts der Astronom Gerald Hawkins das Ganze, der Stonehenge als prähistorischen Kalender ansah und die Menschen von Stonehenge zu steinzeitlichen Vorfahren moderner Astronomen machte. Es sollte sich um eine steinzeitliche Rechenmaschine zur Voraussage von Mondfinsternissen handeln. Von der Fachwelt musste sich Hawkins hingegen harsche Kritik gefallen lassen – man wies ihm schlampige Arbeit nach, offenbar hatte er die Ergebnisse seiner Untersuchung kreativ seiner These angepasst. Ins Galaktische gar holte der Schweizer Gastronom und Autor Erich von Däniken aus, der alle möglichen vermeintlichen oder tatsächlichen Rätsel auf der Welt ohne jeden Beweis für seine Theorie der Außerirdischen nutzbar macht. Der Pseudowissenschaftler sah als Bauherren von Stonehenge also keine vorzeitliche Intelligenzija, sondern Außerirdische. Das ist kaum anders als im Mittelalter, als die Erklärungsnot Merlin oder die Druiden ins Spiel brachte: Auch in der Moderne sind vermeintliche Fachleute schnell bei der Hand, Rätsel durch grandiose und sensationelle Thesen scheinbar zu lösen. Darauf fallen Menschen, die sich inmitten von Konsumvielfalt und Technologie, von Werteverlust und Sinnarmut nach Orientierung sehnen, auch heute noch herein, weil daraus eine beruhigend ursprüngliche Menschenexistenz zu sprechen scheint.

Archäologen sind gewohnt, bei allem Eifer immer wieder vor

Rätseln zu stehen. Das liegt in der Natur der Sache, weil ihre Funde umso weniger mit anderen Zeugnissen abgeglichen werden können, je älter sie sind. Die Steinzeit kann mit Schriftquellen nicht dienen, der Großteil physischer Hinterlassenschaften ist längst verrottet, und was übrig blieb, kann ein irreführender, weil zufälliger Ausschnitt sein – auf jeden Fall ist er oft nicht eindeutig zu erklären. Theorien sind zwar zulässig, müssen aber auf solider Grundlage erstellt werden. Seriöse Forscher betonen immer wieder, Stonehenge bleibe weiterhin ein Rätsel, gehen aber vom rituellen Charakter aus und vermuten, dass beim hier vollzogenen Ritus dem Sonnenaufgang zur Sommer- oder Wintersonnwende eine besondere Bedeutung zukam. Deshalb den Erbauern und Nutzern von Stonehenge moderne Fähigkeiten anzudichten führt allerdings ebenso in die Irre, wie Außerirdische zu bemühen, nur weil man Steinzeitmenschen für Wesen knapp oberhalb der tierischen Existenz ansieht, deren Sprache den Namen kaum verdient und deren Horizont sich auf Jagd und Nahrungssuche beschränkt. Die Menschen der Jungsteinzeit waren gewiefter, als der neuzeitlich-überhebliche Blick ihnen zugestehen will. Stonehenge wurde in der Jungsteinzeit gebaut, als sich der Übergang vom Nomaden- zum sesshaften Leben vollzog, weil man begann, Ackerbau und Viehzucht zu betreiben. Damit kam festen Orten nun eine größere Bedeutung zu, und man betrieb größeren Aufwand als zuvor, um Ritualorte zu gestalten. Steinzeitliche Religion dürfte kosmisch ausgerichtet gewesen sein, sich also auf Grundlage von Natur- und Himmelsschau entwickelt haben. Als die Menschen sesshaft wurden, wurde auch der Jahreszyklus interessanter, weil man den Gang der Gestirne von einem markierten Platz aus kontinuierlich beobachten und daraus wertvolle Schlüsse ziehen konnte – etwa für Aussaat oder Ernte, aber auch zu rituellen Zwecken. Man kann auch annehmen, dass Stein als beständigstes Material symbolisch für Ewigkeit stand, mit Kraft assoziiert wurde und auch deshalb für die berühmten Monolithgräber und für Stonehenge Verwendung fand. Denkbar ist außerdem, dass es sich um eine Heilstätte handelte, weil man den Bluestones Heilkräfte zuschrieb. Auch die in und bei Stonehenge gehäuft vorkommenden Grablegen sind sicherlich kein Zufall. Nicht zuletzt sie legen nahe, dass Stonehenge ein religiöses, kultisches Monument war, das als Grab- und Opferstätte sowie als Versammlungsort diente. Für die Ausrichtung hatten die Menschen des Neolithikums ebenso religiöse Gründe. Den sichtbaren Himmelskörpern kam in der Vorstellungswelt der Jungsteinzeit besondere Bedeutung zu, weil sie rätselhaft waren und weil sie das Leben strukturierten – allen voran die Sonne, die den Tag und den Jahresablauf bestimmte, aber ebenso der Mond mit seinem Zyklus. So schlüssig diese Interpretation ist, bewiesen ist sie deshalb nicht. Ein Rätsel bleibt Stonehenge also weiterhin, und die Aussage der britischen Archäologin Jacquetta Hawkes steht weiterhin, die 1967 in einer Kritik an den Thesen Hawkins' schrieb: »Jedes Zeitalter hat das Stonehenge, das es verdient – oder begehrt.«

* * *

»Als aber der Herr sah, dass der Menschen Bosheit groß war auf Erden und alles Dichten und Trachten ihres Herzens nur böse war immerdar, da reute es ihn, dass er die Menschen gemacht hatte auf Erden, und es bekümmerte ihn in seinem Herzen, und er sprach: Ich will die Menschen, die ich geschaffen habe, vertilgen von der Erde, vom Menschen an bis hin zum Vieh und bis zum Gewürm und bis zu den Vögeln unter dem Himmel; denn es reut mich, dass ich sie gemacht habe. Aber Noah fand Gnade vor dem Herrn.«

So beginnt im ersten Buch Mose, der Genesis, die Geschichte des Alten Testaments: Gott beschließt, die Menschheit zu vernichten und nur den gottesfürchtigen Noah mit seiner Familie und den Tieren der Arche zu retten, indem er sie rechtzeitig warnt. 40 Tage und Nächte dauerten die dann einsetzenden Regenfälle, das Wasser stieg unaufhaltsam und begrub die Erde und ihre Bewohner unter sich. Selbst die Berggipfel blieben ihnen nicht mehr als Zuflucht, so hoch stieg das Wasser. Erst nach 150 Tagen war der Scheitelpunkt erreicht, dann floss das Wasser langsam wieder ab. Und irgendwann kündete die von Noah ausgesandte Taube mit einem Blatt vom Ölbaum, dass die Wassermassen endlich wieder Land freigegeben hatten. Die Arche erreichte schließlich den Berg Ararat, wo Noah mit seiner Familie an Land ging.

Diese Erzählung der hebräischen Bibel ist die wohl bekannteste Version der Sintflut, aber bei Weitem nicht die einzige. In vielen Kulturen und Religionen, auf unterschiedlichen Kulturstufen und fast allen Kontinenten finden sich vergleichbare Überlieferungen. Nur in Afrika taucht das Motiv ausgesprochen selten auf. Mit wechselnden Akzenten wird die Menschheit in diesen Überlieferungen von Naturkatastrophen heimgesucht und fast vollständig ausgelöscht: mal aus göttlichem Zorn, mal ganz ohne Grund; mal als reinigende Bedingung für eine neue, bessere Schöpfung oder weil kosmische Mächte miteinander ringen. Aber in jedem Fall können sich ein paar wenige planvoll oder zufällig in Sicherheit bringen. Zuflucht bietet entweder ein Schiff oder Floß oder auch eine Höhle oder eine Burg. Die Überlebenden gründen nach der Katastrophe ein neues Menschengeschlecht – die Geschichte geht weiter.

Viele der Überlieferungen haben einander beeinflusst. Die biblische Erzählung von der Sintflut beispielsweise lässt sich auf altorientalische Berichte zurückführen, darunter die des Gilgamesch-Epos. Ähnliche Katastrophengeschichten tauchen bei den Griechen, Kelten und Germanen auf, in der chinesischen Überlieferung, bei den Indern sowie den Inka und Maya Altamerikas. Ist also das Sintflutthema nur ein Mythos ohne historische Grundlage? Mythologisch betrachtet, könnte es sich um das Motiv eines kosmischen Zyklus handeln: Wie die Natur sich Jahr für Jahr erneuert und wieder verbraucht, gibt es auch alte Vorstellungen von einer Welt, die untergehen muss, um sich zu erneuern beziehungsweise neu erschaffen zu werden.

Denkbar ist aber ebenso, dass die verschiedenen Sintflutberichte auf eine oder mehrere Umweltkatastrophen zurückgehen, die im kulturellen Gedächtnis der Völker verankert wurden. Gab es also eine womöglich globale Katastrophe, über die in zahlreichen Kulturen eine Generation der nächsten berichtete?

Im 21. Jahrhundert hat das Thema Erderwärmung Hochkonjunktur, aber gravierende Änderungen für die Lebensbedingungen mussten auch unsere Vorfahren schon erleben. Möglich wäre daher, dass sich die Sintfluterzählungen auf einen solchen globalen Klimawandel beziehen, der massive Regenfälle und steigende Wasserstände zur Folge hatte. Allerdings können Niederschläge allein eine solche Katastrophe kaum hervorgerufen haben. Denkbar wäre aber eine Erderwärmung nach der letzten Eiszeit, vor – sehr grob gesagt – rund 10 000 Jahren, die riesige Eismassen zum Schmelzen brachte und so den Meeresspiegel steigen ließ. Einer anderen Theorie zufolge ließen die steigenden Temperaturen einen skandinavischen Gletscher zerbrechen, der dann in die Ostsee stürzte und eine katastrophale Flutwelle auslöste.

In den vergangenen Jahrzehnten haben Geologen mithilfe moderner Forschungsmethoden an verschiedenen Orten der Erde Naturkatastrophen nachweisen können, die vor Tausenden von Jahren stattfanden. Eine solche tragfähige Theorie über eine derartige ökologische Katastrophe in unserer Nähe ist seit Ende des 20. Jahrhunderts zum Forschungsgebiet verschiedenster Fachrichtungen geworden: die Schwarzmeerflut. Bewiesen wurde sie bislang allerdings nicht, die wissenschaftliche Debatte darüber und die Forschungen halten an. Der These zufolge ereignete sich die Schwarzmeerflut um 6700 v. Chr. und löste eine Flutkatastrophe riesigen Ausmaßes aus, in der das Schwarze Meer entstand, wie wir es heute kennen; vorher war es ein erheblich kleineres Süßwasserreservoir. Ein Erd- oder Seebeben oder eine vergleichbare geologische Verschiebung könnte eine Flutwelle ausgelöst haben, die vom Mittelmeer nach Norden ins Marmarameer beim heutigen Istanbul drängte und schließlich riesige Wassermengen ins Schwarze Meer spülte. So habe sich das Schwarze Meer nicht nur erheblich vergrößert, auch die bis dahin vorhandene Landverbindung zwischen Europa und Asien – zwischen Schwarzem und Mittelmeer – sei gekappt worden. Wahrscheinlich über Jahre hinweg hätten sich die Salzwassermengen aus dem Mittelmeer in das Süßwasserbecken ergossen und weite Teile der Küstenregion überflutet – das klingt durchaus nach dem Katastrophenformat, mit dem die biblische Sintfluttradition aufwartet.

Angesichts des katastrophischen Ausmaßes, sowohl klimatisch als auch geografisch und mit massiven Auswirkungen für die Menschen dieser Gegend, wäre denkbar, dass auf diese Naturkatastrophe die Sintflutberichte der Bibel zurückgehen. Aber mit dieser These konkurrieren andere, etwa die eines Erd- oder Seebebens, eines Vulkanausbruchs (mit Santorini als möglichem Kandidat) oder eines Meteoriteneinschlags.

* * *

Die These der Schwarzmeerflut dient nicht nur dazu, die Sintflut zu erklären, sondern muss ebenso für den berühmten Untergang von Atlantis herhalten – unter vielen anderen Theorien. Vor fast 2400 Jahren, Mitte des 4. Jahrhunderts v. Chr., lieferte Platon einen Dauerbrenner der Legendenbildung, als er in zwei Schriften von der untergegangenen Zivilisation berichtete: Danach wurde sie vor damals 9000 Jahren dem Poseidon zugesprochen – per Losentscheid, als die Götter die Welt untereinander aufteilten. Ein reichlich respektloses Verfahren für diesen paradiesischen Ort, möchte man meinen. Poseidon verliebte sich dort in die Nymphe Kleito, und der gemeinsame Sohn Atlas begründete das Volk der Atlanter. Nirgendwo ging es einem Volk besser als auf dieser vollendet schönen, reichen und überaus fruchtbaren Insel, die ihre Bewohner aus Dankbarkeit prachtvoll bebauten und gestalteten: mit den schönsten Gärten, den prachtvollsten Palästen, den ausgeklügeltesten Kanälen. 1968 besang es der schottische Liedermacher Donovan in einer Hippie-Ballade. Doch mit der Herrlichkeit war es irgendwann vorbei, denn die Atlanter wurden stolz, überheblich und verloren das rechte Maß. Sie drängte es zu mehr, sie wollten die Welt beherrschen. Auf dem Weg zu diesem Ziel stellte sich den immer mächtiger und grausamer werdenden Atlantern das viel kleinere und schwächere, dafür aber tugendhafte Athen entgegen und siegte. Die Anmaßung der Bewohner von Atlantis aber bestrafte Zeus unerbittlich: Er ließ Atlantis von einem schweren Erdbeben und einer Flutwelle heimsuchen und innerhalb von 24 Stunden auf immer im Meer versinken.

Seit Platon hat es viele Erklärungen gegeben, um der Beschreibung eine historische Grundlage zuzuordnen: Bezog er sich auf die untergegangene minoische Kultur auf Kreta? Hatte ein gewaltiger Tsunami infolge eines Vulkanausbruchs die große Insel im Süden Griechenlands verwüstet und alles Leben zerstört? Dagegen spricht schon Platons geografischer Hinweis, die Insel habe sich jenseits der Säulen des Herakles, also Gibraltars, befunden. Folglich kommt eine Lokalisierung im Mittelmeer nicht infrage. Aus demselben Grund lässt sich Atlantis nicht glaubhaft in Santorini verorten, das seine heutige Gestalt durch einen tragischen Vulkanausbruch erhalten hat, dem ein Großteil der Mittelmeerinsel zum Opfer fiel. Weiter greift die Erklärung, dort, wo heute der Atlantik liegt, habe sich einstmals Atlantis befunden. In der Tat bildeten Europa und Amerika einst einen einzigen Kontinent, aber das liegt erheblich weiter zurück, als das Gedächtnis der Antike gereicht haben kann. Andere Vorschläge vermuten hinter Atlantis die Kanarischen Inseln, Helgoland, die Antarktis oder Irland – und damit ist die Liste noch lange nicht zu Ende. In aller Welt haben Atlantis-Fans Hinweise ausfindig gemacht, die ihre Lokalisierung des mythischen Kontinents belegen sollen.

Der Zauber des untergegangenen Kontinents wirkt bis heute nach – noch immer werden wissenschaftliche Atlantis-Konferenzen abgehalten. Vor allem drei Theorien beherrschten die Diskussion: Danach könnte Atlantis mit Troja identisch sein; es könnte sich um eine versunkene Zivilisation im Schwarzen Meer handeln, die durch die Überflutung des Schwarzmeerbeckens im 7. Jahrtausend v. Chr. zerstört wurde; oder Atlantis ist gleichzusetzen mit den unterseeischen Spartel-Inseln vor Gibraltar, die beim Anstieg des Mittelmeeres nach der letzten Eiszeit überflutet wurden. Gegenargumente gibt es für jede Theorie, so wie vermutlich auch gegen jede zukünftige Idee gewichtige Einwände erhoben werden. Die Hartnäckigkeit aber, mit der vor allem Laienforscher nach Atlantis suchen, lässt die meisten Wissenschaftler völlig kalt. Sie halten es mit einer langen Tradition, denn schon seit der Antike wurde der Wahrheitsgehalt der Atlantissage angezweifelt. Auch unter zeitgenössischen Wissenschaftlern lautet die mehrheitliche Meinung, dass die Suche nach Atlantis gegenstandslos sei, weil der versunkene Kontinent, den Platon so verlockend beschrieben hat, nie existiert habe. Vielmehr habe der antike Philosoph mit der Geschichte der aus Überheblichkeit zum Untergang verdammten Kultur ein Gleichnis prägen oder eine Warnung aussprechen wollen. Bei aller Versicherung über den Wahrheitsgehalt der Sage – der auch rein rhetorisch gemeint sein kann –, ist die Erzählung in politisch-philosophische Betrachtungen eingebettet. Das legt den Schluss nahe, Atlantis sei eine Parabel gewesen, um die theoretischen Betrachtungen über den idealen Staat anschaulich zu machen. Möglicherweise war Platons Absicht aber auch konkreter, und er wollte mit einem Gegenbild die Gefahr für seine Heimat Athen verdeutlichen: Wer hochkommt, kann tief fallen, so wie Atlantis. Aber auch diese Erklärungen riefen Widerspruch hervor, denn nicht alle Wissenschaftler sehen Platon als den Schöpfer des

Atlantismythos: Einige vermuten, er habe eine noch ältere, ägyptische Überlieferung verwendet. Und schon weil sich nicht beweisen ließ, dass Platon sich die Geschichte von Anfang bis Ende ausgedacht hat, sind Laien wie Wissenschaftler weiter auf der Suche nach Atlantis.

Fleischliche Sünden

Eine weitere Botschaft aus der Vergangenheit scheint uns immer wieder einmal aus den Medien zu erreichen, wenn ein Schrecken das geordnete Leben der zivilisierten Welt befällt, weil von kannibalischen Handlungen berichtet wird. Heutzutage beziehen sich solche Meldungen meistens auf Fälle vor unserer Haustür – seien es hungernde Opfer eines Flugzeugabsturzes, die sich zum Verzehr getöteter Mitpassagiere gezwungen sehen, seien es Fälle von Menschenfresserei zum perversen Lustgewinn. Schön-schaurig wird das Ganze, wenn der Feinschmecker und Massenmörder Hannibal Lecter im Film seiner Lieblingsbeschäftigung nachgeht und sich an vollendet zubereitetem Menschenfleisch labt. Noch viel stärker hat die Szene aus *Robinson Crusoe,* in der der Gestrandete seinen künftigen Gefährten Freitag vor Menschenfressern rettet, unseren Horizont geprägt. Denn abgesehen von modernen Extremfällen ist Kannibalismus in unserer Vorstellung eine Beschäftigung vormoderner Völker, die meist aus rituellen Gründen, aus Rache oder zu Nahrungszwecken andere Menschen verspeisen. Der Begriff Kannibale stammt aus der Zeit des Entdeckers Christoph Kolumbus. Als er 1492 glaubte, Indien erreicht zu haben, und stattdessen auf einer Insel in Mittelamerika gelandet war, berichteten ihm die Einheimischen, ihre Nachbarn seien Menschenfresser. Aus deren Name »Kariben« leitet sich die Bezeichnung Kannibale ab.

Nach der »Entdeckung« Amerikas faszinierten Berichte aus der Neuen Welt die neugierigen Europäer. Von sagenhaften Schätzen, unbekannten Pflanzen und unendlicher Grausamkeit war die Rede. Außer dem begehrten Gold war es vor allem die Nachricht von menschenfressenden Stämmen und deren Handlungen, die bei den kultivierten Europäern auf reges Interesse stießen. Die Menschen der Alten Welt waren im 16. Jahrhundert nun einmal kaum weniger sensationslüstern als die Fernsehzuschauer des 21. Jahrhunderts. Der amerikanische Kontinent hatte sein Image weg. Für die allegorische Darstellung des vermeintlich barbarischen Kontinents bemühten Künstler fortan bevorzugt eine nackte Menschenfresserin als Sinnbild Amerikas.

Die Kunde von menschenfressenden Völkern gibt es aber nicht erst seit der Entdeckung Amerikas. Schon in der Antike machten Berichte von fremden Völkern außerhalb der eigenen Kultur Kannibalismus zum Thema. Der griechische Geschichtsschreiber Herodot beschreibt solche Völker am Rande der Welt in Asien, sein mittelalterlicher Kollege Adam von Bremen machte sie weit im Norden aus. In der griechischen Mythologie ist es Orpheus, der den Menschen verbietet, ihresgleichen zu verspeisen, und ihnen mit Ackerbau und Schrift Kultur beibringt. Homer lässt Odysseus dem menschenfressenden Zyklopen entrinnen, und im Alten Testament droht Gott den ungehorsamen Menschen, er werde sie zu Kannibalen machen. Allen diesen Berichten liegt ein einheitliches Muster zugrunde: Barbarische Völker ohne Kultur haben keine Hemmungen, zu tun, was zivilisierte Völker als Tabu begreifen, nämlich Artgenossen zu essen.

Das Mittelalter setzte diese Tradition fort. Allerdings wurden nun auch Bevölkerungsgruppen des eigenen Sichtkreises kannibalischer Praktiken verdächtigt: So wie den frühen, noch geächteten Christen grausame Riten vorgeworfen worden waren, beschuldigten sie nun, zu Macht und Ansehen gekommen, ihrerseits andere Gruppen, Tabus wie das des Kannibalismus zu brechen: Ob Heiden, Juden, Ketzer oder Hexen – alle werden als Menschenfresser stigmatisiert. Gerade das angstbesetzte Mittelalter schrieb allem Fremden stereotyp bestimmte Eigenschaften zu, die als besonders sündhaft galten. Selbst im Streit zwischen Katholiken und Protestanten um den rechten Glauben zur Zeit von Reformation und Glaubenskriegen wurde der Kannibalismusvorwurf mit Vorliebe bemüht.

Mit den Erzählungen von menschenfressenden Völkern in der Neuen Welt tauchten also keine gänzlich neuen Nachrichten auf. Sowohl den Verfassern der Berichte als auch ihren Lesern waren die Schreckensbilder wohl vertraut – und sie passten vorzüglich in den Gegensatz von Gut und Böse beziehungsweise von Zivilisation und Barbarei. Kolumbus wusste, was die antiken Schreiber über die schrecklichen Völker »am Rande der Welt« erzählt hatten; vieles davon vermeinte er bei seiner Fahrt wiederzuentdecken. Augenzeuge kannibalischer Handlungen wurde Kolumbus jedoch nicht, aber – von den Berichten anderer abgesehen – er und seine Männer stießen in den Hütten von Einheimischen immerhin auf Menschenknochen.

Es waren zunächst aber nicht Aufzeichnungen von Amerikareisenden, die in Europa eine breite Leserschaft über Menschenfresser in der Neuen Welt informierten, sondern Berichte von Autoren, die gar nicht selbst dort gewesen waren. Immer voreiliger wurden die Urteile und immer sensationslüsterner die Darstellungen, von denen viele im Auftrag der spanischen Krone erstellt wurden. Der bloße Fund menschlicher Knochen diente ebenso als Beweis für Menschenfresserei wie unüberprüfbare Berichte angeblicher Kannibalenexzesse. Das eine wurde als Beweis für das andere bemüht, ohne dass je kannibalische Handlungen beobachtet werden konnten. Das hielt die Autoren im fernen Europa aber nicht davon ab, die Gräueltaten detailliert zu beschreiben. Dabei fällt auf, wie sehr sich die Erzählungen ähneln und dass bestimmte Versatzstücke stereotyp immer wieder auftauchen.

Was aber ist an den Berichten dran? Nun, einer kritischen Untersuchung halten die Berichte über mittel- und südamerikanische Menschenfresser nicht stand. Zahlreiche Fachleute haben darauf hingewiesen, dass wirkliche Belege fehlen und die Motivation für die Schauergeschichten in Europa entstand: Die überlieferten Texte über barbarische Völker am Rand der Welt galten unbestritten als wahr, weil ihre antiken Verfasser über jeden Zweifel erhaben schienen. Schon deshalb war klar, dass Seefahrer irgendwann auf Kannibalen stoßen würden. Im Spanien des 16. Jahrhunderts diente die vermeintliche Existenz der Menschenfresser außerdem als überzeugendes Argument in der durchaus notwendigen Rechtfertigung von Eroberung und Unterdrückung der Neuen Welt. In Fortsetzung dieser Tradition wurde Portugiesisch-Amerika, das heißt Brasilien, zum Land der Kannibalen schlechthin.

Vor allem der Namenspatron des neuen Kontinents, Amerigo Vespucci, hat mit seinen Schriften, die insgesamt als weitgehend unseriös eingestuft werden, den Kannibalenmythos weiterverbreitet. Er behauptete, unter Kannibalen gelebt und ihre Praktiken beobachtet zu haben, verwendete aber dieselben formelhaften Versatzstücke wie seine Vorgänger und schmückte sie lediglich gekonnt aus. Vespucci wiederum wurde nicht nur viel gelesen, sondern von nachfolgenden Reiseschriftstellern eifrig kopiert – am profitablen Markt für Reiseliteratur wollten viele verdienen. Für die einheimische Bevölkerung erwies sich der Kannibalismusvorwurf als verhängnisvoll. Wer tabulos Menschen verspeiste, hatte mindestens Fremdherrschaft und Versklavung verdient, wenn nicht die Vernichtung. Insbesondere die vermeintlichen Kannibalenstämme sollten versklavt werden, um sie die Goldgier der Europäer befriedigen zu lassen. Gut und Böse bei den Völkern Südamerikas entsprach in der Wahrnehmung immer mehr der Unterscheidung Kannibale–Nichtkannibale – so wenn die spanische Krone in der ersten Hälfte des 16. Jahrhunderts oder König Sebastian von Portugal in einem Gesetz von 1570 die Versklavung von Kannibalen ausdrücklich erlaubten. Das ließ viel Spielraum, denn bestritten die Urbewohner die Kannibalismusvorwürfe, konnte man sie flugs zu Lügnern erklären.

Im 19. Jahrhundert rückte dann die Urgeschichte die Vorfahren der europäischen Völker ins allgemeine Interesse – und wieder wurden kannibalische Praktiken ausgemacht. Die Vorstellung von Kannibalismus war längst zu einem Wandermythos geworden. Heute zeigen Ausgrabungsstätten überall auf dem Kontinent angebliche Belege für Menschenfresserei in grauer europäischer Vorzeit. Bei kritischer Untersuchung der Befunde drängen sich aber auch hier erhebliche Zweifel auf, denn die Erkenntnisse sind keineswegs zwingend. Statt eindeutiger Beweise sind es nur Indizien, die stets auch andere Erklärungen zulassen: Meistens dürfte es sich um Grabfunde handeln, deren Eigentümlichkeiten sich mit Bestattungsriten völlig zufriedenstellend erklären lassen. Genauso lassen sich die vermeintlichen Kannibalismusbelege der frühen Amerikareisenden in den Behausungen der Einheimischen als Kriegstrophäen oder Ahnenreliquien identifizieren. Auch die Forscher des 19. Jahrhunderts waren offenbar von ihren eigenen Erwartungen so vorgeprägt, dass sie ohne kritische Prüfung bestätigt sahen, was sie ohnehin zu wissen glaubten: Vorzivilisatorische Völker waren Kannibalen. Komplexe Bestattungsriten und symbolische Handlungen traute man den »primitiven« Völkern dagegen nicht zu. Die Sache ist also kompliziert: Hat sich da ein gängiger Topos derart festgesetzt, dass ein bloßes Schauermärchen zur sich selbst erfüllenden Prophezeiung wurde? Oder haben all die falschen Geschichten von blutrünstigen Kannibalen ein Forschungsthema so sehr diskreditiert, dass damit kein wissenschaftlicher Boden mehr zu gewinnen ist?

Vielen Forschern gilt die Existenz von Kannibalismus jenseits perverser Gelüste oder zum bloßen Überleben bis heute als gesichert, und doch sind die Belege dafür nicht eindeutig. Folglich bleibt die Sache ein Rätsel. Dem Volk der Fore in Neuguinea beispielsweise wird noch immer zugeschrieben, ihre Verstorbenen aufzuessen, was die auffällige Verbreitung einer der Creutzfeldt-Jacob-Krankheit ähnlichen Hirnerkrankung erklären könnte. Überhaupt sind die Urvölker in Papua und Neuguinea am ehesten Kandidaten für den rituellen Kannibalismus-Befund – die Forschungsmeinung ist da aber alles andere als einheitlich. Brasilianische Künstler übrigens haben auf die Verunglimpfung ihrer Vorfahren in den 1920er-Jahren auf ihre Art reagiert: Der Schriftsteller Oswald de Andrade forderte in seinem »Anthropophagischen Manifest«, sich die europäische Kultur einzuverleiben und zu eigenen Ergebnissen zu verdauen. Ob aber überhaupt irgendwo auf der Welt Kannibalismus jenseits von Not oder Perversion betrieben wird, dafür stehen wirklich stichhaltige Beweise weiterhin aus.

Brennbare Kostbarkeit

Als in den Beziehungen zwischen Deutschland und Russland noch eitel Sonnenschein herrschte, wurde am 31. Mai 2003 das verschollene Bernsteinzimmer aus dem Schloss Zarskoje Selo bei Sankt Petersburg so stolz wie hoch offiziös präsentiert. Keine Geringeren als Bundeskanzler Schröder und Russlands Präsident Putin übergaben das kostbare Bernsteinkabinett, das mit deutscher Sponsorenhilfe rekonstruiert worden war, zum 300. Geburtstag Sankt Petersburgs der staunenden Öffentlichkeit.

Kunsthistoriker geraten bis heute in traurige Schwärmerei, wenn die Sprache auf den kostbaren Saal kommt, denn das originale Bernsteinzimmer gilt seit dem Zweiten Weltkrieg als verschollen. Nun aber, Jahrzehnte später, hatten Dutzende Kunsthandwerker vor Ort anhand von Fotografien aus den Dreißigerjahren in mühevoller Kleinarbeit eine originalgetreue Kopie des Schmucksaales erstellt. Fast ein Vierteljahrhundert hatten die Arbeiten gedauert, bei denen sechs Tonnen Bernstein aus der Ostsee verarbeitet wurden. Mit 10,5 mal 11,5 Metern fast quadratisch, ist der Saal sechs Meter hoch und über und über mit Bernsteinmosaiken ausgelegt. Ein kunsthandwerkliches Kleinod, dessen Wiedergeburt mit dem Wiederaufbau der Dresdner Frauenkirche verglichen wurde.

Wo aber ist das originale Bernsteinzimmer abgeblieben? Wurde es während der deutschen Belagerung Leningrads zerstört oder hatte jemand die Kriegswirren genutzt und sich dieses besondere Schmuckstück unter den Nagel gerissen? Nur zwei Originalstücke tauchten 1997 wieder auf: Auf dem Schwarzmarkt ein florentinisches Mosaik aus Bremen, eine allegorische Darstellung des »Geruchs- und Tastsinns«; sowie eine russische Truhe, die Jahrzehnte unerkannt in der DDR überstanden hatte.

Bernstein, einstmals »Tränen der Götter« genannt, ist ein fossiles Harz, das vor allem in der Ostsee vorkommt und dort insbesondere in der Gegend um Kaliningrad, dem ehemaligen Königsberg. Das Harz des baltischen Bernsteins ist über 50 Millionen Jahre alt und stammt meist von skandinavischen oder osteuropäischen Kiefern oder Zedern; in ihm sind häufig kleine Insekten oder Pflanzenteile eingeschlossen. Wegen seiner goldbraunen Farbe und Transparenz wird es vor allem zu Schmuck verarbeitet. Bernstein diente früher aber auch zur Herstellung von Lupen oder Brillen oder als Arzneimittel.

Das einzigartige Kunstwerk Bernsteinzimmer stammte ursprünglich aus Preußen, zu dem Königsberg damals gehörte. Für das Berliner Schloss plante der königliche Hofarchitekt Andreas Schlüter ein bernsteingetäfeltes Prachtzimmer für die Privaträume des Monarchen. Friedrich I., König in Preußen, war für Prunk immer zu haben, schon um seine neu erlangte Königswürde mit Prachtvollem würdig zu schmücken. Anderen Berichten zufolge hatte er denn auch selbst die Idee für ein solches Prachtzimmer, als er 1701 nach seiner Krönung von Königsberg zurück nach Berlin fuhr. Aber er starb über den langwierigen Arbeiten an dem ehrgeizigen Projekt, für das erst einmal genügend Material zusammenkommen musste. Noch unfertig wurde es in einem Eckzimmer im dritten Stock des Berliner Schlosses installiert.

Friedrichs Nachfolger, der Soldatenkönig Friedrich Wilhelm I., war im Unterschied zu seinem Vater ein sparsamer und bodenständiger Mann, der der Idee eines ganz mit Bernstein verkleideten Saales wenig abgewinnen konnte. Das Projekt wurde beerdigt, die unfertige Arbeit in Kisten eingelagert. Als jedoch der russische Zar Peter I. 1716 dem brandenburgischen Havelberg einen Besuch abstattete, erhielt er das ungeliebte und unfertige Schmuckstück als Dank für ein Bündnis gegen Schweden. Peter, der die Arbeit schon bei einem früheren Besuch in Berlin bewundert hatte, revanchierte sich mit einer Spezialeinheit der vom Soldatenkönig so geschätzten »langen Kerls«.

In Russland gelangte das Bernsteinzimmer unter Peters Nachfolgerin Elisabeth I. zu seinem verdienten Glanz: Zunächst in Sankt Petersburg, dann auf dem Sommersitz der Zaren in Zarskoje Selo wurde es vom russischen Hofarchitekten Rastrelli mit Spiegeln und Skulpturen ergänzt. Hunderte Kerzen ließen die warme Farbe des Bernsteins effektvoll schimmern, und der Saal des Schlosses wurde ein gern genutzter Ort für Empfänge der Kaiserin. Jahrzehnte später soll Katharina II. den Saal vorzugsweise zum Kartenspiel genutzt und dabei angeblich immer gewonnen haben. Nach der Russischen Revolution und dem Ende der Herrschaft der Romanows wurde das Schloss mitsamt dem Bernsteinzimmer zum Museum.

Als 1940 die deutschen Truppen beim Russlandfeldzug der Wehrmacht Leningrad immer näher kamen, blieben die Petersburger Stadtpaläste vor deutschen Plünderern verschont. Diese hatten einen umfassenden Kunstraub zwar etwas voreilig schon vorbereitet, die Belagerung der Stadt blieb aber erfolglos. Den Katharinenpalast im südlichen Vorort Zarskoje Selo nahmen die Deutschen dagegen am 17. September 1941 ein. Die Frauen des Ortes hatten viele Kunstwerke des Palastmuseums noch rechtzeitig ins russische Hinterland schicken können – nicht jedoch das Bernsteinzimmer. Bald darauf kam eine Sondereinheit sogenannter »Kunstschutzoffiziere« nach Zarskoje Selo, zerlegte das Bernsteinzimmer in seine Einzelteile, verstaute es in 27 Kisten und brachte es nach Deutschland.

Vor allem der unersättliche Kunstraffer Göring hatte es auf diesen Schatz abgesehen und wollte ihn seiner überwiegend zusammengestohlenen Sammlung auf seinem Landsitz Carinhall nördlich von Berlin einverleiben. Vermutlich verließ sich Göring darauf, dass das Vorhaben gelingen würde, denn er hatte sich von überallher und ohne zimperlich zu sein die größten Kunstschätze Europas unter den Nagel gerissen. Doch im Falle des Bernsteinzimmers ging sein Kalkül nicht auf. Der nicht viel weniger skrupellose Gauleiter von Ostpreußen Koch überredete Hitler, vermutlich auf Veranlassung des Königsberger Museumsdirektors und Bernsteinexperten Rohde, den Schatz aus Sankt Petersburg nach Königsberg schaffen zu lassen. Nach dem Krieg sollte es angeblich an das geplante Führermuseum im österreichischen Linz weitergereicht werden.

Im Frühling 1942 wurde das Bernsteinzimmer im Museum des alten Königsberger Schlosses der Öffentlichkeit zugänglich gemacht. Dort soll es im Spätsommer 1944 zwei britische Bombenangriffe unversehrt überstanden haben und wurde angeblich Anfang 1945 nach Westen transportiert. Aber da hatte sich seine Spur bereits verloren.

In den Wirren der letzten Kriegsmonate sind zahlreiche Kunstwerke, Handschriften und andere wertvolle Objekte verschwunden oder vernichtet worden. Einiges tauchte später wieder auf, aber das Bernsteinzimmer konnte nie gefunden werden. Dafür gab es die unterschiedlichsten Hinweise über seinen Verbleib: Mal sollte das Bernsteinzimmer den Krieg in einem niedersächsischen Kalibergwerk überstanden haben, mal in der Nähe von Königsberg versteckt worden und dadurch in die Hände der Russen geraten sein. In Russland verdächtigte man dagegen die USA, in Besitz des Bernsteinzimmers zu sein. Dann wieder sollte es, nach Auskunft des in Polen einsitzenden ehemaligen Gauleiters Koch, 1945 mit dem Flüchtlingsschiff »Wilhelm Gustloff« untergegangen sein. Wracksucher fanden jedoch keine Spur von der kostbaren Fracht. Andere Hinweise nannten weitere versenkte angebliche Transportschiffe sowie einen thüringischen Stollen, den die Nazis kurz vor Kriegsende sprengten – nachdem zuvor eine geheimnisvolle Ladung aus Königsberg dort eingetroffen sei. Alle Anhaltspunkte wurden erschöpfend untersucht, nichts wurde gefunden.

Über Jahrzehnte machten sich immer wieder Hobbyforscher auf die Suche, was den verschollenen Schatz und sein Schicksal nur noch geheimnisvoller werden ließ. Als ranghoher Schatzsucher betätigte sich die DDR-Staatssicherheit unter Erich Mielke, blieb aber trotz jahrzehntelanger kostspieliger Recherchen an rund 150 Orten und trotz 180 000 Seiten zusammengeschriebener Untersuchungsakten ebenso erfolglos wie alle anderen. Nach der Wiedervereinigung hatten Gerüchte und Hinweise mitunter abstruser Art erneut Hochkonjunktur, aber wieder blieb der Erfolg der Schatzsuche aus.

Auch wenn sich der letzte Verbleib der Schatzkammer nicht mehr klären lässt: Vieles spricht dafür, dass das Bernsteinzimmer Königsberg gar nicht verlassen hat. Möglicherweise ist es in der alten preußischen Krönungsstadt bereits bei einem verheerenden britischen Bombenangriff 1944 verbrannt, als große Teile der Stadt in Flammen aufgingen. Oder es verbrannte im Zuge der Einnahme Königsbergs durch die Rote Armee. Überreste von Beutegut aus Zarskoje Selo wurden tatsächlich gefunden, denkbar schien also durchaus, dass auch die Bernsteinarbeiten betroffen waren, aber keine Spuren mehr hinterlassen haben, weil Bernstein rückstandsfrei verbrennt. Andere, nicht brennbare Fragmente des kostbaren Kabinetts konnten im Schutt des Königsberger Schlosses durchaus noch zugeordnet werden. Mit diesem Befund stellte die russische Seite die Suche denn auch ein.

Einer anderen Theorie zufolge liegt das Zimmer noch immer in den weitläufigen Kellergewölben des Königsberger Schlosses, auf dessen Fundamenten das nie vollendete und seit Längerem zum Abriss vorgesehene »Haus der Räte« steht. 2006 wurden die ersten Meter dieses gotischen Tunnels freigelegt, dessen Großteil aber unzugänglich sein dürfte. Augenzeugenberichte über einen umfangreichen Abtransport der Bernsteinintarsien gibt es nicht, dafür aber Angaben, die Kisten mit dem verpackten Schatz hätten sich am Tag vor dem Einmarsch der Roten Armee noch in der Stadt befunden.

Übereinstimmend gehen die meisten Fachleute inzwischen davon aus, dass das Bernsteinzimmer die Hauptstadt Ostpreußens nicht mehr verlassen hat, weil auch der Königsberger Hüter des Bernsteinzimmers, Museumsdirektor Rohde, weiter im bedrohten Königsberg ausharrte. Sollte Direktor Rohde aber vom Verbleib des Zimmers gewusst haben, dann hat er das Wissen mit ins Grab genommen. Er und seine Frau verhungerten Ende 1945 im zerstörten und besetzten Königsberg.

Vermutlich suchen auch nach der Einweihung des neuen Bernsteinzimmers noch Dutzende weiter nach dem Original. Über 60 Jahre später und nach enormen internationalen Anstrengungen ist die Wahrscheinlichkeit allerdings sehr gering, dass das Kunstwerk aus dem 18. Jahrhundert jemals wieder auftaucht. Und zu groß ist die Wahrscheinlichkeit, dass das fragile Material, das seinen Namen immerhin von seiner Eigenschaft der Brennbarkeit hat (»Brennstein«), in der Endphase des Zweiten Weltkrieges einem Brand zum Opfer gefallen ist – wo und wodurch auch immer.

Kontroversen

Leben im falschen Jahrhundert

Der Übergang von den Rätseln der Geschichte zu den Kontroversen der Historiker ist notgedrungen fließend, denn natürlich werden Rätsel immer wieder neu untersucht und möglicherweise offene Fragen mit neuen Erkenntnissen neu bewertet. Außerdem ist es natürlich verlockend, ein Geschichtsrätsel spektakulär aufzuklären, weshalb auch unseriöse oder nicht belastbare Beiträge dazu durchaus eine ernsthafte Neudebatte auslösen können. Beginnen wir mit einer Kontroverse, die als zu den Akten gelegt gelten kann, aber in den Neunzigerjahren einigen Staub des Mittelalters aufgewirbelt hat, denn es ging dabei um den Herrscher, den Franzosen und Deutsche als maßgeblichen Ahnherrn ansehen.

Charlemagne, deutsch Karl der Große, der glanzvoll strahlende Herrscher Europas, Weihnachten des Jahres 800 zu Aachen zum Kaiser gekrönt, hat Kunst wie Literatur nachhaltig inspiriert. Bereits im Mittelalter begannen sich Überhöhungen und Legenden um seine Person und sein Wirken zu ranken, schon seine Zeitgenossen nannten ihn den »pater Europae«. Die Berichte der Geschichtsschreiber sind also mit größter Vorsicht zu genießen. In den 1990er-Jahren aber ging ein Münchner Publizist noch erheblich weiter in seiner kritischen Behandlung der Überlieferung. Viel grundsätzlicher fragte er: Hat Karl der Große überhaupt je gelebt?

Der Privatforscher behauptete nicht weniger, als dass knapp drei Jahrhunderte des uns bekannten Mittelalters schlichtweg nie stattfanden, nämlich die Jahre 614 bis 911 n. Chr. Nicht nur Karls des Großen Existenz wäre damit hinfällig, sondern auch alles andere, das auf diese Zeit datiert wurde. Was nach bloßer Kalender-Arithmetik aussieht, hätte weitreichende Auswirkungen: Von Island bis Sizilien, vom Atlantik bis nach Armenien reichte die Zeitfälschung und schlösse auch die arabisch-persische Welt ein. Bis nach China wirkte sich die Zeitverwirrung aus. Konsequenz: Alles, was man in diesem riesigen Raum für die Geschichte jener knapp 300 Jahre ansähe, müsste ersatzlos gestrichen werden. Und wie soll es zu einem so gigantischen Irrtum gekommen sein?

Nun, es soll geschehen sein, als unumstritten der Kalender manipuliert wurde: 1582, als die Gregorianische Kalenderreform durchgeführt wurde, um inzwischen unhaltbare Schwächen der herkömmlichen Zählung auszugleichen, habe man nicht genau gearbeitet. Die zehn Tage, die im Oktober 1582 auf Veranlassung Papst Gregors XIII. übersprungen wurden, seien zu wenig gewesen. Dadurch hätten sich drei Jahrhunderte in die Chronologie geschlichen, die es faktisch nie gegeben habe. Starker Tobak, und verständlich die Reaktion der historischen Zunft: Ablehnung quer durch die Bank. Die These ist ja auch geradezu umstürzlerisch, und die konservativen Historiker sind nicht gerade bekannt dafür, dass sie revolutionären Erkenntnissen oder unkonventionellen Theorien gegenüber aufgeschlossen wären. Der bayrische Revoluzzer führte für seine Theorie allerhand ins Feld: Die Urkunden aus dieser Zeit seien allesamt gefälscht, archäologische Belege falsch datiert. Die berühmte Aachener Pfalzkapelle sei viel jüngeren Datums. Karls Vater Pippin, sein Großvater Karl Martell, über 50 Päpste – nichts als Schimären der Überlieferung.

Waren also Historiker jahrhundertelang einer Täuschung ungeheurer Tragweite aufgesessen, die sie sich jetzt – verständlicherweise – nicht eingestehen wollen? Hatte ein wissenschaftlicher

Außenseiter der Wahrheitsfindung einen unschätzbaren Dienst erwiesen, den die Fachöffentlichkeit aus Imagegründen hartnäckig dementiert? Immerhin ist die fragliche Zeit tatsächlich vergleichsweise schlecht mit Quellen dokumentiert – wenn man den Maßstab späterer Jahrhunderte anlegt. Die wichtigste Quelle über das Leben Karls wäre nach den Erkenntnissen des Historikers nicht, wie bislang angenommen, einige Jahre nach seinem Tod verfasst, sondern im 12. Jahrhundert gefälscht worden – um einen Herrscher einzuführen, dessen Erbe man beschwören und politisch nutzen wollte, der jedoch nie gelebt hat. Viel zu schlecht informiert sei der Verfasser Einhard, als dass er dem Umkreis des Herrschers entstammen könnte.

Unter Kaiser Otto III. (983–1002) habe die »größte Zeitfälschung der Geschichte« ihren Anfang genommen. Um als Endzeitkaiser und mit wirkungsvollen Analogien in die Geschichte einzugehen, habe er veranlasst, dass in großem Stil Dokumente gefälscht wurden, um seiner Herrschaft eine grandiose Kontinuität zu verleihen – im Mittelalter ein bedeutsamer Aspekt. Im 11. und 12., ja bis ins 13. Jahrhundert sei es munter weitergegangen mit dem Legenden-Strickwerk. Motivation sei der ewige Kampf des Mittelalters zwischen Kirche und Kaiser gewesen, der ja in der Tat nachweislich zu Fälschungen führte. Beide Seiten hätten sich der fiktiven Person des Überkaisers bedient und ihm zugeschrieben, was ihnen gerade in den Kram passte. Letztlich hätten sich zwei Völker, Franzosen und Deutsche, einen Ahnherrn erfunden und 300 Jahre in den abendländischen Kalender gemogelt, die irrtümlich noch heute mitgezählt werden.

Aber Historiker sind nicht einfach ignorant, wenn es um ihre wissenschaftlichen Erkenntnisse geht. Die Mittelalterforschung setzte sich mit den Thesen des Zeitdetektivs eingehend auseinander. Es fiel ihnen auch nicht allzu schwer, den Argumenten fundiert zu widersprechen. Handwerklich unsauber und selbstverliebt, was die eigene These betrifft, arbeitete der Autor, sodass die

Forscherkollegen sich nicht dauerhaft herausgefordert sehen mussten. Zwar hat die zweifellos faszinierende Idee in den Medien erheblichen Anklang gefunden, aber das lag eher daran, dass sie so spektakulär war, als daran, dass da jemand die Geschichtswissenschaft ernsthaft in ihren Grundfesten erschüttert hätte.

Zugute kam dem Verfechter der These, dass in der Tat viel gefälscht ist, was mit dem Leben Karls und den betreffenden Jahrhunderten zu tun hat: Immerhin 40 Prozent der Urkunden aus der Zeit Karls des Großen sind Fälschungen, die anderen 60 Prozent hingegen gelten nach wie vor als authentisch. Der Erfinder der Zeitfälschungstheorie legt aber moderne Maßstäbe an, wo sie nicht passen, missachtet wissenschaftliche Standards und längst gewonnene Erkenntnisse – und das alles, um seine These nach allen Seiten vermeintlich abzusichern. Am meisten spricht gegen seine Theorie, dass diese mittelalterliche Fälschungsaktion umfassend koordiniert gewesen sein müsste – und das kann sich niemand ernsthaft vorstellen, der sich im Mittelalter und in den betreffenden Urkunden auskennt. So wird es Karl doch gegeben haben, ebenso wie jene 297 Jahre, und wir bleiben Kinder des 21., und nicht des 17. Jahrhunderts.

Wahre Liebe

Weniger um trockene Akten als um die wohl bekannteste und ergreifendste Liebesgeschichte des europäischen Mittelalters geht es in einer anderen Kontroverse: die von Héloïse und Abaelard. Sie ist weit über den Kreis derer hinaus bekannt geworden, die sich für die Epoche interessieren. Die beiden begegneten sich 1116/1117, als Héloïses Onkel Fulbert, Domkanoniker in Notre-Dame in Paris und für die Erziehung seiner Nichte verantwortlich, Abaelard als ihren Lehrer engagierte. Der knapp 40-Jährige aus der Nähe von Nantes war damals bereits eine geistige Autorität, ein ruheloser Geist, der seine chronische Neugierde zur Suche nach der Wahrheit einsetzte. Das verschaffte ihm in den Reihen der gestrengen Kirchenleute nicht nur Freunde. Zudem besaß er nicht gerade den Ruf eines sittenstrengen Mannes. Abaelard gilt als einer der Begründer der scholastischen Methode, mit der er Vernunft und Theologie näher zueinanderbringen wollte. In seiner Autobiografie schrieb er, er habe das Fundament des Glaubens durch menschliche Vernunft greifbar machen wollen. Héloïse war erst 16 oder 17 Jahre alt, als der größte französische Scholastiker ihr Lehrer wurde, ein außergewöhnlich begabtes Mädchen und eine gelehrige Schülerin.

Jedoch blieb es nicht beim reinen Lehrer-Schülerin-Verhältnis. Abaelard verliebte sich in die junge Frau, und die beiden begannen ein Verhältnis, ja bekamen ein gemeinsames Kind und heirateten sogar. Doch das Glück währte nur ein paar Jahre: Aus nicht klar nachvollziehbaren Gründen entrüstete sich Héloïses Onkel Fulbert über die Verbindung und ließ Abaelard entmannen. Zwar kam Fulbert damit nicht durch; die Täter wurden nach einem Gerichtsverfahren nicht nur ebenfalls kastriert, sondern auch geblendet, und Fulbert selbst verlor all seinen Grundbesitz. Aber das konnte die grausame Tat nicht ungeschehen machen, und vermutlich wurde Fulbert auch überraschend schnell rehabilitiert. Die Liebenden trennten sich und gingen in verschiedene Klöster: Héloïse nach Argenteuil, Abaelard nach Saint-Denis bei Paris, später in die Bretagne. In Paris lehrte er aber weiter, und seine Vorlesungen trugen ihm später ein Ketzerverfahren ein. Er zog sich nach Cluny zurück und starb 1142 im Alter von 63 Jahren auf einer Reise nach Rom. Héloïse wurde Äbtissin in Argenteuil, wo sie sich in den Augen ihrer Zeitgenossen durch ihre vorzügliche Bildung und moralische Prinzipienstrenge auszeichnete. Sie überlebte Abaelard um mehr als 20 Jahre. Seit ihrer Umbettung vor fast 200 Jahren ruhen die sterblichen Überreste des Paares einträchtig nebeneinander auf dem berühmten Pariser Friedhof Père Lachaise.

Trotz ihrer Trennung blieben Héloïse und Abaelard in Kontakt. Das ist auch jenseits der berühmtesten Frucht ihrer Verbindung belegt: einer Sammlung von acht Briefen, die die beiden 17 Jahre nach ihrer Beziehung ausgetauscht haben sollen. Eine weitere wichtige Information über das Liebesverhältnis von Héloïse und Abaelard ist dessen autobiografische Leidensgeschichte (Historia calamitatum), mit der Abaelard angeblich einem Freund Trost spenden wollte, indem er ihm erzählte, mit welchen viel schlimmeren Widrigkeiten als der Adressat er in seinem eigenen Leben zurechtkommen musste. Dieser Text lässt eine Entstehungszeit um 1133/34 vermuten. Zu den Schicksalsschlägen gehört nicht nur, aber eben auch die unglückliche Liebesgeschichte mit Héloïse, sodass der Text mit weiteren Einzelheiten der berühmten Geschichte aufwarten kann.

Nicht nur wären diese Handschriften, falls authentisch, für die Zeit des 12. Jahrhunderts außergewöhnlich, weil sie über das hinausgehen, was aus dieser Zeit an Selbstzeugnissen überliefert wurde. Der Mensch des Mittelalters besaß nicht in dem Maße, wie wir es heute voraussetzen, eine Selbstwahrnehmung als Individuum, und insofern ist dieses Liebespaar seiner Zeit voraus. Und da aus diesen Pergamentschriften aus dem Hochmittelalter etwas Ungewohntes hervorscheint, wurde Héloïse sogar als »erste moderne Frau« bezeichnet. Aber abgesehen davon liefern diese Briefe mit ihren Äußerungen von Gefühl und Leidenschaft das Fleisch dieser traurigen und so brutal vereitelten Liebe, während die sonst belegten Fakten nur ein spärliches Knochengerippe bieten. Auf besonderes Interesse stießen dabei Passagen der Briefe, in denen Héloïse leidenschaftlich gegen die Ehe streitet und stattdessen die freie Liebe propagiert – lieber sei sie Geliebte als Ehefrau. Da das Mittelalter mit seinem strengen Regiment bis heute als überaus keusch gilt, mussten solche Äußerungen aus der Feder einer Äbtissin Aufsehen erregen. Außerdem wäre Héloïse damit wohl die erste Frau der Geschichte, die so offen die freie Liebesbeziehung einer Ehe vorzieht. Héloïse behauptet außerdem, nicht aus religiöser Überzeugung, sondern auf Geheiß ihres Mannes Abaelard ins Kloster gegangen zu sein – das wäre für ihre Zeit nichts weniger als skandalös. Und zwischen Klostermauern kommt sie nicht los von ihrer Liebe und den Erinnerungen an lustvolle Momente: »Ich sollte über begangene Sünden seufzen und kann nur seufzen, dass sie vergangen sind.« Die briefliche Korrespondenz entwickelt sich zu einer Diskussion, in der Abaelard ihr gut zuzureden versucht, als fürchte er um das Seelenheil der Geliebten.

Diese Briefe inspirierten viele Schriftsteller, den Stoff literarisch zu verarbeiten: Angefangen beim berühmten Rosenroman vom Ende des 13. Jahrhunderts über François Villon und Jean-

Jacques Rousseau bis zu Bertolt Brecht und Luise Rinser. Und als in den vergangenen Jahrzehnten Lebensschicksale aus dem Mittelalter ein beliebter Lesestoff wurden, gehörten Héloïse und Abaelard an vorderster Stelle zu den Schicksalen, über die man anschaulich und mitfühlend lesen konnte. Bieten sie nicht das überzeugendste Beispiel dafür, wie die Unmenschlichkeit des Mittelalters mit seinen überstrengen moralischen Vorgaben und grausamen Strafen eine reine Liebe zerstörte?

Allerdings streiten die Historiker bis heute, ob die acht Briefe und Abaelards Leidensgeschichte überhaupt authentisch sind – übrigens mit kaum weniger Leidenschaft, als sich die Héloïse der Briefe äußert. Denn von deren Authentizität hängt viel ab für die moderne Beurteilung des Mittelalters – sei es für die Geschichte der Frauen oder für die mittelalterliche Geistesgeschichte. Abaelard ist ein Kronzeuge, wenn Mediävisten darlegen, wie die Moderne im landläufig verteufelten Mittelalter vorbereitet wurde. Folglich ist es die Einmaligkeit der Briefe, die sie fragwürdig machen: Sind sie eine wertvolle Besonderheit, die das sonstige Bild ihrer Zeit ergänzen, oder sind sie gerade deshalb unglaubwürdig? Das Echtheitsproblem beginnt mit der Tatsache, dass keine Originalbriefe, sondern nur Abschriften erhalten sind. Sie finden sich in verschiedenen Handschriften, die allesamt mindestens 150 Jahre später verfasst wurden. Die Originale sind verloren – oder sie haben nie existiert. Andere halten eine so kenntnis- wie umfangreiche Fälschung weiterhin für ausgeschlossen und vermuten, zu einem unbekannten Zeitpunkt nach Abaelards Tod habe jemand an dessen Vorlage, die später verloren ging, herumgebastelt. Das würde die Ungereimtheiten erklären, die man sich beim ursprünglichen Verfasser nicht recht erklären könnte.

Einiges konnte inzwischen immerhin geklärt werden. Selbst wenn die Briefe authentisch sind, handelte es sich dabei nicht um eine echte Korrespondenz, denn aufwendige Analysen haben ergeben, dass alle Briefe zweifelsfrei einem einzigen Verfasser zugeschrieben werden müssen. Zudem stammen sie ebenso sicher nicht aus dem frühen 12. Jahrhundert. Handelt es sich also um Abschriften von Originalbriefen, die verloren gegangen sind? Von vielen Forschern wird die Urheberschaft Abaelards inzwischen ausgeschlossen, weil es zu viele Ungereimtheiten gibt: Zahlreiche Informationen lassen sich mit der angeblichen Entstehungszeit nicht erklären, weitere Fehler bezüglich seiner eigenen Biografie hätte Abaelard selbst kaum gemacht. Der belgische Historiker Hubert Silvestre klassifizierte die Briefe daher als eine spätere Fälschung. Er hat auch eine schlüssige Erklärung parat, wie es zu dieser Fälschung kam: Sie könnte im Zusammenhang mit einer Kampagne gegen das Keuschheitsgebot der Kleriker stehen. Im Mittelalter gab es immer wieder Streit um die Frage von Zölibat und Keuschheitsgebot für Priester. Eine Lockerung dieser Vorschriften konnte sich in der römischen Kirche (im Unterschied zur orthodoxen und zur protestantischen) zwar bis heute nicht durchsetzen, andere Meinungen darüber und mit diesen verbundene Schriften aber gab es auch im Mittelalter immer wieder. Eine Kampagne dieser Art wollte zwar weiter die Ehelosigkeit der Priester verlangen, ihnen aber sexuelle Beziehungen gestatten. In diesen Zusammenhang passt das Plädoyer von Héloïse für die freie Liebe und gegen die Ehe, die ihr und Abaelard nur Unglück gebracht habe. Weitere Indizien machen diese These zwar nicht beweisbar, aber immerhin sehr wahrscheinlich. Die Urheberschaft der Texte würde damit im Umkreis des Autors des berühmten Rosenromans zu suchen sein oder bei diesem selbst: Jean de Meun.

Dass diese Erklärung für die Entstehung der berühmten Briefe weiterhin Widerspruch hervorruft und viele auf ihre Echtheit bestehen, dürfte auch mit der Faszination zu tun haben, die von den Briefen und der Liebesgeschichte ausgeht. Das Liebespaar Héloïse und Abaelard ist sowohl unter Historikern als auch bei am Mittelalter interessierten Laien wegen seiner außergewöhnlichen Geschichte so beliebt, dass man sich von Teilen dieser Erzählung nur unwillig verabschiedet. Andererseits würde mit dem Abschied von der Echtheit der Briefe die ergreifende Liebesgeschichte des berühmten Paares nicht hinfällig, sondern in der Geschichte des Mittelalters nur an den passenden Platz gerückt.

Wer was entdeckte

Von fleischlicher Begierde auf Pergamentblättern zur Eroberung der Welt überzuleiten erscheint reichlich unangebracht, zumal letzterer Vorgang eine ganz andere und bis heute wirkmächtige Dimension gewann. Der Begriff Globalisierung ist schon vor der Jahrtausendwende zum Schlagwort des 21. Jahrhunderts geworden – er steht für die Entwicklung hin zu einer »kleiner werdenden Welt«, in der Wirtschaft, Kultur und Politik mit all ihren Folgerungen immer internationaler werden und die Menschen weltweit betreffen. Das bekannteste Beispiel dafür ist die globale Erderwärmung, das große Menschheitsthema unserer Zeit. Oft ist vom Anthropozän die Rede – vom ersten Erdzeitalter, das der Mensch geologisch, biologisch, klimatisch dauerhaft prägt. Die Globalisierung der Moderne war jahrhundertelang vornehmlich westlich bestimmt. Und diese Globalisierung westlicher Machart nahm ihren Ausgang mit der sogenannten Entdeckung Amerikas durch Christoph Kolumbus. Das heißt zwar nicht, dass Handelsbeziehungen wie zwischen Europa und Asien oder interkulturelle kriegerische Auseinandersetzungen wie die Kreuzzüge keine Bedeutung gehabt hätten. Das Jahr 1492 aber markiert den Aufbruch zu einer westlich dominierten Welt. Nicht umsonst gilt dieses Jahr vielen als Beginn der neuzeitlichen Epoche.

Damals konkurrierten mehrere europäische Staaten im Versuch, die Weltmeere zu erobern. Mit Landnahmen in Nordafrika war Portugal gestartet und wurde unter dem wegweisenden Engagement Heinrichs des Seefahrers, einem Sohn des portugiesischen Königs Johann I., im 15. Jahrhundert zu einer großen Seefahrernation. Im Vordergrund standen dabei, mehr als die propagierte Mission, den Islam als Gegner des Christentums zu bekämpfen, handfeste wirtschaftliche Aspekte. Mit einem Ausbau des Seehandels in Richtung Asien eröffnete sich die Aussicht, in Konkurrenz zu treten zum europäischen Handelsprimus Italien und so den eigenen Wohlstand zu mehren. Die Erfindungen von Kompass, Astrolabium und Quadrant stammten zwar nicht von portugiesischen Tüftlern, aber Portugiesen waren es, die die nautischen Geräte als Erste auf hoher See erprobten. Auch im Schiffsbau setzten die Portugiesen neue Maßstäbe, und so sahen sie sich in die Lage versetzt, immer weiter hinauszusegeln, mochte man sich auch grässliche Seefahrerpistolen zuraunen von den Schrecknissen, die drohten, je weiter man gelangte. Portugiesische Schiffe erreichten Madeira, die Azoren, das Kap der Angst, Kap Blanco und das Kap der guten Hoffnung – und mit Letzterem war 1488 der Seeweg nach Indien eine greifbare Option geworden. Der Landweg war nicht nur beschwerlicher und der Transport teurer, sondern auch von politischen Gegebenheiten der Transitländer abhängig.

Es war aber Christoph Kolumbus aus dem italienischen Genua, der im spanischen Auftrag versehentlich Amerika entdeckte. Doch als der wagemutige Seefahrer, der im September 1492 mit nur drei Schiffen von den Kanarischen Inseln aus startete, um nach langjähriger enttäuschender Ablehnung seines Plans den Seeweg nach Indien zu finden, stattdessen in der Karibik landete – war er da der Erste? Gebührt Kolumbus wirklich der Ruhm des Entdeckers oder waren andere früher in Amerika? Und wieso wurde der »neue« Kontinent nicht nach Kolumbus benannt, wenn er doch sein Entdecker war? Die Kontroverse um Kolumbus ist zwar längst beigelegt, aber sein Beispiel zeigt, dass sich Überkommenes als äußerst hartnäckig erweisen kann.

Zunächst einmal ist die Vorstellung der Entdeckung Amerikas ausgesprochen westlich und reichlich überheblich. Als europäische Seefahrer im Atlantik vor Europa unbewohnte Inselgruppen wie die Kapverden, Madeira oder die Azoren betraten, konnten sie sich mit Fug und Recht als Entdecker bezeichnen, weil sie sich als die ersten Menschen wähnten, die einen Fuß auf diese Inseln setzten. Amerika aber war längst bewohnt, und daher waren es streng genommen die »first nations«, die den Kontinent vor mehr als 10 000 Jahren entdeckt und besiedelt hatten, nachdem sie auf dem damals noch existierenden Landweg von Europa herübergekommen waren. Wenn wir jedoch von derart prinzipiellen Erwägungen großzügig absehen und uns auf die Entdeckung Amerikas für die Menschen des christlichen Zeitalters konzentrieren – ist dann Kolumbus unser Mann?

Nein, denn Kolumbus war nicht einmal der erste Europäer, der nach Amerika kam. Um das Jahr 1000, also rund fünf Jahrhunderte vor Kolumbus, segelte bereits Leif Erikson, der Sohn Eriks des Roten, von Grönland aus, das die Wikinger zwei Jahrzehnte zuvor entdeckt hatten, in Richtung Westen und landete an der Nordostküste Nordamerikas. Wo genau das war, ist umstritten, aber höchstwahrscheinlich sahen sich die Wikinger im Norden Neufundlands um. Dort wurden in den 1960er-Jahren ihre Siedlungsreste ausgegraben. Die Informationen darüber sind jedoch spärlich – wir wissen lediglich von der Existenz dieser Siedlungen, aber auch von ihrer vermutlich nur wenige Jahrzehnte später erfolgten Aufgabe. Zudem war den Wikingern aus Skandinavien ebenso wenig wie Christoph Kolumbus klar, dass sie einen bisher unbekannten Kontinent entdeckt hatten. Möglicherweise erfuhr der Genuese auf seiner Reise nach England, Irland und Island 1477 von diesen Fahrten der Wikinger, aber das ist reine Spekulation.

Insofern können also die Wikinger als die eigentlichen Entdecker Amerikas für Europa gelten. Aber dass wir so wenig über ihre Unternehmungen in Neufundland wissen, zeigt auch, wie bedeutungslos ihre Entdeckung für die »Alte Welt« letztlich blieb. Das gilt ebenso für weitere mögliche Fahrten aus Europa nach Amerika vor Kolumbus, deren Authentizität umstritten ist – sie blieben folgenlos. 1492 dagegen waren die Europäer in einer günstigen Situation, um über ihren Kontinent hinauszugreifen: Sie waren vom Stand der Wissenschaft, der Wirtschaft und der Technik her gesehen ebenso in der Lage, aus dieser Entdeckung etwas zu machen, wie sie die politischen, ideologischen und ideellen Voraussetzungen besaßen, sich den neuen Kontinent einzuverleiben. Kurz gesagt: Das Entdeckungsfieber ergriff Europa.

Der Biochemiker und Nobelpreisträger Albert Szent-Györgyi definierte einmal eine Entdeckung als »etwas zu sehen, was schon jeder gesehen hat, aber zu denken, was noch niemand dachte«. Zwar hatte noch nicht jedermann Amerika gesehen, als Kolumbus in der Karibik von Bord ging, aber er hatte Vorgänger. Und trotzdem trat mit Kolumbus Amerika in die Weltgeschichte ein – mit allen positiven und auch negativen Folgen. Und weil das Jahr 1492 den Aufbruch Europas in die Moderne markiert und die Geschichte der Welt für alle Zeiten veränderte, hat der italienische Seefahrer eben doch einen Unterschied gemacht. Da kann man großzügig darüber hinwegsehen, dass Kolumbus zeitlebens davon überzeugt war, den Seeweg nach Indien gefunden zu haben. Diesen Irrtum büßt der Genueser damit, dass er die Rolle als Taufpate der »Neuen Welt« nicht übernehmen durfte. Der Name Amerika geht auf den Florentiner Seefahrer Amerigo Vespucci zurück, der nach seinem Landsmann und ebenfalls im Auftrag der spanischen Krone den Atlantik befuhr und, im Unterschied zu Kolumbus, als Erster erkannte, dass es sich bei dem Festland am anderen Ende des Atlantiks nicht um Asien handelte, sondern um einen bisher unbekannten Kontinent. Aber immerhin hat ein südamerikanisches Land als Namensgeber den Abenteurer von 1492 erwählt, und zahlreiche Länder des amerikanischen Kontinents begehen alljährlich feierlich die Ankunft des Christoph Kolumbus in der Neuen Welt – mag das auch inzwischen und durchaus berechtigt heftig kritisiert werden.

* * *

Konkurrenz über recht- oder unrechtmäßige Ehrentitel als Entdecker gab es nicht nur für den sogenannten Erstkontakt mit dem amerikanischen Doppelkontinent als solchem, sondern ebenso, was Folge-»Entdeckungen« in Amerika betrifft, zum Beispiel bezüglich Brasilien. Die »Entdeckung« Brasiliens ist schon deshalb von größter Bedeutung, weil damit die erste Epoche der Eroberungen zu Ende ging und klar wurde, dass es sich bei den bisherigen Reisen in das, was wir heute als Südamerika bezeichnen, nicht um irgendwelche Inseln oder Inselgruppen handelte, sondern um einen weiteren Kontinent. Gleichzeitig markiert es den Beginn der portugiesischen Herrschaft in Südamerika, auch wenn Lissabon in den nächsten Jahrzehnten wenig Interesse an Brasilien zeigte. Immerhin vergab die Krone erste Konzessionen zur kommerziellen Nutzung des Brasilholzes, das dem Land den Namen eintrug.

Zunächst aber vereinbarte Portugal mit der spanischen Krone als Konkurrent zur See, unter Vermittlung von Papst Alexander VI., 1494 im Vertrag von Tordesillas die Aufteilung der neuen Welt und zukünftiger Entdeckungen: entlang einer Linie 370 Seemeilen westlich der Kapverdischen Inseln, entsprechend der Länge 46° 37‘ West. Alles östlich davon stand nunmehr Spanien zu, alles westlich davon Portugal. Wenige Jahre später entdeckte Vasco da Gama 1497/98 endlich den gesuchten Seeweg nach Indien, und die Investition in die Seeschifffahrt begann sich auszuzahlen: Die Zeit des portugiesischen Handelsimperiums, später des Kolonialreichs, begann. Der portugiesische Herrscher nannte sich nunmehr »König von Portugal und Algarve diesseits und jenseits des Meeres, Herr von Guinea und der Eroberung, Schifffahrt und des Handels von Äthiopien, Arabien, Persien und Indien«. Die Verbindungen nach Asien wurden in der Folge ausgebaut, zum Zentrum der Portugiesen in Asien wurde Goa an der mittleren Westküste Indiens.

Für die baldige zweite Reise nach Indien wurde Pedro Alvarez Cabral zum Flottenkommandanten ernannt – 13 Schiffe mit 1200 Mann Besatzung stachen am 9. März 1500 in See. An Bord des Flaggschiffs befand sich auch ein Schreiber, der der Nachwelt einen spannenden Bericht des Abenteuers liefern sollte. Kommandant Cabral war ein Mann Anfang dreißig, aus binnenländischem Landadel in Belmonte gebürtig und Ritter des Christusordens, aus dem viele Teilnehmer großer Schiffsexpeditionen stammten. Für derartige Expeditionen hatte er sich bislang aber nicht qualifiziert. Vermutlich war er zuvor noch nie auf hoher See gewesen, bereitete sich aber theoretisch mit aller Sorgfalt vor, nutzte die Erfahrung da Gamas und wusste gewiefte Experten an seiner Seite. Die Flottille nahm Kurs auf Kanaren und Kapverdische Inseln, sodann nach Süden zum Kap der Guten Hoffnung, geriet dann aber weit nach Westen ab.

Am 22. April 1500 erspähten Matrosen Land – nicht aber Indien, sondern die brasilianische Küste bei Porto Seguro im südlichen Bahia. Cabral nannte den Berg landeinwärts, der zuerst von der Entdeckung gekündet hatte, Monte Pascoal (Osterberg), weil man sich in der Osterwoche befand. Dem Flecken Landes gab er in der Annahme, er habe eine Insel der Größe Korsikas erreicht, den Namen »Ilha de Vera Cruz« und schickte eins seiner Schiffe, an Bord Pfeile, Bogen und Federn der ansässigen Indianer, alsbald zurück nach Lissabon, um König Manuel I. von den unerwarteten Vorkommnissen in Kenntnis zu setzen. Cabral blieb acht Tage und machte bemerkenswert entspannte Bekanntschaft mit dem Volk der Tupinambá – ein im Zeitalter der Entdeckungen seltenes Beispiel von friedlichem Erstkontakt. Zum Nachweis der Eroberung im Namen Portugals ließ er am Strand ein großes Holzkreuz errichten. Die Weiterfahrt verlief hingegen misslich, denn die Portugiesen gerieten in schwere Stürme, verloren mehrere Schiffe (eins war schon vor der Landung in Brasilien verloren gegangen) und gelangten mit Mühe im September nach Kalikut im Süden Indiens, wo es ihnen aber kaum besser erging. Ein Großteil der Männer wurde ermordet, und statt 13 mit Reichtümern beladenen Schiffen kehrten nur sieben nach Lissabon zurück, zwei davon ohne Ladung. Der König äußerte später über seinen Seefahrer, ihm wolle wohl auf See nichts Rechtes gelingen. Wie Kolumbus wurde auch Cabral von Zeitgenossen und nachfolgenden Generationen trotz seiner Verdienste um die Entdeckung der Neuen Welt nicht so gewürdigt, wie man es rückblickend annehmen würde. Der Historiker der Cabral-Fahrt William Greenlee schrieb 1938: »Nur wenige Reisen waren wichtiger für die Nachwelt, und nur wenige wurden zu ihrer Zeit so gering geschätzt.« Zweck der Reise waren lukrative Handelsbeziehungen nach Asien, und dieser Zweck hatte sich mit dem Misserfolg von Kalikut nun einmal nicht erfüllt. Heute aber gilt Cabral wegen seiner Landung in Brasilien als Entdecker des Landes und wird von seinen Landsleuten dafür verehrt – aber war er überhaupt der Entdecker Brasiliens?

Dass Cabral im April 1500 nach Brasilien gelangte, steht nicht in Zweifel – heiß umstritten ist aber die Frage, ob er nicht vielleicht absichtlich dorthin gelangte, womöglich im königlichen Auftrag, um eine bereits erfolgte, wohlweislich aber geheim gehaltene Entdeckung nunmehr publik zu machen. Möglicherweise wusste oder vermutete man in Lissabon nämlich längst, dass südwestlich eine größere Landmasse lag, hatte aber kein großes Aufhebens davon gemacht. Hätte diese Entdeckung gar noch vor dem Vertrag von Tordesillas stattgefunden, hätten sich die Verhandlungen um die Aufteilung der Welt für Portugal vielleicht schwieriger gestaltet – der Verlauf der Tordesillas-Linie gibt bis heute Anlass zu entsprechenden Spekulationen. Als Cabral aufbrach, hatte er da also den Auftrag erhalten zu einer kleinen, aber wichtigen Abweichung von der Route, die Vasco da Gama genommen hatte? Damit wäre die Entdeckung Cabrals eine fingierte Angelegenheit, mithin nicht echt. Diese Annahme lässt sich heute nicht mehr zweifelsfrei klären, entsprechende Beweise lassen sich nicht mehr erbringen, weswegen die Forschung weiter streiten darf und wird. Die sogenannte intentionalistische Schule meint, dass die Geschichte mit dem zufälligen Abdriften Cabrals und seiner Männer den Tatbestand des Seemannsgarns erfüllt. Aus dem Bericht des Flottillenschreibers geht nämlich hervor, dass die Seeleute an Bord annahmen, sogar noch weiter westlich zu segeln, als sie es tatsächlich taten – das schließe aus, dass sie sich auf dem tatsächlichen Kurs, also weiter östlich, versehentlich befanden.

Die dem widersprechenden Kasualisten geben zu bedenken, dass die Wind- und Strömungsverhältnisse den genommenen Kurs geradezu erzwingen, dass Segeln weiter westlich also notwendig war, um nach Süden zu gelangen. Bis heute verläuft in der Tat die empfohlene Segelroute von der Iberischen Halbinsel zum Kap der Guten Hoffnung sehr weit westlich, nahe der brasilianischen Küste. So sei auch Vasco da Gama gefahren, und auch der war so weit nach Westen geraten, dass er Seevögel ausgemacht, wenn auch kein Festland gesichtet hatte. Und es sei ohnehin durchaus wahrscheinlich, dass ein Sturm die Kursabweichung erzwungen habe. Die Anhänger des unbeabsichtigten Abdriftens Cabrals stellen außerdem in Abrede, dass Lissabon bereits sichere Kunde vom westlichen Festland besaß, weil da Gama, der es hätte wissen müssen, davon nichts bekannt war. Zwar hegte schon der antike Geograf Ptolemäus die Annahme, südöstlich von Asien müsse noch viel Land sein, aber das waren stets Vermutungen gewesen. Abgesehen von Cabrals Zufalls- oder Absichtstat gibt es nur vage Hinweise, aber keinerlei Nachweis, dass bereits 1498 eine portugiesische Expedition unter Duarte Pacheco Pereira unweit

Pará Brasilien erreichte. Und wenn dem so war, ist zweifelhaft, wie Pereira feststellen konnte, ob er sich im spanischen oder portugiesischen Sektor nach den Bestimmungen von Tordesillas befand.

Gesichert ist hingegen, dass nur ein Vierteljahr vor Cabral Anfang 1500 der spanische Seefahrer Vicente Yáñez Pinzón an die Ostküste Südamerikas kam, zwischen Recife und Fortaleza landete und die Amazonasmündung entdeckte. Pinzón hatte an der ersten Fahrt des Kolumbus teilgenommen und nahm im Dezember 1499 mit vier Schiffen über die Kanarischen und die Kapverdischen Inseln Kurs nach Südwesten. Am 20. Januar 1500 erreichten er und seine Männer das Festland und nannten den Ort Santa María de la Consolación – mehr als 600 Meilen weiter nördlich als Cabral. Nach blutiger Begegnung mit Einheimischen segelten die Spanier in Richtung Äquator und erreichten schließlich die Mündung eines gewaltigen Stroms: des Amazonas. Sie hatte enorme Ausmaße, und erst die Tatsache, dass hier Süßwasser ins Meer floss, gab die nötige Sicherheit, dass es sich nicht um ein Meer handelte. Nach weiteren Erkundungsfahrten, darunter den Amazonas einige Dutzend Meilen flussaufwärts, sah man sich bestätigt, dass ein Kontinent erreicht war, den man für die Ostküste Indiens hielt, weshalb man in der Amazonasmündung vermutlich die des Ganges zu erkennen glaubte. Pinzón fuhr weiter nach Hispaniola und von dort zurück nach Spanien. Dass diese Fahrt der Spanier folgenlos blieb, hat mit dem erwähnten Vertrag von Tordesillas zu tun: Der Spanier Pinzón hatte Land entdeckt, das den Portugiesen zustand, und den spanischen Seefahrern war eingebläut worden, sich von portugiesischen Gewässern fernzuhalten. Statt Lorbeeren erwartete Pinzón das Schuldgefängnis, dem er mit Mühe entging. Er hatte zwar das Land für Spanien in Besitz genommen, musste aber später zugeben, unrechtmäßig gehandelt zu haben.

Dass die Frage der Entdeckung Brasiliens umstritten ist, nimmt kaum wunder – verständlicherweise legen die Portugiesen Wert darauf, dass ein Portugiese das Land entdeckte, das zur portugiesischen Hemisphäre gehörte, kolonialisiert wurde und bis 1822 portugiesische Kolonie war. Und tatsächlich ist ja auch der Portugiese derjenige gewesen, der die Kunde vom neuen Land erstmals nach Europa trug. Cabral den Titel des Entdeckers rundheraus abzusprechen ist also nicht notwendig, zumal er und seine Begleiter die ersten Portugiesen waren, die brasilianischen Boden betraten. Aber die ersten Europäer auf brasilianischem Boden waren sie nicht.

* * *

So irreführend der Begriff Entdecker ist, er wird weiterhin bemüht als Bezeichnung für die Seefahrer, die den amerikanischen Kontinent für Europa entdeckten. Sie bekamen es dort sogleich mit Amerikanern zu tun, den angestammten Ureinwohnern des Doppelkontinents. Doch wie viele Menschen lebten in Nord- und Südamerika, als die ersten Europäer eintrafen? Auch das ist heftig umstritten – schon im Fall Europas, das damals bereits eine Jahrtausende währende Schriftlichkeit vorweisen konnte, ist die damalige Einwohnerzahl schwer zu ermitteln. Im amerikanischen Fall aber macht es der Mangel an Schriftquellen noch viel schwerer, zu belastbaren Zahlen zu kommen, obwohl die Archäologen viel Feldarbeit aufgeboten haben, um diesen Mangel auszugleichen.

Lange Zeit ging man davon aus, dass in Nordamerika maximal eine knappe Million Menschen lebten, als die Europäer eintrafen. Längst gilt diese Zahl als eher zufällig bestimmt denn gut geschätzt, und der Verdacht liegt auf der Hand, dass dahinter handfeste Interessen standen. Eine derart geringe Einwohnerzahl in dem riesigen Halbkontinent erwies sich nämlich als höchst geeignet, um die gewaltsame Landnahme zu rechtfertigen: Wenn die Landmassen Nordamerikas so spärlich bevölkert waren, dann musste man sich wenig Gedanken machen, den Einheimischen etwas weggenommen zu haben, denn offenbar war ja genügend Land vorhanden. Im Falle der englischen Kolonisten kam noch ihr religiöser Hintergrund als Puritaner dazu, der sie gerne glauben ließ, göttliche Vorsehung habe ihnen in der Neuen Welt sozusagen den Boden bereitet, indem Europäer einen Kontinent entdeckten, der wie dafür gedacht schien, auf europäische Weise besiedelt zu werden. Noch heute spielt dies in der Debatte um die Bevölkerungszahlen Amerikas vor dem sogenannten Erstkontakt und um die Schuld eine wichtige Rolle, die Kontroverse wird daher häufig ideologisch und verbissen geführt. Seit den 1960er-Jahren werden am anderen Ende des Abakus ganz andere Zahlen gehandelt. Der US-amerikanische Anthropologe Henry Dobyns führte aufwendige Untersuchungen durch und schätzte dann die Bevölkerung in ganz Amerika auf 90 bis 112 Millionen Menschen, 18 Millionen davon nördlich von Mexiko. Anderen Schätzungen zufolge lebten im aztekischen Dreibund Mexikos vor Ankunft der Spanier rund 25 Millionen Menschen – ein gutes Jahrhundert später hatte sich diese Zahl dramatisch reduziert: um 97 Prozent auf nur mehr 700 000. Während die eine Million für Nordamerika wohl eher zu den Akten zu legen ist, liegen aktuelle Schätzungen meist mehr oder weniger dicht an 10 Millionen und für ganz Amerika scheint sich die Zahl auf rund 75 Millionen eingependelt zu haben. Wenn aber die Zahl der Ureinwohner Amerikas in dieser Größenordnung lag, heißt das auch, dass im Vergleich mit Europa in der Neuen Welt mehr Menschen lebten als in der Alten Welt. Dann dient die nunmehr gewaltige Zahl einer anderen Version der Meistererzählung europäischer Überlegenheit: In beachtlicher Unterzahl nahmen die Europäer durch ihre Fähigkeiten einen riesigen Kontinent in Besitz, und eine riesige Zahl an Menschen wurde unterworfen.

Die Bevölkerungszahlen Nord- und Südamerikas bleiben kontrovers, doch ein Befund ist unabweisbar: Mit der Ankunft der Europäer gingen die Bevölkerungszahlen auf dem amerikanischen

Doppelkontinent rapide und drastisch zurück. Mag die Ausgangszahl umstritten sein – auch ohne gesicherte absolute Zahlen ist davon auszugehen, dass rund 95 Prozent der Bewohner Nord- und Südamerikas im ersten Jahrhundert nach der Ankunft des Kolumbus starben. Das ist in jedem Fall ein dramatisch hoher Anteil. Kriegerische Landnahme, Versklavung und Verelendung sowie Epidemien übten einen derart enormen demografischen Druck aus, dass zum Beispiel die Pläne der Spanier fehlschlugen, die Einheimischen zur Goldgewinnung rücksichtslos auszubeuten. Stattdessen versklavte man Afrikaner und verschiffte sie zur Zwangsarbeit in die Neue Welt.

Die Europäer brachten nicht nur Krieg und Versklavung nach Amerika, sondern auch dort unbekannte Krankheiten, gegen die die Ureinwohner keine Resistenzen besaßen. Dass Bakterien und Viren den Eroberern zur Seite sprangen, um Amerika in Besitz zu nehmen, ist unbestritten. In vielen Schriftquellen der Kolonialmächte ist von verheerenden Epidemien die Rede, denen vor allem Einheimische zum Opfer fielen, während die Europäer besser dagegen gefeit waren. Vor allem Pocken und Masern, aber wohl auch die Grippe erleichterten es den Europäern, die Azteken Mexikos, die Inka Perus und Chiles oder die »first nations« Nordamerikas zu besiegen und zu kolonialisieren. Nach dem Zweiten Weltkrieg benannte ein Militärarzt die Pocken als Hauptmann, den Typhus als Oberleutnant und die Masern als Unterleutnant der Eroberer. Wer welchen Rang einnahm, ist jedoch schon deshalb schwer einschätzbar, weil die Krankheiten im 16. Jahrhundert noch nicht so eindeutig klassifiziert wurden wie heute. Doch trifft zu, was der Arzt 1947 schrieb: »Schrecklicher als die Konquistadoren hoch zu Ross, tödlicher als Schwert und Schießpulver machten sie die Eroberung der Weißen zu einem Durchmarsch verglichen mit dem, was ohne ihre Hilfe gewesen wäre. Sie waren die Vorboten der Zivilisation, die Gefährten des Christentums, die Kameraden der Invasoren.«

Was auf der Insel Hispaniola (heute Haiti und Dominikanische Republik) geschah, die Christoph Kolumbus zuerst erreichte, ist symptomatisch für den weiteren Verlauf der Eroberung Amerikas. Dort lebten die Taíno, deren genaue Bevölkerungszahl bei der Ankunft der »Santa Maria« allerdings genauso umstritten ist wie die Amerikas insgesamt. Die Zahlen reichen von 60 000 bis 8 Millionen. Die Forschung diskutiert auch weiterhin kontrovers, woran genau die Taíno massenhaft starben – infrage kommen die Pocken ebenso wie Schweinegrippe oder Masern. Möglich ist auch, dass es sich um einen tödlichen Mikrobencocktail handelte, den die Europäer einschleppten und gegen den die Einheimischen keine Chance hatten. Klar geht aber aus kolonialen Schriftquellen hervor, dass in wenigen Jahren zwei Drittel der Einheimischen starben. Die Tragödie beschrieben zahlreiche Reisende, darunter ein Augsburger Handelsagent, nach dessen Einschätzung 95 Prozent der Einwohner Hispaniolas den Krankheiten zum Opfer gefallen waren. Etwas später landete der spanische Konquistador Hernán Cortés in Mexiko, um das mächtige Aztekenreich zu besiegen, und führte ebenfalls eine unsichtbare Armee mit. Ein mitreisender Dominikaner schrieb zu den Verheerungen der Infektionskrankheiten unter den Mexikanern in der stolzen Metropole Tenochtitlan: »Als die Christen erschöpft vom Krieg waren, gefiel es dem Herrn, den Indianern die Pocken zu schicken, und es war eine Pestilenz in der Stadt.« Den Maya in Yucatán und Guatemala sowie weiter im Süden den Inka erging es kein bisschen besser. Meist waren die Erreger schneller als die Eroberer, was die Landnahme bedeutend erleichterte.

Doch wie groß war der Anteil der Epidemien an den dramatischen Bevölkerungsverlusten in Amerika? Das zu quantifizieren ist sehr schwierig und natürlich nicht zuletzt davon abhängig, wie groß die Bevölkerung vor der Ankunft der Europäer war. Und abermals hat die Einschätzung letztlich mehr oder weniger apologetische Aspekte. Wenn nämlich die Zahl der Ureinwohner hoch war und ihr größerer Teil durch Seuchen starb, brachten die Europäer zwar den tödlichen Erreger mit, aber ohne es zu wissen. Zumal dann, wenn es auf dem Weg einer »virgin soil«-Ansteckung geschah, also ohne jegliche Resistenzen oder Immunisierungen der betroffenen Uramerikaner. Im Sinne einer Schuldabwehr könnte also argumentiert werden, das Massensterben sei schlichtweg unvermeidlich gewesen. Das ist jedoch durchaus umstritten, zumal diese Lesart, wenn auch etwas versteckt, ein weiteres Geschmäckle aufweist: Mittelbar bedient es das europäische Klischee des »edlen Wilden«, das, positiv gebürstet, nicht viel weniger rassistisch ist als das des »barbarischen Wilden«, dem nichts Besseres passieren konnte, als von Europäern auf Zivilisation getrimmt zu werden. Denn es waren weit entwickelte Hochkulturen, denen die Europäer den Garaus machten, keine Höhlenbewohner am Lagerfeuer. Hinzu kommt, dass Erreger ein umso leichteres Spiel haben, auf je mehr Elend sie stoßen. Daher muss man ebenso in Rechnung stellen, dass der Schock der unvorhersehbaren Umwälzungen, die sich in kürzester Zeit vollzogen, psychische, soziale und physiologische Verwerfungen mit sich brachten, die die Epidemien begünstigten.

Es mag allzu salomonisch wirken, aber häufig ist die schlüssigste Antwort auf derartige Forschungskontroversen, dass nicht ein Faktor dominierte, sondern die verschiedenen Ursachen gebündelt ihre unheilvolle Wirkung entfalten konnten, also nicht allein biologische. Was aber den bedeutsamen Ausgangspunkt betrifft, nämlich die Größe der amerikanischen Bevölkerung vor der Ankunft der Europäer, so wird die Diskussion weitergehen. Und da die Quellenlage schwierig bleibt, darf man bezweifeln, dass sich die Kontroverse in absehbarer Zeit wird auflösen lassen.

Die Ernte der Bauern

Die Deutschen sind nicht gerade als aufmüpfiges Völkchen bekannt. Und doch gab es in der deutschen Geschichte durchaus Revolutionen, von denen zwei erfolgreich waren: 1918 beendete die Monarchie und schickte den Kaiser und seine Fürstenkollegen in den Ruhestand, 1989 machte dem DDR-Sozialismus ein Ende. Die anderen Revolutionen blieben stecken oder erfolglos in der Umsetzung ihrer Ziele, aber folgenlos waren sie deshalb noch lange nicht. Je nach Einschätzung wird auch der Bauernkrieg 1524–1526, der außer in Deutschland auch in Österreich und der Schweiz stattfand, zu den Revolutionen gezählt. Was allerdings das Ergebnis betrifft, so steht in zahlreichen Büchern und Darstellungen, die aufständischen Bauern seien nicht nur unmittelbar, sondern insgesamt ausschließlich Verlierer gewesen, weil sie so vernichtend geschlagen wurden. Die Obrigkeit habe an den Aufständischen nicht nur grausame Rache geübt, sondern die erdrückenden Zustände von vorher wiederhergestellt. Langfristig gesehen, seien zudem die Bauern als Faktor der Politik ausgeschieden; sie seien entrechtet und entmündigt worden. Die Macht der Obrigkeit hingegen sei dauerhaft gestärkt worden. Mit einem Satz: Die erste deutsche Revolution sei rundum vergeblich gewesen.

In der Geschichtsschreibung hat der Bauernkrieg seit dem 19. Jahrhundert beachtliche Karriere gemacht, mit zusätzlichem

Schwung durch die Historiker-Konkurrenz zwischen Ost und West und ihren unterschiedlichen Schulen. Vor allem wenn man ihn als erste deutsche Revolution betrachtet, ist seine Bedeutung in der Tat enorm, nicht allein im Kontext der Reformation. Die Einordnung in der Geschichtsschreibung geriet durch die Zeiten und Ideologien aber sehr unterschiedlich, sie reicht von der Verteufelung der frechen Bauern bis zur Heldenverehrung als frühe Revolutionäre. Viel Raum also für Debatten und Kontroversen, darunter über die Konsequenzen des Bauernkrieges für die Bauern selbst.

Die Annahme, die Lebenslage der Bauern habe sich nach dem Krieg verschlechtert, geht auf zeitgenössische Quellen zurück, die berichten, die Knechtschaft der Bauern habe sich angesichts Niederlage und rachsüchtiger Sieger noch verschärft, der Aufstand sei also regelrecht nach hinten losgegangen. Hierin standen die Beobachter unter dem Eindruck der dramatischen Ereignisse, der Wut der Obrigkeiten, der brennenden Dörfer, der vielen Toten. Diese Darstellung der nachteiligen Aufstandsfolgen für die Aufständischen wird in der Forschung inzwischen aber mindestens relativiert. Auch der anderen Seite war nämlich durchaus bewusst, dass der Aufstand nicht ohne Grund losgebrochen war und dass seine Wucht mit einem berechtigten Leidensdruck zu tun hatte. Der Nürnberger Ratsherr und Diplomat Kaspar Nützel äußerte 1525, was wohl viele dachten: Die Bauern hätten es zwar gewaltig übertrieben mit ihrem Aufstand, aber man müsse doch vernünftigerweise zugeben, dass die Obrigkeit mit der Behandlung ihrer Untertanen daran keineswegs unschuldig war.

Welche Weiterungen die brisanten Thesen zum Zustand der Kirche, die Martin Luther 1517 publik machte, haben würden, konnte wohl niemand vorhersehen, auch Martin Luther nicht. Vom kleinen Wittenberg aus, wo der Bettelbruder Luther an der Universität lehrte, gingen gewaltige Erschütterungen durch Europa, religiöse und politische gleichermaßen. So gewaltig war der

Sprengstoff der reformatorischen Bewegung, dass sich im Christentum nach der orthodoxen eine weitere große Konfession bildete und Europa an den daraus folgenden Auseinandersetzungen und Kriegen mehr als ein Jahrhundert laborierte. Für den Bauernkrieg mit seinen sozialreformerischen Forderungen lieferte die Reformation das Rüstzeug und die wachsende Überzeugung, auch der kleine Mann könne im Großen Einfluss nehmen.

Anlass für den Bauernkrieg, die Erhebung von Landleuten und einigen Städten, war die wachsende Not der einfachen Leute. Wirtschaftliche und soziale Gründe wogen schwerer als religiöse, man richtete gegen die weltliche und geistliche Herrschaft, die ihrerseits den Entwicklungsdruck frühmoderner Staatlichkeit in Form von Steuern und verschärfter Herrschaftsausübung nach unten weitergab. Es begann 1524 in Stühlingen am südlichen Rand des Schwarzwalds sowie in Forchheim bei Nürnberg und nahm Anfang 1525 in Oberschwaben Fahrt auf, ehe im Frühjahr mit aller Wucht weite Teile Mittel- und Süddeutschlands erfasst wurden. Freiheitsartikel wurden postuliert, Forderungskataloge aufgestellt, Abgaben verweigert, Städte und Schlösser, Kirchen und Klöster gestürmt, Veränderungen erzwungen. Die Zentren des gewaltsamen Protests lagen in Schwaben und Württemberg, Österreich, der Schweiz und Thüringen, und die Gegner der Bauern waren nicht nur katholische Obrigkeiten, sondern ebenso die protestantischen Fürsten. Die heute noch geläufigsten Anführer der uneinheitlichen Bewegung waren Thomas Müntzer, ein radikalchristlicher Fundamentalist, der Tiroler Michael Gaismair und der Reichsritter Götz von Berlichingen, den Goethe unsterblich gemacht hat. Neben ihnen versuchten zahlreiche regionale Anführer, die Anliegen der Bauern durchzusetzen: mildere Lasten und mehr Freiheit und Mitbestimmung. Es war ein Flächenbrand, der die Herrschenden in Angst und Schrecken versetzte; schließlich waren damals von zehn Menschen acht Bauern. Aber da die Aufständischen weder politisch noch militärisch eine Einheitsfront zu bilden vermochten, konnten sie ihr enormes Potenzial nicht ausschöpfen. Die Fürsten warfen die Erhebung 1525 in verschiedenen großen Schlachten in Thüringen, Württemberg und im Elsass überaus brutal nieder. Müntzer war im thüringischen Frankenhausen dabei, als eine der wichtigsten und die gleichzeitig letzte Schlacht des Bauernkrieges geschlagen wurde. Sie endete in einer blutigen Niederlage der Aufständischen, Müntzer wurde vom gegnerischen Fürstenheer gefangen genommen und eine Woche später hingerichtet.

Anschließend wurde abgerechnet: Die Fürsten führten Strafaktionen durch, Anführer wurden gefoltert und hingerichtet, Schäden zulasten der Bauern reguliert, die ihre Waffen abgeben mussten, und finanzielle Wiedergutmachungen eingefordert. Zeitgenössische Berichte schildern die Unerbittlichkeit der Sieger, deren Grausamkeit andere entsetzt veranlasst, Aufrufe zur Mäßigung zu verfassen. Dabei handelte es sich aber nicht um völlig wahllose Maßnahmen, vielmehr wurde geprüft und verhandelt, wer sich in welchem Maße am Aufstand beteiligt und damit strafbar gemacht hatte. Die Maßnahmen sollten abschreckend sein und einen erneuten Aufstand verhindern, ebenso die Unterdrückungsmaßnahmen, die der Reichstag 1526 beschloss. Aber schon dieser Reichstag von Speyer beschritt gleichzeitig einen anderen Weg: Ein »Großer Ausschuss« erörterte eingehend Zustände und Forderungen, prüfte, was althergebrachte Rechte waren und wo die Last der Bauern übermäßig und willkürlich verschärft worden war. Er empfahl eine Vielzahl von Einzelmaßnahmen, um die Lage der Bauern zu verbessern und sie von der Willkür ihrer geistlichen und weltlichen Obrigkeiten zu entlasten. Eine Art Mediation zwischen Obrigkeit und Untertan, bei der beide Seiten Rechte geltend machen können, sollte das Konfliktpotenzial verringern. Im Ergebnis hatte der Bauernkrieg durch die Niederlage der Aufständischen sein revolutionäres Ziel einer radikalen sozialen und politischen Umwälzung verfehlt. Die Verhältnisse wurden auf alter

Grundlage wiederhergestellt, die Reformation wurde in staatliche Regie übernommen, um ihr die revolutionäre Sprengkraft zu nehmen. Gleichzeitig aber wurden die Bauern wirtschaftlich entlastet sowie rechtlich und politisch bessergestellt. Die revolutionäre Erhebung hatte also durchaus Veränderungen in Gang gesetzt.

Wegen der komplizierten Verfassungssituation in den deutschen Territorien waren die Konsequenzen von Gegend zu Gegend sehr unterschiedlich. Allerorts aber wurden die Bauern in ihren Forderungen nicht mehr rundheraus ignoriert, sondern ernst genommen. Gemeine Leute verhandelten mit ihren Obrigkeiten, feilschten um Verbesserungen und erreichten dabei Beachtliches. Vor allem die Stadtstaaten bemühten sich, den Bauern entgegenzukommen und auf ihre Forderungen einzugehen. Basel und Memmingen beispielsweise erließen zahlreiche Erleichterungen bei Abgaben und Frondiensten, Memmingen scheint sogar bei der Abschaffung der Leibeigenschaft geblieben zu sein. Auch in Tirol wurden Abgaben und Dienste verringert, den Bauern Jagd- und Fischereirechte gewährt, die bisher den höheren Ständen vorbehalten waren. In Salzburg, wo der Erzbischof auch weltlicher Herr war, wurde den Bauern ein besseres Klagerecht zugestanden. Der Landgraf von Hessen ließ in einer umfangreichen Untersuchung Missstände aufnehmen und suchte, Abhilfe zu schaffen. Die Zahl von Gerichtsverfahren, in denen Bauern Klage gegen ihre Herren erhoben, nahm reichsweit nach dem Bauernkrieg erheblich zu. Ebenso stieg die Zahl der Ermahnungen der Fürsten an die lokalen Obrigkeiten, die Rechte der einfachen Leute zu wahren und sie nicht über Gebühr zu belasten. Insgesamt belegt eine Fülle an Verhandlungen und Neuregelungen, dass sich die Situation der Bauern in den meisten Fällen eben nicht verschlechterte, sondern verglichen mit der Zeit vor der Revolution überwiegend verbesserte. Die »Revolution des gemeinen Mannes«, wie der Bauernkrieg genannt wird, verunsicherte die Regierenden so nachhaltig, dass sie die Missstände nicht wie zuvor ignorieren konnten. Nicht jede Revolution ist erfolgreich, aber so manche verlorene Revolution führt trotzdem zu Verbesserungen für die unterlegene Seite.

Eine weitere Kontroverse um den Bauernkrieg von 1524/25 betrifft seine Auswirkungen auf den weiteren Verlauf der Revolution. Die Forschungsmeinung ist geteilt über die Frage, ob die Niederlage der Bauern die Geschichte dahingehend beeinflusste, dass statt weiterer Volksbewegungen, die sich die Grundsätze der Reformation zu eigen machten und auf ihre unmittelbaren Nöte anwandten, seien sie religiös oder weltlich, nunmehr die Fürsten den Gang der Dinge bestimmten. In der Tat lief es ja darauf zu, dass sich die Regierenden Luthers Sache zu eigen machten und der Reformator selbst das ausdrücklich unterstützte. Statt eine breite Volksbewegung zu bleiben, kanalisierten die Fürsten an Luthers Seite die Sache so, dass sie gewissermaßen staatstragend blieb. Immerhin konnte man sagen, dass dies im Sinne des Reformators geschah – aber galt das auch für die Botschaft der Reformation für den einzelnen Christen? Luther verunglimpfte die »Schwarmgeister«, weil sie ihm zu radikal waren in der Auslegung seiner Schriften. Er hatte sich längst auf den Kurs einer obrigkeitlichen Reformation verlegt, in der die Landesherren die Dinge für ihre Christenschäfchen neu ordneten.

In ihrer Perspektive spielte ein jahrhundertealtes Ringen naturgemäß eine viel größere Rolle als für die Gottesfürchtigen, eng gedrückt in die Kirchenbänke: das zwischen geistlicher und weltlicher Spitze darum, wer denn das Sagen haben solle, der Papst oder der Kaiser und die Reichsfürsten. Die Fürstenreformation goss Luthers Anstöße dauerhaft und institutionell in eine bleibende Form. Das sicherte einerseits die Herrschaftsverhältnisse, andererseits blieb es für die einfachen Leute aber dabei, dass sie auch in religiöser Hinsicht regiert wurden. Sie hat die Entwicklung der Reformation auf Dauer bestimmt. Ob sie aber die Volksbewegung zur Gänze getilgt hat? Wie auch immer man diese Frage beantwortet, ein die Geschichtsschreibung salomonisch einender Spruch lautet, dass zwar der Ausgang der Bauernkriege die Reformation als Volksbewegung deutlich schwächte, aber nicht vollends zum Erliegen brachte. Zu erwarten ist aber, dass der Forschungsdrang der Historiker zu neuen Untersuchungen und neuen Erkenntnissen führen und den salomonischen Spruch auf die Probe stellen wird.

Nur eine Phase

Eine unbestritten wirkliche Revolution gilt als Wasserscheide der europäischen, ja der Weltgeschichte: die Französische. Sie markiert den Epochenwechsel zur Neuzeit, für viele Historiker endet sogar erst mit ihr das Mittelalter. Immerhin machte sie in Frankreich, indem sie die Vorrechte einer Minderheit von Adeligen und Klerikern gegenüber der überwältigenden Mehrheit des Volkes abschaffte, dem jahrhundertealten Herrschaftssystem des Feudalismus und der Monarchie den Garaus. Das Signal wurde in ganz Europa vernommen und mal enthusiastisch bejubelt, mal in Bausch und Bogen verteufelt. Man könnte meinen, über die Einordnung der Ereignisse und ihre historische Bedeutung müsste mehr als 200 Jahre danach Einvernehmen hergestellt sein. Tatsächlich aber ist die Französische Revolution noch immer ein kontrovers diskutiertes Thema, das die Emotionen selbst der zumeist eher verhaltenen Historiker in Wallung zu bringen vermag. Es ist eines der weltgeschichtlichen Ereignisse, deren Einordnung und Wertung bis heute abhängig ist von der Perspektive des Betrachters.

Vor allem ihre Terrorphase verhagelt die Bilanz der Französischen Revolution als »herrlichen Sonnenaufgang«, als den der deutsche Philosoph Hegel sie 1830 bezeichnete. Die Phase des »Terreur« dauerte von September 1793 bis Juli 1794, mithin weniger als ein Jahr. Sie nimmt also einen vergleichsweise kurzen Zeitraum der Revolution insgesamt ein. Und doch hat sie das strahlende Bild der Revolution mit ihren hehren Idealen von Freiheit, Gleichheit und Brüderlichkeit, mit ihrem Anspruch, Ungerechtigkeit und Willkür des Ancien Régime zu beenden, merklich verschattet. In schwieriger innen- wie außenpolitischer Lage, bedingt durch Wirtschafts- und Hungerkrise, Unruhen und Radikalisierung in Frankreich sowie eine anhaltende äußere Bedrohung durch die europäischen Mächte, die gegenüber der Republik militärisch an Boden gewannen, wurden im Frühling 1793 Notstandsgesetze verabschiedet. Als Radikalisierung und Gewalt aber anhielten, die Hysterie von Verrätern überall weiterhin grassierte und die Lage immer brenzliger wurde, verstaatlichte man gewissermaßen die Willkürgewalt. Revolutionsführer Georges Danton äußerte zu ihrer Legitimierung: »Seien wir schrecklich, damit es das Volk nicht sein muss.« Es war ein extremer Akt, um Republik und Revolution zu schützen, indem im Inneren mittels Terror Ruhe hergestellt und der Staat handlungsfähig gehalten werden sollte, um den Herausforderungen zu begegnen. Überwachungsausschüsse wurden berufen und Volksvertreter mit weitgehenden Vollmachten in die Departements entsandt. Vor allem das Revolutionstribunal in Paris, aber auch die Spezialtribunale vieler Städte machten tatsächlichen oder vermeintlichen Gegnern der Republik den Prozess. Ein Gesetz vom 10. Juni 1794 verschärft die Willkür noch, der Revolutionshistoriker François Furet sprach von einer »galoppierenden Repression«. Bevor das Terrorregime endlich beendet wurde, weil Regierungsmitglieder um sich selbst fürchteten, fiel ihm noch seine Symbolfigur zum Opfer: »der Unbestechliche« Maximilien de Robespierre.

Der Dichter William Wordsworth beklagte in Versen voll Entsetzen, dass unterschiedslos Freund und Feind, Menschen aller Richtungen, jeden Alters und Ranges verschwanden. Ein Kopf nach dem anderen rollte, und doch genügte das Blut jenen nie, die sie rollen ließen. Die Bilanz der Terrorherrschaft fällt in der Tat verheerend aus: Allein im Frühsommer 1794 wurden nur in Paris rund 1400 Hinrichtungen vollstreckt und die höchst effektive Guillotine derart beansprucht, dass man auf weitere Arten der Urteilsvollstreckung zurückgriff. Im Ganzen dürfte die Schreckensphase der Französischen Revolution 17 000 Menschenleben gefordert haben (davon über 2600 in Paris), bei rund einer halben Million Inhaftierten.

Die Phase des Terreur gilt aber weithin nicht nur als Makel der Revolution, als Verrat der Revolutionäre an der eigenen Sache. Noch weiter geht die Einschätzung eines nicht unerheblichen Teils der Historiker, die Terrorherrschaft sei nicht etwa nur ein bedauerlicher Fehltritt der Revolution gewesen, sondern notwendige, wenn auch tragische Konsequenz, ein grundlegendes Element der Französischen Revolution und in ihr gewissermaßen angelegt. Danach entblößte die Terrorherrschaft des Wohlfahrtsausschusses gewissermaßen die fundamentalistische Fratze der Revolution.

Aber hieße das nicht, dass die Revolution von Anfang an mit dem Ziel begonnen hätte, ihre Gegner allesamt unter die Guillotine zu bringen und die Blutorgie mit dem Königsmord zu krönen? Ludwig XVI. wurde erst im Januar 1793 hingerichtet – dreieinhalb Jahre nach Beginn des Umsturzes und unter dem Eindruck einer aus dem Ausland gesteuerten Verschwörung gegen die Revolution. Zuvor ging die Entwicklung vielmehr in Richtung einer konstitutionellen Monarchie nach englischem Vorbild. Erst die begründete Befürchtung einer Invasion aus dem Ausland setzte die Radikalisierung in Gang; die Flucht der königlichen Familie nach Varennes Ende Juni 1791 war gewissermaßen der Startschuss dafür. Dann allerdings gewann Robespierre die Oberhand und machte den Fanatismus zum Programm. Er betonte, Tugend sei das Mittel der Wahl für Friedenszeiten, in Zeiten der Revolution aber müsse sie mit terreur, mit Schrecken ergänzt werden, weil sonst die Tugend zahnlos sei. Bemerkenswert ist am Terror, dass die Jakobiner sich in der Ausführung ihrer Schreckensherrschaft auf Polizei und Armee stützen konnten und nicht, wie spätere Diktaturen, einen eigenen Terrorapparat aufbauen mussten. Die Vorstellung, die Guillotine sei während der Terrorphase ohne Unterlass mit bedauernswerten Opfern bestückt worden, hat das Bild von dieser Phase der Revolution so sehr geprägt, dass es den Anschein hat, als hätte keine wirkliche Politik mehr stattgefunden. Dabei beschäftigten den Staat die heiklen Brotpreise mehr als die Erstellung von Todesurteilen, die zudem nicht so vollends wahllos ergingen wie zumeist dargestellt. Als im September 1792 in Paris Vertreter von Adel und Klerus verhaftet wurden, kam nur ein geringer Teil von ihnen aufs Schafott, die Mehrheit wurde wieder freigelassen.

Zu Beginn der 1790er-Jahre befand sich das revolutionäre Frankreich in überaus prekärer Lage: umzingelt von den europäischen Monarchien, die in ihrer Angst, die Revolution könne auf ihr Land übergreifen, in grimmiger Entschlossenheit planten, die Revolution in Frankreich Episode werden zu lassen, bevor sie Geschichte schreiben konnte. Selbst England, das ein Jahrhundert zuvor eine Revolution durchlaufen hatte und ein starkes Parlament besaß, stellte sich auf die Seite der Gegner Frankreichs. Die Folge der Isolation waren steigende Lebensmittelpreise und Hungerproteste – reinstes Gift für eine etablierte Revolution, der aus Wut über ebensolche Zustände die Menschen zugelaufen waren. Es gab nicht nur die Verschwörung des Auslands gegen Frankreich, auch im Land selbst mehrten sich die Anzeichen für konterrevolutionäre Umtriebe, und es entbrannten blutige Machtkämpfe. Die Hysterie der gefährdeten Republik mochte übertrieben gewesen sein – unbegründet war sie keineswegs. Wären diese Zersetzungsprozesse weitergegangen, hätte das feindliche Ausland ein sehr viel leichteres Spiel gehabt, Frankreich zu besiegen. Mit einer Revolution in der Revolution riss der Wohlfahrtsausschuss schließlich die Macht an sich – und man könnte meinen, die nun folgende Radikalisierung war die Cholera, während ein innerer Zerfall der Revolution die Pest bedeutet hätte: Invasion des Auslandes und Wiederherstellung der Monarchie. Der Historiker Heinrich August Winkler bezeichnete die nun folgende Terrorherrschaft in diesem Sinne lakonisch als »prekäre Antwort auf eine extreme Herausforderung«. In dieser Lage stellt der Terror bei aller Brutalität und Willkür den verzweifelten Versuch dar, Republik und Revolution zu retten. Ihn als Heimsuchung einer Honigwiese zu verstehen lässt außer Acht, dass diese Honigwiese keine war und zudem in den umliegenden Höfen die Sensen längst geschliffen wurden.

Dass die Frage der historischen Beurteilung eine Sache des Images ist, zeigt der Vergleich der Französischen mit der Amerikanischen Revolution, die wenige Jahrzehnte früher einen kaum weniger schrecklichen Blutzoll forderte, aber milder beurteilt wurde. Von der Französischen Revolution setzte sich hingegen das Bild durch, mit innerer Logik und bei zunehmender Verrohung und Verrat an der eigenen Sache habe sie sich auf einer schiefen Ebene zum Terror hingeschaukelt. Diesem Urteil ging eine überaus produktive ausländische Propaganda voraus, die vor Übertreibungen, Entstellungen und Lügen nicht zurückschreckte. Darauf folgten Stellungnahmen von Intellektuellen, beginnend bereits 1790 mit Edmund Burkes *Betrachtungen über die Französische Revolution,* die im französischen Geschehen wenig Gutes erkennen. Durch das 19. Jahrhundert hindurch taten es ihm Autoren in vielen Ländern nach. Gerade in Europa blieb dies lange Zeit Mainstream – schon gar nach der Restauration Europas im Wiener Kongress, als die alten Mächte die Uhr so weit wie nur möglich zurückdrehten. In den politischen Debatten Frankreichs reduzierten Monarchisten, auf denen die Hypothek des Ancien Regime lastete, die Revolution auf den Terreur. Im 20. Jahrhundert war es dann der stalinistische Terror, der die Französische Revolution diskreditierte. Nach 1945 schließlich traten der Eindruck der verheerenden Weltkriege und des Totalitarismus sowie die ideologischen Grabenkämpfe der Historiker in Ost und West hinzu. In der Summe gab es stets einen Grund, das Kind namens Revolution mit dem Bade des Terrors auszuschütten.

Eine Revolution mit Maßstäben von Vernunft und Menschlichkeit zu beurteilen, auch wenn sie die Vernunft und Menschlichkeit auf ihre Fahnen geschrieben hat, ist ein zweifelhaftes Unterfangen. Wie die Politik insgesamt ist auch Revolution stets ein schmutziges, meist auch blutiges Geschäft. Friedliche Revolutionen, von denen das ansonsten überaus brutale 20. Jahrhundert zu seinem Glück einige erlebte, sind die Ausnahme – wie zuletzt die Revolutionen der arabischen Welt im 21. Jahrhundert erwiesen. Gewalt und Terror gehören also zur Geschichte der Französischen Revolution, aber sie waren nicht ihr Ziel. Der britische Historiker David Andress befand, der Terror sei vor allem die Konsequenz aus dem Bürgerkrieg, aus dem Mangel an Konsens und der äußeren Bedrohung geworden. Und doch: In ihrer Bedeutung für die Gegenwart mögen die Verdienste der Französischen Revolution ihre Verirrungen und Monstrositäten überstrahlen. Kann aber jemals Terror gerechtfertigt sein? Für die bedauernswerten Opfer der anderthalbjährigen Schreckensherrschaft machte es wenig Unterschied, warum sie ihr Leben lassen mussten: aufgrund von fanatischer Verblendung oder weil nur die Schreckensherrschaft der Revolution und ihre Ideale das Überleben sicherten.

Ein Glas Wasser

Nicht erst in unserer modernen Mediengesellschaft sind Leben und Tod berühmter Menschen ein beliebter Gesprächsstoff und häufig Quelle von Gerüchten, Mutmaßungen und Verdächtigungen. Vor allem wenn die Umstände eines plötzlichen Todes Ungereimtheiten aufweisen, können sich die Spekulationen als ausgesprochen zählebig erweisen. Eine Berühmtheit mit solchem Schicksal ist der russische Komponist Peter Tschaikowsky, der 1893 in Sankt Petersburg starb. Schon während seiner kurzen Krankheit war das öffentliche Interesse so groß, dass die Ärzte mehrmals täglich ein aktuelles Bulletin an die Wohnungstür des Komponisten hefteten, um über Tschaikowskys Zustand nach einer Cholerainfektion Auskunft zu geben.

Tschaikowsky stand 1893 auf der Höhe seines Ruhms. In aller Welt wurden ihm Ehrungen zuteil, seine Musik wurde überall gespielt, und er hatte soeben sein wichtigstes Werk vollendet: seine sechste Symphonie, die »Pathétique«. »Ich bin sehr stolz auf diese Symphonie und glaube, es ist meine beste Komposition«, schrieb er darüber hochzufrieden. Aber wenige Tage nach der Uraufführung des Werkes in Sankt Petersburg starb Tschaikowsky völlig unerwartet. Dass der letzte Satz seiner Pathétique wie ein Requiem angelegt war, bekam plötzlich eine schaurig-prophetische Note, und sehr schnell entstanden Gerüchte über die Hintergründe dieses unerwarteten, musikalisch aber doch vielleicht irgendwie angekündigten Todes.

Ärzte, Familie und Freunde ließen umgehend wissen, der Meister sei wirklich an der Cholera gestorben, die in der Tat schon seit geraumer Zeit die russische Hauptstadt heimsuchte. Aber wieso betrieben sie gemeinsam derart viel Aufwand, diese Todesursache zu belegen? Die Öffentlichkeit erfuhr in unterschiedlichen Varianten, der Komponist habe unvorsichtigerweise ein Glas verunreinigtes Wasser getrunken; die beiden Ärzte legten nach dem Ableben ihres Patienten in der Zeitung schriftlich Zeugnis ab von ihren Rettungsversuchen; Tschaikowskys Bruder Modest bemühte sich, jeden Zweifel an der Todesursache zu zerstreuen. Aber wie hatte der Komponist sich überhaupt infizieren können, wo doch jedermann wusste, dass nicht abgekochtes Wasser den Tod bringen konnte? Schließlich gehörte er zur Oberschicht, die im Unterschied zu den Armen die notwendigen hygienischen Vorsichtsmaßregeln gegen die Krankheit mühelos befolgen konnte. Wie konnte es passieren, dass ein exklusives Restaurant dem Komponisten ein Glas zweifelhaften Wassers servierte? Und waren nicht andererseits die Ansteckungsgefahr längst enorm gesunken und die Infektionsquote rückläufig, nachdem die Seuche im Sommer ihren Höhepunkt überschritten hatte? Skeptiker gaben außerdem zu bedenken, Tschaikowsky sei bekanntermaßen höchst sensibel und depressiv veranlagt gewesen. Schließlich hatte er schon 15 Jahre zuvor, unter dem Eindruck einer katastrophal gescheiterten Ehe, einen Selbstmordversuch unternommen.

Nachdem der Komponist beerdigt worden war, wurden weitere Details bekannt und nährten die Gerüchte, Tschaikowsky sei eines anderen Todes gestorben als an der Cholera. Der Komponist hatte seit seiner Rückkehr nach Sankt Petersburg kurz vor der Premiere der »Pathétique« bei seinem Bruder Modest gewohnt, zu dem er eine sehr enge Beziehung hatte. Modest und sein Freundeskreis sowie die herangezogenen Ärzte aber hatten nicht einmal die einfachsten Vorsichtsmaßnahmen im Fall einer Choleraerkrankung befolgt. Weder wurden Besucher angesichts der Ansteckungsgefahr abgewiesen noch die hochinfektiöse Wäsche mit der gebotenen Sorgfalt behandelt. Auch nach Tschaikowskys Tod wurden einfachste Hygieneregeln missachtet: Eigentlich hätten die sterblichen Überreste umgehend in einem verschlossenen Sarg aus der Wohnung gebracht werden müssen. Stattdessen durften die Trauergäste in der Wohnung Abschied vom Meister nehmen, der im offenen Sarg fotografiert wurde.

Für einen Teil der Öffentlichkeit war der Fall klar: Tschaikowsky war nicht an der Cholera gestorben, sondern hatte sich umgebracht. Die Sache wurde jedoch nicht geklärt, weil beide Seiten auf ihren jeweiligen Versionen bestanden: hier die Versicherung der Angehörigen und Ärzte, dort die Kritiker mit ihrem Verweis auf die zahlreichen Ungereimtheiten. Aber waren die Einwände vielleicht doch nur verständliche, aber unwesentliche Spitzfindigkeiten angesichts des überraschenden Todes eines berühmten Komponisten im Zenit seines Schaffens? Oder wollte die Familie den Skandal eines Selbstmords vermeiden und sicherstellen, dass der Tote kirchlich begraben wurde? Jahrzehnte später erklärte ein Mitglied des Freundeskreises um Tschaikowsky, das Gerücht des Selbstmords hätten zwei enttäuschte Damen aufgebracht – aus später Rache, weil der Komponist auf ein Heiratsbegehren nicht eingegangen war.

Ende der 1970er-Jahre emigrierte eine Musikwissenschaftlerin aus der Sowjetunion in den Westen und veröffentlichte bald darauf in einer angesehenen britischen Fachzeitschrift einen Artikel über die Hintergründe des Todes von Peter Tschaikowsky. Sie legte erneut die bekannten Zweifel an der Choleraversion dar und offenbarte dann eine Erklärung, die ihr von anderen Insidern bestätigt worden sei: Einer der Ärzte des Komponisten habe 1933, kurz vor seinem Tod, ihrem Mann berichtet, Tschaikowsky habe sich vergiftet. Aus anderer Quelle erhielt sie zufällig die Erklärung für diesen Tatbestand: Tschaikowsky sei von ehemaligen Mitstudenten aus seiner Petersburger Rechtsschule erpresst worden, die den Ruf ihres Instituts entwürdigt sahen, weil Tschaikowskys homosexuelle Neigungen bekannt zu werden drohten. In einem Brief an Zar Alexander III. sollte Tschaikowsky beschuldigt werden, eine Affäre mit einem jungen Mann zu haben. Man habe ein Ehrengericht versammelt, das den Komponisten zum Selbstmord verurteilte. Er habe Arsen genommen und damit seine Familie, seinen Ruf und den seiner Schule vor der Schande bewahrt, dass seine Homosexualität publik gemacht würde. Seinem Bruder Modest habe er dann erst die ganze Wahrheit mitgeteilt, als es keine Rettung mehr gab. Allerdings gelangte Alexandra Orlova auf Umwegen zu ihrer Erkenntnis, denn weder hatte sie mit direkt Beteiligten der Affäre gesprochen, noch konnte sie Beweise für die Echtheit ihrer Zeugenaussagen vorlegen, die aus zweiter und dritter Hand stammten. Trotzdem etablierte sich diese Erklärung in Teilen der internationalen Musikwelt und fand Eingang in ernst zu nehmende Biografien des Komponisten und sogar in Standardlexika.

Diese Erklärung für den plötzlichen Tod Tschaikowskys klingt durchaus plausibel, denn schließlich wurde Homosexualität in Russland damals juristisch verfolgt. Wurde Tschaikowsky also Opfer seiner Veranlagung und einer repressiven Moral? Waren seine depressiven Neigungen ausgelöst durch das unglückliche Leben eines Homosexuellen, der unter seiner Veranlagung litt, aber weder etwas daran ändern noch auf Toleranz hoffen konnte? Wollte er der drohenden Verbannung nach Sibirien entgehen, indem er seinem Leben ein Ende setzte?

Oder hatte da eine Exilrussin mit einer vagen These in Westeuropa reüssieren wollen? Allerdings ist ein Teil dieser Kritik an der Selbstmordthese wiederum mit Vorsicht zu genießen: Vor allem in der Sowjetunion, wo die Todesursache Tschaikowskys ein Tabuthema war, sollte das Bild des Komponisten nicht durch

»schmutzige« Details an Glanz verlieren, weder durch Selbstmord noch homosexuelle Veranlagung. Zumal im heutigen Russland wird Tschaikowskys Homosexualität gern bestritten, obwohl seine Biografie und seine Briefe gar keinen Zweifel daran zulassen. Ist also die Abwehr gegen die Selbstmordthese pseudomoralisch motiviert? Andererseits bemühen auch Befürworter der Selbstmordthese das Thema Homosexualität – zur Unterfütterung, weil einem schwulen Mann im Russland des ausklingenden 19. Jahrhunderts mit diesem »tragischen« Schicksal kein glückliches Leben hätte beschieden sein können.

Die heikle Frage bietet also erheblichen Sensationswert: Ein schwuler Komponist mit schillernder Biografie und depressiven Schüben, ein Ehrengericht erboster Mitstudenten, eine große Symphonie als nur leidlich kaschierte Abschiedsbotschaft, Cholera und Gift. Dazu die Furcht um das Ansehen eines als Nationalheld verehrten Komponisten des Zarenreichs, bewahrt selbst, wenn auch verspätet, im Kommunismus, und schließlich die Wahrheit aus dem Mund einer Exilrussin, die den Eisernen Vorhang überwindet, deren Zeugen aber allesamt tot sind – Stoff für einen pseudohistorischen Kostümschinken aus Hollywood.

Um den 100. Todestag des Komponisten aber räumten neue Untersuchungen mit der Selbstmordthese auf. Sie entlarvten akribisch, wie mit unsauberen Methoden die Selbstmordthese hoffähig gemacht worden war. Fast sieht es so aus, als sei da mit erheblicher Energie aus existierenden Gerüchten und Meinungen ein Mosaik zusammengesetzt worden, das zwar den angeblichen Selbstmord erklärt, stichhaltige Beweise aber vermissen lässt.

Wie in anderen Ländern auch waren in Russland gleichgeschlechtliche Handlungen zwar gesetzlich verboten und gesellschaftlich verpönt, aber gerade im Zarenreich galt wie anderswo für Adel und Künstler nicht dasselbe wie für andere, und man sah ihnen ihre Neigung nach. Tschaikowsky musste also keineswegs strafrechtliche Verfolgung befürchten, schon gar keine Verbannung nach Sibirien. Und ob ein Brief an den Zaren Tschaikowsky in Schwierigkeiten gebracht hätte, ist höchst zweifelhaft, da der Zar solche Affären schon mehrfach vertuscht hatte und Tschaikowsky eher gedeckt hätte. Aber selbst wenn die Sache publik geworden wäre, hätte sich die öffentliche Entrüstung vermutlich in Grenzen gehalten. Die Selbstzeugnisse Tschaikowskys belegen außerdem nicht, dass Tschaikowsky an seinem Lebensende unter seiner Homosexualität in unerträglichem Maße litt, eher ist das Gegenteil zu vermuten. Es erscheint daher fraglich, dass Tschaikowsky einem Scherbengericht ehemaliger Mitschüler gehorcht hätte. Und selbst wenn es zu einem Skandal gekommen wäre, hätte der Komponist ohne größere Probleme ins Ausland gehen können. Sein Status als vermögender, berühmter Komponist hätte ihm das mühelos ermöglicht. In Paris hätte sich die Öffentlichkeit wenig um seine sexuellen Vorlieben geschert.

Auch die Einwände gegen einen Choleratod lassen sich problemlos ausräumen. Tschaikowskys Ärzte waren hervorragend geschult und sind von jedem Vorwurf freizusprechen. Auch wenn die Cholera in Sankt Petersburg zum Zeitpunkt der Infektion Tschaikowskys etwas abgeklungen war, bestand weiterhin Ansteckungsgefahr. Die Vorschrift, nur abgekochtes Wasser zu servieren, wurde trotzdem in vielen Restaurants missachtet. Auch der vermeintlich fahrlässige Umgang mit der Ansteckungsgefahr während der Krankheit und nach dem Tod des Komponisten lässt sich erklären: Nach dem damaligen Kenntnisstand der Medizin mussten Tschaikowskys Ärzte nicht befürchten, dass von ihm eine nennenswerte Ansteckungsgefahr ausging. Und in ein Krankenhaus gingen wohlhabende Russen zu jener Zeit ohnehin nur im äußersten Notfall. Was im Übrigen Tschaikowskys Arzt in hohem Alter geäußert haben soll, stimmt durchaus, denn der Komponist hatte sich vergiftet – mit Choleraerregern. Der Verdacht, bei Cholerakranken Vergiftung zu wittern, war damals ebenso häufig wie verständlich, da sich die Symptome in beiden Fällen ähneln. Über viele Jahrzehnte wurde Europa damals immer wieder von der Cholera heimgesucht, und die Infektionskrankheit aus Asien wurde staatlicherseits mit strengen Maßnahmen bekämpft, die häufig zu Protesten und Aufruhr führten – und zur Verschwörungserzählung, die Krankheit existiere gar nicht, vielmehr sei eine umfassende Arsenvergiftung inszeniert worden. Dem zupass kam, dass sich in beiden Fällen die Symptome stark ähneln.

Was das studentische Scherbengericht betrifft, so machen der verschwörerische Charakter und die allzu schillernde Erzählung von der extremen Durchsetzung eines Ehrbegriffs mindestens stutzig. Im Ganzen erweckt die Theorie eher den Eindruck einer aus verschiedensten Gerüchten und ohne tragfähige Belege zusammengestrickten Skandalgeschichte. Die vermeintlichen Zeugenaussagen entpuppen sich rasch als nicht beglaubigte Behauptungen aus zweiter oder dritter Hand. Die These vom Selbstmord des genialen, aber unglücklichen schwulen Komponisten wird sich aber weiter halten, weil Skandale immer Konjunktur haben. Dass sie aber trotz aller Fadenscheinigkeit in der internationalen Musikwelt einige Unterstützung erfahren hat, muss wohl damit zu tun haben, dass sich mit dem »Skandaltod Tschaikowskys« noch immer Geld verdienen lässt.

Vor einem ordentlichen Gericht würde der Komponist vom Vorwurf des Selbstmords aus klarem Mangel an Beweisen freigesprochen, ebenso von gewissenhaften Historikern. Mit letzter Sicherheit ließe sich der Fall Tschaikowsky jedoch erst klären, wenn seine Überreste exhumiert und obduziert würden.

Sterben wie die Fliegen

Es war nichts weniger als eine Sensation. Am 30. November 1922 erfuhren die staunenden Leser der britischen *Times,* dass nur wenige Tage zuvor der Archäologe Howard Carter und sein Förderer Lord Carnarvon nach jahrelanger Suche im Tal der Könige das Grab des ägyptischen Pharaos Tutanchamun entdeckt hatten. Das archäologische Ereignis wurde umgehend zum weltweiten Tagesgespräch, denn was mit dem alten Ägypten zu tun hatte, war zu dieser Zeit gerade ungeheuer en vogue – und sollte es auch eine ganze Weile bleiben. Das lag zunächst am spektakulären Charakter des Jahrhundertfundes, denn das Grab war als bisher einziges im Tal der Könige weitgehend unberührt und barg ungeahnte Schätze. Die prächtige Maske der Mumie des Tutanchamun aus Gold und Lapislazuli dürfte neben der Büste der Nofretete das bekannteste Ausgrabungsobjekt der Geschichte sein. Aber zum Ruhm des so jung verstorbenen Pharaos trug mindestens ebenso sehr bei, dass es unmittelbar nach der Entdeckung des Grabes zu rätselhaften Todesfällen im Umkreis der Gräber kam, die zudem noch von unheimlichen Begleitumständen überschattet wurden.

Dem Fund waren lange Jahre enttäuschender Erfolglosigkeit vorangegangen. Howard Carter (1874–1939), ein leidenschaftlicher Archäologe aus bescheidenen Verhältnissen, hatte nach ersten Lehrjahren in Ägypten 1907 den acht Jahre älteren Lord Carnarvon kennengelernt, einen reichen Sammler und Weltreisenden, der sich seit ein paar Jahren für Ägypten interessierte und zum Hobbyarchäologen geworden war. Die beiden ungleichen Männer machten künftig gemeinsame Sache: Carter als der emsige Gräber, Carnarvon vor allem als Geldgeber. Die Suche wurde schließlich konkret; es ging um das Grab des Tutanchamun, der ca. 1333 v. Chr. schon als kleiner Junge den ägyptischen Thron bestiegen hatte und im Alter von 18 bis 20 Jahren gestorben war. Tutanchamun, vermutlich Sohn des Echnaton und Pharao der 18. Dynastie, verstarb kinderlos und hatte aufgrund der Regenten, die die Regierungsgeschäfte versahen, kaum Gelegenheit, sich der Nachwelt durch Taten in bleibender Erinnerung zu halten. Dafür sorgte erst die Entdeckung seines Grabes, denn die Kammern enthielten insgesamt 5000 Einzelstücke. Howard Carter äußerte später, Tutanchamuns Tod und Begräbnis seien das wichtigste Ereignis im kurzen Leben des ägyptischen Pharaos gewesen. Mit der großen Zahl an Beigaben sollte möglicherweise ausgeglichen werden, dass für den überraschend verstorbenen Pharao ein ansonsten nicht ganz standesgemäßes Grab bestimmt worden war. 3000 Jahre lang war es nicht geöffnet worden, und seine Schätze hatte das trocken-heiße Klima Ägyptens hervorragend konserviert. Nur kurz nach der Versiegelung der Kammern müssen Räuber in das Grab eingedrungen sein. Offenbar wurden sie aber erwischt, und das Grab wurde aufgeräumt und erneut versiegelt – diesmal für mehr als drei Jahrtausende. Als Howard Carter 1922 das Grab öffnete, blies ihm heiße Luft entgegen, und seine Kerze flackerte. Der schemenhafte Anblick im Inneren der Kammer bannte ihn so sehr, dass er in stummer Bewunderung nur dastand. Hinter ihm wurde Lord Carnarvon ungeduldig und fragte: »Können Sie etwas sehen?« Wie Carter später berichtete, brachte er nur stockend heraus: »Ja, wunderbare Dinge.«

Bald nach der Entdeckung jedoch verschied Lord Carnarvon ganz unerwartet. Zur gleichen Zeit fiel in ganz Kairo der Strom aus, und auf dem englischen Landsitz starb Carnarvons treuer Hund. Im folgenden Februar, als endlich der steinerne Sarkophag des Pharaos geöffnet werden konnte, starb ein kanadischer Literaturprofessor unmittelbar nach einem Besuch in Tutanchamuns Grab. Spätestens jetzt verbreiteten sich Gerüchte über einen Fluch, der über dem Grab liege und die Frevler nun einen nach dem anderen zu Tode kommen lasse, weil sie sich an der Totenruhe des Pharaos vergangen hätten. Im Laufe der Zeit wurden noch zahlreiche andere Todesfälle dem Fluch des Pharaos zugeschrieben. Das bezog sich aber nicht ausschließlich auf Menschen, die das Grab besucht oder mit der Mumie oder den Grabbeigaben zu tun hatten, sondern auch auf andere, die sich beispielsweise despektierlich über den Fluch geäußert hatten oder mit den Beteiligten verwandt oder bekannt waren. Im Laufe der Zeit summierte sich die Gruppe verfluchter Opfer des Pharaos je nach Zählung auf mehrere Dutzend.

Legenden über die ägyptischen Pharaonen, die sich noch in ihren Gräbern mit einem wirkungsvollen Fluch vor Eindringlingen geschützt hätten, werden immer dann bemüht, wenn sich einigermaßen plötzliche Todesfälle mehr oder weniger mutwillig mit einer Graböffnung in Verbindung bringen lassen. Grabflüche sind aus der ägyptischen Geschichte zwar überliefert, aber sie beziehen sich wohl weniger auf eine ernsthafte Bedrohung, sondern sind eher als ein ideeller Schutz der Totenruhe zu verstehen. Das unterscheidet sich nicht sonderlich von unserer Friedhofsruhe und der Ehre der Toten in anderen Kulturen. Vor allem aber sollten sie potenzielle Grabräuber abschrecken, die im alten Ägypten tatsächlich ein Problem waren. Die Reichtümer der Gräber waren keine geringe Verlockung für Kriminelle, wie die zahlreichen geplünderten Gräber belegen, die enttäuschte Archäologen in Ägypten zutage förderten.

Zu den Tausenden Grabbeigaben des Tutanchamun soll angeblich auch eine Tontafel gehört haben, die alle die mit dem Tode bedrohte, die die Totenruhe des Pharaos stören. Allerdings ist ihr überlieferter Text Historikern suspekt, weil völlig untypisch; außerdem fehlt von dieser Tafel jede Spur. Obwohl Carter die Beigaben in den Grabkammern behutsam und überaus sorgfältig katalogisierte und fotografierte, ist nicht einmal ein Foto dieser Fluchtafel erhalten. Sie hat schlichtweg nie existiert – ein Journalist hatte sie geschäftsbewusst erdichtet.

Eine andere Erklärung für den Fluch der Pharaonen lautet, in den Kammern habe sich ein Schimmelpilz gehalten, der ansonsten längst ausgestorben sei, und die Tode verursacht. Einen solchen Pilz gibt es tatsächlich, allerdings ist er nicht ausgestorben, und man muss ihn über einen längeren Zeitraum einatmen, um gesundheitlichen Schaden zu nehmen. Und aus ägyptischer Zeit können die Sporen ohnehin nicht stammen, denn sie hätten die drei Jahrtausende bis zur Öffnung nicht überstanden.

Trotzdem wird die auffällige Häufung von Todesfällen rund um die Graböffnung bis heute kontrovers diskutiert. Skeptiker bestehen darauf, der Fluch des Tutanchamun gehöre ins Reich der Legenden und sei nur eins von vielen Beispielen für tragische Zufälle, die ohne nachweisbare Verbindung zu einem Ereignis in einen Kausalzusammenhang gestellt werden. Die Öffnung eines drei Jahrtausende alten Grabes eines 18-jährigen Pharaos mit all der Pracht und Exotik, die sich vor dem modernen Auge auftat, verführte verständlicherweise zu fantasievoll aufgestellten Bezügen. Und vielleicht begünstigte eine Mischung aus Sensationslust und Unbehagen die Legendenbildung: Immerhin wurde da eine jahrtausendealte Totenruhe gestört – und die gehört schließlich auch in der Moderne zum kulturellen Konsens. Hinzu kam die Notwendigkeit, in der Presse nicht nur für gebildete und interessierte Leser Informationen zu bieten, denn auch die Boulevardblätter wollten am Hype um den jungen Pharao teilhaben. Die Presse fungierte in der Tat als Multiplikator der Geschichte, die alsbald von den zahlreichen Anhängern des Okkulten und Übersinnlichen begierig aufgenommen wurde – allen voran von Sir Arthur Conan Doyle, dessen Popularität der Verbreitung weiteren Vorschub leistete. Bald hatte eine merkwürdige Art wohliger Hysterie derart um sich gegriffen, dass für jeden einigermaßen plötzlichen Tod, der irgendwie mit dem Grab des Pharaos in Verbindung gebracht werden konnte, sein Fluch verantwortlich gemacht wurde.

Ein Beweis für diesen angeblichen Fluch des Pharaos konnte nie vorgelegt werden, nicht einmal ein Indiz, das andere, einfachere Erklärungen für die Todesfälle hinfällig machen könnte. Lord Carnarvon starb an einer infizierten Wunde – er war von einem Moskito gestochen worden, hatte den Stich beim Rasieren aufgeschnitten und die Wunde nachlässigerweise nicht desinfiziert. Vermutlich war eine Mücke schuld an der Blutvergiftung, die ihn drei Wochen später dahinraffte. Der Stromausfall in Kairo war alles andere als eine Besonderheit, sondern kam dort ständig vor. Und Carnarvons Hund war nicht wie behauptet in dessen Todesstunde verschieden, sondern einige Zeit später. Der kanadische Literaturprofessor, ohnehin nur zufällig in den Genuss einer Grabbesichtigung gekommen, war schon vor dem Besuch bei Tutanchamun krank gewesen und erlag der Virusgrippe nur zufällig am Tag danach. Die meisten anderen Toten, so tragisch ihr Ableben in manchen Fällen auch gewesen sein mag, starben in hohem Alter und in erheblichem Abstand vom Kontakt mit dem Grab. Statistisch gesehen, wurden sie sogar älter als der Durchschnitt ihrer Altersgenossen. Außerdem lebten von den sechs Anwesenden bei der Graböffnung bis auf den unglücklichen Lord Carnarvon alle munter weiter. Der Hauptbeteiligte des Sensationsfundes, Howard Carter, verstarb erst 17 Jahre nach seiner Entdeckung – zwar bereits mit 65, wofür aber vermutlich eher die Enttäuschung über die zeitlebens ausgebliebene Würdigung in seiner Heimat verantwortlich war als der Fluch des Pharaos. Aber auch weiterhin wird der Fluch durch Medien und Internet geistern – Zufall und Aberglaube sind nun einmal ein nahezu unschlagbares Team.

Schlafwandelnd ins Verhängnis

Während die anhaltende Debatte um einen Fluch der Pharaonen doch verdächtig nach wohliger Sesselgruselei riecht, geht es in einer anderen Kontroverse um Greifbares, nämlich konkrete Schuld an einer Katastrophe, genauer: Wer trägt die Verantwortung für den Ausbruch des Ersten Weltkrieges?

Für Historiker umfassen Jahrhunderte selten ein kalendarisches von genau einhundert Jahren – und das 20. Jahrhundert gehört zu den kurzen. Es endet mit dem Fall der Berliner Mauer am 9. November 1989 und beginnt am 28. Juni mit dem Attentat auf den österreichischen Thronfolger Erzherzog Franz Ferdinand im bosnischen Sarajewo bzw. mit dem Ausbruch des Ersten Weltkrieges einen Monat darauf. Der verheerende Krieg wurde mit einiger Berechtigung als »Urkatastrophe des 20. Jahrhunderts« bezeichnet: weil es sich um den ersten »totalen« Krieg handelte, weil er die Verhältnisse in Europa zuoberst kehrte, weil große Reiche zu existieren aufhörten, weil sein misstönender Nachhall noch lange zu vernehmen war und das politische Klima des Kontinents vergiftete – und weil Europa bis heute von seinen Ergebnissen geprägt ist. Sein Ende fand der Krieg in den Pariser Vorortverträgen, in denen die großen Mächte unter den Siegern dem erschütterten Kontinent wieder eine Ordnung gaben. Der bekannteste dieser Verträge ist der Versailler mit Deutschland, auf dessen Inhalt der Verlierer so gut wie keinen Einfluss nehmen konnte. Als die überaus harten Bedingungen in Deutschland bekannt wurden, war das Entsetzen ohne Beispiel, und es folgte eine innenpolitische Krise. Aber auch der Vertrag von Saint-Germain-en-Laye, der die Donaumonarchie Österreich-Ungarn Geschichte werden ließ, war von größter Bedeutung für den europäischen Kontinent nach dem Krieg.

Die Siegermächte sahen die Schuld am Ersten Weltkrieg allein auf der Seite der Mittelmächte: Deutsches Reich und Österreich-Ungarn waren daher in keiner Position zu verhandeln, vielmehr mussten sie empfindliche Gebietsverluste und eine erdrückende Reparationslast hinnehmen – die Donaumonarchie wurde sogar ganz aufgelöst. In Deutschland erwuchsen aus den Regelungen massive wirtschaftliche Probleme und ein Gefühl der übermäßigen Demütigung, was als einer der Gründe für den Aufstieg des Nationalsozialismus angesehen werden darf, der wiederum Europa in einen neuen, noch verheerenderen Krieg stürzte. Abgesehen vom Ausmaß der militärischen Niederlage der Mittelmächte und ihrer Verbündeten stand für den Großteil der Bevölkerung in den Siegerstaaten fest, dass das Deutsche Reich als Verantwortlicher für den Krieg zur Rechenschaft zu ziehen war. Die Vertreter der Siegermächte auf der Pariser Friedenskonferenz, die Anfang 1919 eröffnet wurde, sahen das kaum anders. Nicht zuletzt, um die Deutschland auferlegten, empfindlichen Gebietsverluste und eine erdrückende Reparationslast zu rechtfertigen, wurde dem Versailler Vertrag eine Mantelnote zur Seite gestellt, die dem Deutschen Reich die Hauptverantwortung am Krieg zuschrieb. Berlin habe »einen in Abhängigkeit gehaltenen Bundesgenossen« (gemeint ist Österreich-Ungarn) zum Krieg ermuntert und diplomatische Verhandlungen zu seiner Verhinderung vereitelt. Gleichzeitig ist vom »verbrecherischen Charakter des von Deutschland angefangenen Krieges« die Rede. »Deutschland ist in gleicher Weise für die rohe und unmenschliche Art, auf die er geführt wurde, verantwortlich.« Exkaiser Wilhelm II., inzwischen im niederländischen Exil, sollte an die Siegermächte ausgeliefert und vor Gericht gestellt werden.

Die Sache scheint also klar, und der Sturm der Entrüstung in Deutschland zwar verständlich, aber in der Sache nicht wirklich ernst zu nehmen. Die Reichsregierung sah sich ja ohnehin gezwungen, den Vertrag anzunehmen; nur sehr geringe Abmilderungen konnten noch erreicht werden. Wieso wurden dann aber seither ganze Bibliotheken mit Untersuchungen und Abhandlungen darüber gefüllt, wer die Schuld am Ersten Weltkrieg trägt?

Beginnen wir bei der Schuldzuweisung der Pariser Konferenz. Dass dort Deutschland so ausdrücklich und unmissverständlich die Hauptverantwortung übertragen wurde, ist auch der deutschen Verhandlungsdelegation unter Außenminister Graf von Brockdorff-Rantzau zuzuschreiben. Zwar wurde nicht mit, sondern über Deutschland verhandelt, aber der Außenminister machte die Schuldfrage zu einem wichtigen Thema, weil er Deutschlands Alleinschuld nicht akzeptierte. Das erst veranlasste die Siegermächte, eine eindeutige und einseitige Schuldzuweisung vorzunehmen und schriftlich niederzulegen. Die Mantelnote ist jedoch nicht Teil des Vertragswerks. Die Regelungen zur »Wiedergutmachung« des Friedensvertrages beginnen mit dem Artikel 231, der als »Kriegsschuldartikel« Berühmtheit erlangte, obwohl er das gar nicht ist. Dort heißt es zur Begründung der Deutschland auferlegten Wiedergutmachungsbestimmungen: »Die alliierten und assoziierten Regierungen erklären, und Deutschland erkennt an, daß Deutschland und seine Verbündeten als Urheber für alle Verluste und Schäden verantwortlich sind, die die alliierten und assoziierten Regierungen und ihre Staatsangehörigen infolge des ihnen durch den Angriff Deutschlands und seiner Verbündeten aufgezwungenen Krieges erlitten haben.« Dieser Satz wurde wortgleich und auf Österreich-Ungarn bezogen auch in den Vertrag von Saint-Germain übernommen. Es geht um die juristische Haftung der Achsenmächte für die Kriegsschäden, weil die Kriegserklärungen Österreich-Ungarns an Serbien vom 28. Juli 1914 sowie die deutschen Kriegserklärungen an Russland (1. August 1914) und Frankreich (3. August 1914) den Ersten Weltkrieg ausgelöst haben. Da die Urheberschaft aber nicht automatisch die Schuldfrage löst, wurde seither viel darüber gestritten, geforscht und geschrieben, denn die Sache ist alles andere als einfach.

Der Versailler Vertrag sah außerdem vor, dass der frühere Kaiser Wilhelm II., der inzwischen im holländischen Exil lebte, vor einem alliierten Gericht zur Rechenschaft gezogen werden sollte. Doch wie genau sieht es mit dessen Verantwortung aus? Wie weit reichte seine Macht? Inwiefern gingen deutsche Entscheidungen auf ihn zurück? Der letzte deutsche Kaiser war zweifellos ein schwieriger, getriebener und überheblicher Zeitgenosse, dessen Auftreten national wie international für viel Irritation sorgte und viel Porzellan zerschlug. Seine Großmannssucht, sein Geltungsdrang und seine »Nibelungentreue« zu Österreich-Ungarn wiegen schwer. Gerade auf dem wohl geölten Parkett der internationalen Diplomatie kam er häufiger ins Rutschen und zumal in krisenhaften Zeiten richtete er viel Schaden an. Er gilt deswegen auch heute noch als gewissermaßen personifizierte Schuld am Desaster des Ersten Weltkrieges. Doch so gern Wilhelm sich sein »persönliches Regiment« zugutehielt und als Dreh- und Angelpunkt internationaler Politik verstand und verstanden sehen wollte, so begrenzt war seine Macht trotzdem, zumal nach der *Daily-Telegraph*-Affäre 1908 und vollends im Krieg. Bei allen markigen Sprüchen wurde er außerdem zum Leisetreter, sobald es ernst zu werden drohte, wie sich bei mehreren Gelegenheiten bis hin zur Julikrise unmittelbar vor Kriegsausbruch erwies. Ohnehin regierte der deutsche Kaiser nicht absolut, und das Auswärtige Amt mit seinem umfangreichen Apparat verfolgte nicht stets dieselben Ziele. Insbesondere im Vorfeld der Kriegserklärungen, als Europa im Juli 1914 am Abgrund entlangtänzelte, war sein Einfluss auf die deutsche Diplomatie gering.

Auch die beiden anderen gekrönten Häupter der Großmächte (nur Frankreich war bereits eine Republik) herrschten keineswegs unumschränkt: der englische König mit erheblich weniger, der russische Zar mit mehr Spielraum als der deutsche Kaiser. Die maßgeblichen Politiker der Länder und ihre innen- wie außenpolitischen Grundsätze und Absichten – und ihre Einschätzungen, ob das Risiko eines Krieges akzeptabel sei –, spielten also durchaus eine wichtige Rolle. Sowieso machten die Monarchen zu unterschiedlichen Zeiten unterschiedlichen Gebrauch von ihren Möglichkeiten: Während der britische König Georg V. seit seiner Thronbesteigung 1910 wenig Initiative zeigte, begann in jenen Jahren der russische Zar Nikolaus II., auf die Außenpolitik Einfluss zu nehmen, allerdings wenig zielgerichtet. Wilhelm II. schließlich beklagte sich intern nicht grundlos, bei außenpolitischen Entscheidungen umgangen zu werden – was seine Regierung mit gutem Grund tat, weil der Kaiser mitunter irrlichterte. Der österreichische Kaiser Franz Joseph schließlich war ebenfalls nicht die treibende Kraft der Wiener Außenpolitik.

In den europäischen Hauptstädten kamen zu den Monarchen und maßgeblichen Ministern politische Parteiungen, die außenpolitisch eine bestimmte Richtung vertraten, sowie die Diplomaten, die mitunter erstaunlichen Spielraum und Einfluss besaßen. Schon die Entscheidungsträger sind also nicht so genau auszumachen, dazu kommen Wechsel in den Ämtern – in Paris gaben sich die Minister die Klinke geradezu in die Hand. Aber auch in Berlin und Sankt Petersburg wurde nicht immer dieselbe außenpolitische Linie verfolgt, zumal sich die Koordinaten verschoben, etwa durch Kriege und andere Konfrontationen. Insgesamt gaben weder Politiker noch Diplomaten noch die gekrönten Häupter allzu viel darauf, den europäischen »Laden« zusammenzuhalten, sondern verfolgten vornehmlich Einzelinteressen.

Alles in allem bestimmte also ein überaus komplexes Geflecht von Bedingungen die europäische Politik in den Jahren vor Kriegsausbruch. Keineswegs war es so, dass die europäischen Mächte ihre Politik allein nach Deutschland ausrichteten, weil sie es als Bedrohung ansahen. In England zum Beispiel gab es durchaus gewichtige Stimmen für eine Annäherung an Deutschland, weil sie Russland als die eigentliche Bedrohung ausmachten. Als Kolonialmacht verstand England Russland und Frankreich als die größeren Rivalen, selbst die deutsche Aufrüstung fiel da lange Zeit gar nicht so sehr ins Gewicht. Russland wiederum war uneins über die geopolitische Ausrichtung: Die einen sahen Asien als wichtigsten Wirkungsraum, den anderen waren der Schauplatz Balkan und das Ideal panslawischer Politik wichtiger. Selbst in Frankreich, wo die Rückgewinnung der 1870/71 an Deutschland verlorenen Provinzen Elsass und Lothringen auf der Agenda ganz oben stand, gab es auch eine Fraktion für eine Annäherung. Der deutsche Drang zur Weltgeltung wurde ohnehin keineswegs überall grundsätzlich abgelehnt und die außenpolitischen Einlassungen des Kaisers nicht übermäßig hoch gehängt – da war der mediale Flurschaden oft größer als der politische. Überhaupt spielte Asien, wo das Kaiserreich China schwächelte und Japan aggressiv auftrat, eine wachsende Rolle für die europäische Politik. Zugleich zeichnete sich der Zerfall des mächtigen Osmanischen Reiches ab, was natürlich in vielen Hauptstädten Begehrlichkeiten weckte und Planungen für das Kommende nötig machte.

Aber nicht nur die Großmächte, auch die kleineren Staaten verfolgten ihre Interessen, zumal die jungen auf dem Balkan, insbesondere Rumänien, Bulgarien und Serbien. Daher war Bosnien-Herzegowina, dessen Annexion Wien 1908 für dauerhaft erklärte, keineswegs ein Nebenschauplatz: Vor allem spekulierte Serbien auf den Zerfall der Donaumonarchie, um sich territorial bereichern zu können, was wiederum Russland als selbst ernannter Mentor der Südslawen nicht unberührt ließ. Destabilisierung zum Beispiel in Bosnien war für Belgrad eine verlockende Option, sodass die Frage, welche Rolle Serbien beim Attentat auf den österreichischen Thronfolger spielte, eigentlich nicht nur Wien hätte beschäftigen müssen. Doch das Attentat von Sarajewo war bereits der Funke, der die Lunte entzündete, auch wenn sie noch vier Wochen benötigte, bis sie das Pulverfass erreicht hatte. Aber weil sich niemand ernsthaft die Mühe machte, die Lunte noch auszutreten, kam es zur Katastrophe.

Weil mit dem Ersten Weltkrieg das alte Europa unterging, ist man geneigt, davon auszugehen, die Welt davor sei einfacher zu durchschauen gewesen als die neue. Die Konstellationen europäischer Politik waren in den beiden Jahrzehnten aber im Gegenteil ausgesprochen undurchsichtig und so vielfältig, dass monokausale Herleitungen des Krieges nicht weit führen. Zuletzt hat der britische Historiker Christopher Clark auf breiter Quellenbasis untersucht, wie es zum Krieg kommen konnte. Er betitelte sein Buch *Die Schlafwandler,* weil die europäischen Staatsmänner eine ganze Weile lang ziemlich unverdrossen auf dem Dachfirst balancierten, als stünde ihnen der Abgrund nicht vor Augen. Als die Kämpfe begannen, fühlten sich alle Kriegsteilnehmer als Angegriffene.

Anzünden und reinwaschen

Eine weitere gewichtige Kontroverse beschäftigt Historiker und Öffentlichkeit seit Jahrzehnten, und auch hier hängt viel an der Beurteilung der Ereignisse und der Zeugenschaften. Als nämlich am 27. Februar 1933, wenige Wochen nach der Vereidigung des Kabinetts Hitler, das deutsche Parlament brannte, waren die Auswirkungen enorm. Die Einordnung des Reichstagsbrandes hat bis heute Bedeutung für die Wertung der Frühphase der NS-Herrschaft in Deutschland. Weil nur wenige Tage später am 5. März die Reichtagswahlen stattfinden sollten, kam vielen Beobachtern im In- und Ausland als Erstes in den Sinn, die Nationalsozialisten als Urheber zu verdächtigen. Der Schriftsteller Klaus Mann schrieb tags darauf in sein Tagebuch: »Dieser Brand kommt denen so unheimlich gelegen – ob sie ihn nicht selbst bereitet haben?« Er meinte die Nationalsozialisten, denen er alles zutraute, sehr zu Recht, wie sich bald bewahrheiten sollte. So vorzüglich konnte die NSDAP diesen Brandanschlag für ihre Zwecke nutzen, dass das Nächstliegende war, sie auch gleich dafür verantwortlich zu machen.

Noch im Reichstagsgebäude jedoch wurde Marinus van der Lubbe verhaftet, ein junger, idealistischer Niederländer, der keinen Widerstand leistete und zu Protokoll gab, den Brand eigenhändig und alleine gelegt zu haben. Van der Lubbe stand den Kommunisten nahe und wollte mit diesem wie auch vorangegangenen, mehr oder weniger fehlgeschlagenen Anschlägen auf Behördengebäude und das Berliner Schloss die deutsche Arbeiterschaft aus ihrer Lethargie reißen und zum Aufstand anstacheln. Das gab er jedenfalls zu Protokoll. Wie aber hatte es dem stark sehbehinderten Wirrkopf gelingen können, in den gut gesicherten Reichstag zu kommen und mit einer Packung Haushalts-Kohlenanzünder in kürzester Zeit ein Großfeuer zu legen? Immerhin brannte der Plenarsaal vollständig aus, und aufgrund der enormen Hitzeentwicklung barst die Glasdecke in der damaligen Kuppel des Gebäudes.

Vorbereitet oder nicht, Hitler und Göring reagierten prompt. Verhaftungswellen wurden umgehend eingeleitet, Kommunisten überall festgenommen. In der Presse wurde van der Lubbe als »holländischer Kommunist« bezeichnet. Noch am 28. Februar erging eine Notverordnung »Zum Schutz von Volk und Staat«, die als »Reichstagsbranderlass« und unterschrieben von Reichspräsident Paul von Hindenburg den Behörden weitgehende Kompetenzen einräumte und eine Art zivilen Ausnahmezustand herbeiführte. Aufgrund seiner Bedeutung für die Gleichschaltung des Landes und die Konsolidierung der Macht der NSDAP wird dieser Erlass gelegentlich und nicht sehr glücklich als »Grundgesetz des Dritten Reiches« bezeichnet.

Die deutsche Öffentlichkeit reagierte so gespalten, wie sie damals war: Man fürchtete entweder die Nazis oder die Kommunisten – oder beide. Und da kaum vorstellbar war, dass ein unbedeutender, kleiner Einzeltäter voll verquerer Gedanken und noch dazu halb blind, einen Anschlag von historischer Dimension zu verantworten hatte, vermutete man ein Komplott. Dass der Reichstagsbrand weitreichende Folgen haben würde, lag schon damals auf der Hand. Die Nationalsozialisten behaupteten, van der Lubbe sei von Kommunisten beauftragt worden. Noch am Tatort hatte Reichstagspräsident Göring behauptet: »Ohne jeden Zweifel ist dies das Werk der Kommunisten.« In einem national wie international Aufsehen erregenden Prozess wurde der junge Holländer bald darauf zum Tode verurteilt. Hintermänner wurden ebenso wenig gefasst, wie eine kommunistische Verschwörung nachgewiesen werden konnte, das Gericht sah es jedoch als erwiesen an, dass Lubbe nicht als Einzeltäter gehandelt hatte. Das klägliche Bild, das der junge holländische Wandergeselle auf der Anklagebank abgab, schien ihn nicht gerade als Einzeltäter auszuweisen. Die Möglichkeit, es könnten nationalsozialistische Provokateure gewesen sein, schloss das Gericht ausdrücklich aus. Dafür fehle die notwendige verbrecherische Gesinnung.

Für die Nationalsozialisten war der Reichstagsbrand von unschätzbarem Wert. Zwar war Hitler seit dem 30. Januar Reichskanzler, aber noch konnte keine Rede davon sein, dass da eine Diktatur fest im Sattel saß. Noch war die verfassungsgemäße Ordnung in Kraft und die NSDAP auf Koalitionspartner angewiesen. Der Anschlag ließ sich hervorragend nutzen, um die Macht zu konsolidieren und auch propagandistisch erfolgreich gegen die Kommunisten zu arbeiten. Und die Propagandaschlacht begann umgehend: Denn die Kommunisten warfen ihrerseits den Nationalsozialisten vor, hinter den Anschlägen zu stecken. Der längst erbittert geführte Wahlkampf wurde jetzt mit noch härteren Bandagen ausgefochten. Auf die Frühphase der NS-Herrschaft bezogen, wirkt der Reichstagsbrand wie ein Baustein der Maßnahmen, mit denen die Nazis ihre Macht konsolidierten. Es folgten bis 1934 Boykotte jüdischer Geschäfte, Bücherverbrennung, der Tag von Potsdam, die Einführung des 1. Mai als Feiertag mit der Zerschlagung der Gewerkschaften, die »Gleichschaltung« staatlicher und gesellschaftlicher Institutionen bis hin zum sogenannten Röhm-Putsch, der Ermordung tatsächlicher und vermuteter Gegner innerhalb und außerhalb der »Bewegung«.

Aber dass Hitler der Brand derart zupasskam, beweist nicht, dass die Nationalsozialisten ihn veranlasst hätten. Die Frage nach den Urhebern beschäftigte die damalige Öffentlichkeit, das aufgeschreckte Ausland und seit Kriegsende Generationen von Historikern. Zum einen, weil der Brand ein bedeutsames Element der nationalsozialistischen Herrschaft und ihrer Machtsicherung ist. Zum anderen aber auch, weil Reichstagsbrand, der nachfolgende Prozess und der legendäre Reichstagsbranderlass ein schillerndes Kapitel der Geschichte des 20. Jahrhunderts sind – auch wenn es in sehr düsteren Farben schillert. Spätestens seit den Sechzigerjahren hat sich die Debatte um den oder die Feuerteufel in Ton wie Mitteln verschärft: Ein Buch, das mit gewichtigen Argumenten die Alleintäterthese vertrat, wird bis heute von vielen angefeindet. Als um die Jahreswende 1959/60 Fritz Tobias seine Ergebnisse in einer Serie des Hamburger *Spiegel* der Öffentlichkeit präsentierte, ging ein Aufschrei durchs Land. An der Entrüstung lässt sich ablesen, welchen Stellenwert der Reichstagsbrand im Geschichtsbewusstsein der deutschen Öffentlichkeit einnahm. Die schwierige und schmerzhafte Aufarbeitung der jüngsten Vergangenheit hatte eine leidlich bequeme Sicht auf die NS-Zeit hervorgebracht: Hitler und seine Männer als das personifizierte Böse marschierten planvoll und unbeirrt in Richtung totalitärer Diktatur, nichts konnte sie aufhalten, auch nicht das deutsche Volk. Der Reichstagsbrand verkörpert diese bequeme Sicht der sozusagen unausweichlichen Diktatur. Sie aufzugeben kam einer Zumutung gleich. Denn wenn die NSDAP ihre Macht auch Ereignissen verdankte, die sie zwar kaltblütig ausnutzte, nicht aber verschuldet hatte, dann warf das ein etwas anderes Licht auf die dunkelste Periode der deutschen Vergangenheit. Die Wogen schlugen hoch. Die Zeit veröffentlichte Artikel, die der Alleintäter-These widersprachen und den Vorwurf der »Reinwaschung« der Nationalsozialisten erhoben.

Gegenspieler für Tobias wurde das Ende der Sechzigerjahre ins Leben gerufene »Luxemburger Komitee«, das energisch die These vertrat, die Nationalsozialisten steckten hinter dem Anschlag. Abgesehen davon, dass niemand so sehr davon profitiert habe wie sie, sprächen auch diverse Indizien dafür: Ein Wirrkopf als Einzeltäter sei in diesem Fall kaum vorstellbar, jemand habe ihn in das Gebäude schmuggeln und beim Anzünden helfen müssen, denn im Gebäude standen diverse Brandherde innerhalb kürzester Zeit lichterloh in Flammen. Auch die Tatsache, dass die Nazis so schnell und wirkungsvoll auf den Brand reagierten, lasse darauf schließen, dass sie ihre Finger im Spiel hatten. Der »Reichstagsbranderlass« ermöglichte dem Staat, ohne Anklage und Beweise Verhaftungen vorzunehmen, Wohnungen zu durchsuchen und das Postgeheimnis außer Kraft zu setzen. Daneben vereinfachte der Erlass die Ausübung strenger Zensur erheblich. Das Komitee ging gegen die, wie es polemisch zuspitzte, »Gestapo-Legende« vom Einzeltäter massiv vor, ohne dabei in der Wahl der Mittel allzu zimperlich zu sein. Es weigerte sich jedoch lange, jene Dokumente zur Prüfung vorzulegen, mit denen es seine These beweisen wollte. Ende der Siebzigerjahre schließlich erwiesen sich einige der vorgeblichen Beweise als grobe Fälschungen. Damit machte das Komitee sich und seine Argumentation natürlich nicht glaubwürdiger. Aber der Vorwurf einer »Nazi-Unschuldslegende« verfehlte seine Wirkung nicht. Mit dem Ende der DDR tauchten in den 1990er-Jahren abermals Dokumente auf, die aus Moskau nach Ostberlin gelangt waren und nun mit großem Interesse von den Verfechtern der jeweiligen Urheberschaftsthesen darauf untersucht wurden, ob sie der eigenen Sache dienen. Wieder gab es unterschiedliche Interpretationen der Beweislage, wieder bleiben Widersprüche, wieder ließ sich nicht mit völliger Sicherheit klären, wer für den Brand verantwortlich war.

Führt man aber die Kontroverse um den Reichstagsbrand auf ebendiese gesicherten Erkenntnisse zurück, ergibt sich folgendes Bild: Dass Marinus van der Lubbe den Reichstag angezündet hat, ist eine Tatsache. Dass er nicht alleine gehandelt hat, lässt sich ebenso wenig nachweisen wie die Vermutung, er sei unwissentlich von einem Brandkommando der NSDAP unterstützt worden. Möglicherweise gelangten durch den berühmten früheren Tunnel vom Reichstagspräsidentenpalais Nazi-Brandstifter ins Reichstagsgebäude, um mit Brandmittel van der Lubbe mit seinen Grillanzündern die Arbeit zu erleichtern, aber dafür gibt es keine Beweise. Gleichzeitig aber ist schwer erklärbar, wie der Niederländer in kürzester Zeit ein derartiges Feuer hätte entfachen können. Früher wie heute schließen Brandexperten jedoch aus, dass van der Lubbe Einzeltäter gewesen sein kann. Das wäre schon ohne seine Sehbeeinträchtigung schwierig gewesen, zumal er das riesige Gebäude gar nicht kannte.

Und trotzdem: Dass die Tat den Nazis half, ist kein Beweis für ihre Täterschaft, sondern eine – wenn auch durchaus naheliegende – Vermutung. Die Verhaftungswelle war aber ohnehin geplant und musste nur noch ausgeführt werden. Und für den Reichstagsbranderlass griff man auf bereits existierende Entwürfe zurück.

Bei dem Streit geht es längst nicht mehr nur um den oder die Brandstifter, sondern um ein Element der nationalsozialistischen Herrschaft. Hat die NSDAP ihren Weg an die absolute Macht Schritt für Schritt sorgfältig geplant und ausgeführt oder kamen ihr im Falle des Reichstagsbrandes die Umstände zupass? Die Geschichte hat gezeigt, dass Diktaturen nie ausschließlich aus eigener Kraft entstehen; sie verdanken ihre Existenz immer auch den Umständen. Und doch ist erstaunlich, wie hoch die Emotionen beim Thema Reichstagsbrand noch immer gehen. Das galt schon für die *Spiegel*-Serie in den 1960er-Jahren, und so geschah es erneut, als 2014 der US-Historiker Benjamin Carter Hett ein Buch vorlegte, das seinem Untertitel sehr gerecht wurde: »Wiederaufnahme eines Verfahrens«. Akribisch trug Hett alle bisherigen Erkenntnisse zusammen und fügte eigene Forschungsergebnisse bei, die manche Befunde vertiefen, neue Aspekte beisteuern und Maßgebliches in ein schärferes Licht setzen. Denn viele Akteure der Diskussion hatten gute Gründe, die Zusammenhänge so darzustellen, wie sie es taten. Anderes war schlichtweg unbeachtet geblieben. *Spiegel*-Autor Fritz Tobias beispielsweise war nicht nur Chef des niedersächsischen Verfassungsschutzes, sondern hatte den Auftrag, NS-belastete Mitglieder der Polizei zu entlasten. Das galt zum Beispiel für den langjährigen Leiter der Kriminalpolizei Hannover. In seiner Beweisführung unterschlug Tobias Dokumente, die sich später in seinem Archiv fanden. Nach Gründung der Bundesrepublik 1949 kam es zuhauf zu Reinwaschungen, vom Dorfschullehrer, der NS-Ideologie gelehrt hatte, bis zu hochrangigen Staatsbeamten, die ihre NS-Karriere in der westdeutschen Demokratie fortsetzen wollten. So wirkten Seilschaften und wurden Mythen entwickelt, um Tatsachen zu verfälschen oder zumindest in ein wärmeres Licht zu setzen. Über die Jahrzehnte geriet ziemlich willkürlich, welche der damals Beteiligten jeweils als glaubwürdige Zeugen eingestuft wurden und welche nicht. Diese sumpfigen Verhältnisse wirken bis heute in die wissenschaftliche Aufarbeitung des Reichstagsbrandes hinein, weil die Beurteilung von Zeugenaussagen so unterschiedlich ausfällt. Für die Nachkriegsjahrzehnte kommen die Frontlinien des Kalten Krieges hinzu, die manche Perspektive einengten. Mit seinem Buch hat Hett die Urheberschaftsfrage nicht gelöst, aber wieder mehr Sachlichkeit und Seriosität in die erbitterte Debatte gebracht, schon weil er der verhakten deutschen Kontroverse den frischen Blick von außen beisteuert. Da aber weiterhin eindeutige Beweise fehlten, wird der Fall Reichstagsbrand weiterhin ungeklärt und Gegenstand von Forschungskontroversen bleiben.

Mütter Courage

Was Adolf Hitler noch in der Nacht des Reichstagsbrands vor dem brennenden Parlamentsgebäude gesagt haben soll, schrieb nach dem Zweiten Weltkrieg Rudolf Diels, der noch im April 1933 erster Chef der Gestapo wurde: »Es gibt jetzt kein Erbarmen. Wer sich uns in den Weg stellt, wird niedergemacht. Das deutsche Volk wird für Milde kein Verständnis haben.« Seit seiner Ernennung zum Reichskanzler hatte sich zwar Protest geregt, überwiegend aber herrschte Anspannung, weil der weitere Verlauf der Ereignisse völlig offen schien. Vor allem Kommunisten und Sozialdemokraten demonstrierten, bis die neue Reichsregierung im Reichstagsbrand den idealen Hebel fand, (fast) allen Protest zu ersticken. Die »Reichstagsbrandverordnung« legalisierte den Terror gegen jeglichen Widerstand; was uns heute als unveräußerliche Grundrechte heilig ist, wurde zur Festigung der NS-Herrschaft und Errichtung einer Diktatur außer Kraft gesetzt. Bald schon fand sich eine fünfstellige Zahl an Regimegegnern in »Schutzhaft«, und immer weniger Protest regte sich. In Dresden schrieb der Schriftsteller Erich Ebermayer ins Tagebuch: »Wir werden in Zukunft nur noch Jasager haben. Alles andere ist stumm, niedergeknüppelt, erledigt.«

Ebermayer verlegte sich bald selbst aufs Stillhalten, so wie die übergroße Mehrheit der Deutschen. Zivilcourage in jeglicher

Form wurde überaus selten, was hauptsächlich für die Ermordung der deutschen Juden gilt, die von ihren nichtjüdischen Landsleuten bestenfalls stumm bedauert, häufiger aber gebilligt, wenn nicht unterstützt wurde. In jedem Fall zeichneten sich die allermeisten durch einen erschreckenden Mangel an Empathie aus. Einige Beachtung finden daher die wenigen Fälle offenen Protestes, zu denen der Rosenstraßen-Protest Ende Februar, Anfang März 1943 gehört.

Damals versammelten sich jeden Tag aufs Neue überwiegend Frauen in der Berliner Rosenstraße, einer kleinen Seitenstraße im Zentrum, nicht weit von Dom und Alexanderplatz. Sie verlangten die Freigabe jüdischer Zwangsarbeiter, die in der sogenannten Fabrikaktion kurz zuvor hierher in ein Verwaltungsgebäude der jüdischen Gemeinde verbracht worden waren, um deportiert und ermordet zu werden. In der reichsweiten Razzia sollten aus kriegswichtigen Betrieben die jüdischen Zwangsarbeiter »entfernt« werden. In Berlin arbeiteten zu jener Zeit noch rund 11 000 jüdische Zwangsarbeiter, ungefähr 2000 von ihnen fanden sich in den Büroräumen der Rosenstraße wieder. Die meisten waren Männer, aber auch Frauen und einige Jugendliche waren darunter. »Arisch Versippte« standen eigentlich im Unterschied zu anderen Juden unter dem Schutz der Ehe mit Nichtjuden, die seit 1935 verboten war, aber selbst dieser Rest an Achtung vor der Institution Ehe schien plötzlich nicht mehr zu gelten. (Eine Mischehe schützte gleichwohl nicht vor Diskriminierung und Zwangsarbeit, Demütigung und Ausgrenzung; zudem gab es Unterschiede je nachdem, ob der Mann oder die Frau jüdisch waren. Die nichtjüdischen Ehepartner standen zudem unter massivem Druck, sich scheiden zu lassen, was für ihre Partner Deportation bedeutet hätte.) Um die drohende Deportation zu verhindern, protestierten Ehefrauen, Mütter und Kinder, aber ebenso Unbeteiligte zwölf Tage lang. Augenzeugen berichteten zumeist von mehreren Hundert Menschen, die sich dem NS-Regime entgegenstellten. Das regierungsamtliche Eingeständnis der verheerenden Niederlage der Wehrmacht bei Stalingrad kurz zuvor am 3. Februar mag dazu beigetragen haben. Die zuständigen Stellen gaben schließlich nach und ließen die Männer frei. 23 von ihnen wurde sogar aus dem Vernichtungslager Auschwitz zurückgeholt, in das sie bereits deportiert worden waren. Die meisten der Männer überlebten so bis zum Ende des Krieges gut zwei Jahre später. Abgesehen von den Juden, die untergetaucht in der Illegalität zu überleben vermochten, gehörten 1945 zu den wenigen überlebenden Juden überwiegend solche aus Mischehen.

Nachdem die Aktion der Frauen in der deutschen Erinnerung jahrzehntelang kaum eine Rolle spielte, wurde sie seit der Jahrhundertwende bekannter, nicht zuletzt durch den Spielfilm »Rosenstraße« der Regisseurin Margarethe von Trotta aus dem Jahr 2003. Gleichzeitig begann in der Fachwelt die Debatte über das Ereignis. Denn bis heute konnte nicht geklärt werden, ob es wirklich der mutige Protest der Frauen war, der zur Freilassung der Männer führte. Dass das NS-Regime nie erklärte, warum genau die Männer ihren Familien zurückgegeben wurden, lässt Raum für Spekulationen. Die Historiker bleiben uneins, und die Kontroverse dauert an. Dabei geht es um die Frage, ob die Behörden mit der Freilassung möglicherweise gar nicht auf die Proteste reagierten, sondern einen Fehler der Vollzugsstellen korrigierten, weil ein Teil der Opfer der »Fabrikaktion« als »arisch Versippte« unter Schutzstatus stand. Damit könnte eine interne Anweisung, die so oder so erfolgt wäre, die Männer gerettet haben. Dafür spricht die Tatsache, dass die Männer von anderen festgenommenen jüdischen Zwangsarbeitern getrennt in der Rosenstraße inhaftiert wurden. Möglicherweise also ging es um ihre bloße Registrierung, vielleicht aber auch um ihre Deportation nach erwarteter Änderung der Richtlinien, die jedoch nicht erfolgte. Denkbar ist zudem einer der häufigen Fälle von Kompetenzgerangel zwischen NS-Institutionen, die häufig in Konkurrenz standen, den »Führerwillen« der

Deportationen auszuführen. Mehrmals hatte Hitler gefordert, insbesondere die Zwangsarbeiter zu deportieren und durch nichtjüdische »Fremdarbeiter« zu ersetzen. Ohnehin wurde die Regelung, »arisch Versippte« von der Deportation auszunehmen, von den Behörden stets als vorläufig bezeichnet. Irgendwelche Dokumente aber, die darauf schließen lassen, dass zumindest geplant war, auch die »arisch Versippten« zu deportieren, existieren nicht. Doch zu ebendieser Zeit, im Februar 1943, tönte Berlins NSDAP-Gauleiter Joseph Goebbels in seinem Tagebuch, zu Hitlers anstehendem Geburtstag wolle er die Reichshauptstadt »gänzlich judenfrei« machen, am 28. Februar gehe es los. Nur wenige Tage später musste er zugeben, dass dieses Ziel einstweilen verschoben werden musste, um es dann aber »umso gründlicher« anzugehen. In diesem Sinne äußerten sich damals Beteiligte und betonten, die Regierung habe ihr Einknicken angesichts der Proteste nur kaschieren wollen mit der Behauptung, die Männer seien ohnehin nicht für die Deportation vorgesehen gewesen.

Weniger verwunderlich ist, dass sich die Augenzeugenberichte in manchen Aspekten widersprechen, denn das ist häufig der Fall. Die Einordnung einiger Widersprüche hat allerdings Auswirkungen auf die Bewertung der Ereignisse. So sind die Angaben zum Umfang der Protestteilnehmerinnen unterschiedlich, was aber leicht damit zu erklären sein könnte, dass sich nicht zwölf Tage lang jeden Tag und zu jeder Uhrzeit die gleiche Anzahl Protestierende zusammenfand. Die Zahlen reichen von wenigen Dutzend bis mehreren Tausend. Was die Inhaftierten betrifft, so ist mal von SS zur Bewachung die Rede, mal »nur« von Polizei. Möglicherweise waren beide beteiligt. Daneben ist mal vom stummen Protest die Rede, mal von Sprechchören. Und schließlich differieren die Aussagen darüber, ob den Frauen der Rosenstraße Gewaltanwendung angedroht wurde oder nicht.

Doch unabhängig davon, was im März 1943 wirklich zur Rettung der Männer vor Deportation und sicherem Tod führte: Das eigentlich Bemerkenswerte daran sind der Mut und die Entschlossenheit der Protestierenden, die jeden Tag aufs Neue um ihre Angehörigen kämpften. Es bleibt aber auch die beschämende Tatsache, dass der Rosenstraßen-Protest die einzige Demonstration gegen Deportationen war, zu der es in Deutschland damals überhaupt je kam.

Vereint, verneint, verschoben

Nach dem Fall der Mauer 1989 und der Auflösung von Sowjetunion und Warschauer Pakt sah so mancher Beobachter das »Ende der Geschichte« gekommen, als sei geopolitisch der letzte Drops gelutscht und die Welt würde sich nunmehr vollends nach Westen orientieren. Das war mindestens vermessen anzunehmen, zumal weder alle kommunistischen Regime untergingen noch sich ansonsten die ganze Welt wie Nägel vor dem Magneten nach dem westlichen System ausrichten wollten. Doch in der Tat bedeutete das Ende des Kalten Krieges das Ende einer Epoche. Die deutsche Wiedervereinigung 1990 ist da schon deshalb ein Meilenstein, weil die jahrzehntelang offene deutsche Frage, wie ein maßgeblicher Historiker des Kalten Krieges schrieb, »das schwierigste Problem Westeuropas im Kalten Krieg« war.

Vereinfachend zusammengefasst sieht eigentlich alles ziemlich eindeutig aus. Nach dem Ende des Zweiten Weltkrieges und des nationalsozialistischen Systems in Deutschland teilten die Alliierten das besiegte Deutschland auf. Die Hoffnung der Deutschen auf eine baldige Wiedervereinigung machte der Kalte Krieg zwischen den Machtblöcken der Vereinigten Staaten und der Sowjetunion rasch zunichte, und der Mauerbau von 1961 zementierte die Trennung der beiden deutschen Staaten für jedermann sichtbar – auf Jahrzehnte. Erst der Helsinki-Prozess, die russische Perestroika-

Politik und die einsetzende Erosion des Warschauer Paktes ermöglichten die Ereignisse des Jahres 1989, als mutige Menschen den entstandenen Spielraum für sich nutzten. So kam es zum Mauerfall am 9. November 1989 und in der Folge zur staatlichen Einheit Deutschlands 1990.

Diese Einordnung der deutschen Nachkriegszeit gibt allerdings eine Folgerichtigkeit vor, die jede Möglichkeit anders verlaufender Entwicklungen ausschließt. Immerhin führten alle deutschen Parteien, auch die der DDR, in den Fünfzigerjahren noch das Ziel der deutschen Einheit in ihren Programmen. Beide Staatshymnen beschworen in ihren Texten die Einheit des Vaterlandes (auch wenn die DDR-Hymne ab den 1970er-Jahren nur noch textlos zur Aufführung kam). Die Frage eines Friedensvertrages war damals noch Gegenstand der Politik sowie, im Unterschied zu später, Alltagsthema in der Bevölkerung. Und zumindest nach außen vertraten die Siegermächte des Zweiten Weltkrieges die Wiederherstellung der staatlichen Einheit Deutschlands durchaus als Option. Hatte es also vor 1989 wirklich keine Chance gegeben, die beiden Hälften des Landes wieder zusammenzuführen?

Am 10. März 1952 übergab der stellvertretende Außenminister der Sowjetunion den Botschaftern der drei Westmächte in Moskau drei gleich lautende Noten, die als Stalin-Noten in die Geschichte eingingen. Seither ist über diesen Vorstoß der UdSSR immer wieder, oft erregt und meistens kontrovers, diskutiert worden. Daran hat sich bis heute wenig geändert. Inhalt dieser Note war Stalins Angebot, gemeinsam über einen Friedensvertrag zu verhandeln und Deutschland wieder zu staatlicher Einheit zu verhelfen: als neutrales, demokratisches Land außerhalb der Blöcke, aber mit dem Zugeständnis einer stehenden Nationalarmee. Stalin machte allerdings die Anerkennung der Oder-Neiße-Linie (also der damaligen wie heutigen deutschen Ostgrenze) zur Bedingung – und eben die staatliche Neutralität.

War dieses Angebot ernst gemeint? Hätten die Sowjets ein unabhängiges und wiedervereinigtes, aber bürgerliches und neutrales Deutschland akzeptiert und die erst 1949 gegründete DDR geopfert? Oder war die berühmte »Stalin-Note« vom März 1952 ein raffinierter propagandistischer Versuch, den Westkurs der Adenauer-Regierung zu torpedieren, ein bloßer Bluff des mit allen Wassern gewaschenen Kreml-Führers? Möglicherweise zielte die Aktion nur darauf ab, die öffentliche Diskussion in der Bundesrepublik zu beeinflussen und den dort bestehenden Widerstand gegen die Wiederbewaffnung zu unterstützen – beziehungsweise auszunutzen. Immerhin kam die Offerte zu einem Zeitpunkt, als Konrad Adenauer zielstrebig die Integration der Bundesrepublik in das westliche System verfolgte, der Beitritt zur Europäischen Verteidigungsgemeinschaft (EVG) unmittelbar bevorstand und die damit verbundene Wiederbewaffnung innenpolitisch durchaus noch kontrovers diskutiert wurde. Die Tatsache aber, dass die Stalin-Offerte von den Westmächten nicht einmal ernsthaft geprüft wurde, bevor man sie ablehnte, sprach für viele Zeitgenossen eindeutig für die Voreingenommenheit des Westens. Nicht einmal nach Stalins Zustimmung zu freien gesamtdeutschen Wahlen in einer zweiten Note Anfang April beschäftigte man sich ernsthaft mit dem Angebot der Sowjets. War den Westmächten wie Bundeskanzler Adenauer die Westintegration wichtiger als die staatliche Einheit? Und da die Frage der Westorientierung der Bonner Republik damals wie heute nicht nur Fürsprecher hat, ist die Kontroverse um die Stalin-Note kaum trennbar von Einschätzungen über die Politik Adenauers und der Westalliierten.

Andere Einschätzungen richten den Blick eher auf den Herrschaftsbereich der Sowjetunion. Denn es ist durchaus denkbar, dass Stalins Offerte eher darauf abzielte, die Moskauer Satellitenstaaten insgesamt und die Ostberliner DDR-Führung im Besonderen zu disziplinieren (wenn nicht zu erpressen), indem man Ängste schürte und die Abhängigkeit der Machthaber vom Kreml demonstrierte. So gesehen, wäre die Stalin-Note demnach als Instrument gedacht gewesen, den Ostblock im Sinne Moskaus zu konsolidieren. Das bedeutet aber noch lange nicht, Stalin wäre willens gewesen, das Ziehkind DDR über die Klinge springen zu lassen, um die Westintegration der Bonner Republik zu verhindern. Jedenfalls spricht für einen gezielten Bluff seitens Stalins, dass er sich vor dem Versand der Note intern versichern ließ, eine Annahme seiner Vorschläge durch den Westen sei ausgeschlossen. Seine ungemein gut informierten Geheimdienstler konnten das in Kenntnis interner Debatten der westlichen Regierungen regelrecht garantieren. Eine Frage der Einschätzung bleibt außerdem, wie der Einfluss von Ideologie, Propaganda und KGB-Perspektive zu gewichten ist – mitunter lassen Untersuchungen westlicher Fachleute einen gewissen Mangel an Einfühlungsvermögen in sowjetische Vorstellungswelten und ihre Berücksichtigung erkennen. Eine Taktik sowjetischer Politik war, im Westen munter Spaltpilze zu platzieren, was mit der Stalin-Note zweifellos gelang. Neben anderem konnten die Sowjets sich dabei zunutze machen, dass die Neutralisierungsidee in der Bundesrepublik viele Fürsprecher hatte. Der unbelastete Blick auf die globalen Zeitumstände macht außerdem klar, dass Moskau mit diversen Karten spielen konnte – und mit Ängsten der westlichen Seite.

Mit dem Ende der Sowjetunion, seit Beginn der Neunzigerjahre, wurden in Moskauer Archiven erstmals Dokumente zugänglich, die Aufschluss über die wahren Absichten der Sowjetführung 1952 versprechen. Seitdem kamen weitere Dokumente hinzu, und die Zeitgeschichtler befassen sich wieder verstärkt mit der Kernfrage zur Stalin-Note: Hätte Stalin ein wiedervereinigtes, neutrales Deutschland außerhalb des sowjetischen Einflusses in Kauf genommen? Haben also die Adenauer-Regierung und vor allem die Westalliierten sein Angebot vorschnell als Finte abgelehnt? Anhand der neuen Quellen erhoffte man sich einen endgültigen Aufschluss über die Ereignisse von damals.

Aber so wie in den Fünfzigerjahren Politiker im Bundestag erbittert darüber stritten, wer was wo falsch oder richtig gemacht habe, ob die Adenauer-Regierung eine Chance vertan oder die Oppositionspolitiker an einer neuen Dolchstoßlegende strickten, so streiten weiterhin Historiker über die Interpretation der Ereignisse und Dokumente um die Stalin-Note. Bis heute gehen die Einschätzungen weit auseinander, und der interessierte Laie muss sich zwischen den höchst unterschiedlichen Forschungsergebnissen eine eigene Meinung bilden.

Politisch gesehen mag die Frage der verspielten Chance knapp 40 Jahre vor der wirklichen Wiedervereinigung ihren Sinn verloren haben. In den Augen eines Historikers aber hat die Frage, wie es eigentlich gewesen ist, immer ihre Berechtigung. Emotional besetzte Themen, die nach wie vor eine gewisse politische Brisanz haben, gibt es in der Zeitgeschichte immer wieder. So auch im Falle der Stalin-Note von 1952. Die vertane Chance liegt zumindest in der mangelnden Auslotung darüber, wie ernst es Moskau damals mit diesem Angebot war. Dann jedenfalls fiele es heute leichter, sich für eine Wertung zwischen den Etiketten »verpasste Chance« und »bloße Legende« zu entscheiden.

* * *

Dass 1952 die Weichenstellung für eine frühzeitige deutsche Wiedervereinigung ausblieb, ermöglichte Jahrzehnte später die erstaunlichen Entwicklungen des 9. November 1989. Was treffend als »glücklichster Tag der deutschen Geschichte des 20. Jahrhunderts« bezeichnet wurde und noch in der rückblickenden Betrachtung atemlos macht, war zweifellos eines der herausragenden Ereignisse der jüngeren deutschen Geschichte. Die ungebrochene Faszination der unverhofften Maueröffnung rührt auch daher, dass dieser Tag in der Erinnerung vieler noch sehr präsent ist – und die Folgewirkungen unser Leben weiterhin prägen. Was in den USA für den ungleich schrecklicheren Tag der Anschläge vom 11. September 2001 gilt, ist noch heute im Osten wie Westen Deutschlands der Fall: Wer damals auf der Welt war, erinnert sich im Allgemeinen sehr genau, wo und wie er oder sie vom Fall der Berliner Mauer erfuhr.

Die Parole jener Tage war »Wahnsinn!«. Wohl niemand hätte nach dem Aufstehen an diesem milden Herbsttag voller Überzeugung geäußert, dass die Mauer »heute fällig ist«. Bei aller Dynamik der Ereignisse vorab schien ausgeschlossen, dass die DDR-Regierung am späten Abend die stets scharf bewachte eigene Staatsgrenze wie beiläufig schleifen würde. Seit Monaten protestierte eine rasch wachsende Zahl von Menschen gegen Regierung, System, Geheimdienst und für Freiheit und Demokratie. Gleichzeitig wuchs die Zahl derjenigen, die für sich keine Perspektiven mehr sahen und via Ungarn oder die Tschechoslowakei durch den seit Kurzem durchlässigen Eisernen Vorhang zwischen Ost und West flohen. Tempo und Bedeutung der Ereignisse am 9. November lassen immer wieder Fragen aufkommen über den Tag, der Weltgeschichte schrieb. Die Bewertung der Ereignisse ist in vielerlei Hinsicht unterschiedlich bis kontrovers – zumeist jedoch darauf hinauslaufend, ob sie als Höhepunkt einer Revolution oder als bloße »Wende« einzustufen sind.

Der Begriff Wende ist noch heute viel gängiger als die Einordnung des Umbruchs in der DDR als Revolution. Das ist vielleicht einerseits einer deutschen Sachlichkeit sowie dem staatlichen Unbehagen Revolutionen gegenüber geschuldet. (Zumindest ist bemerkenswert, dass als Nationalfeiertag der 3. Oktober bestimmt wurde, also der Tag der staatlichen Wiedervereinigung.) Die Wortwahl ist andererseits durchaus problematisch, weil »Wende« nicht nur verharmlosend klingt, als hätten sich die Dinge irgendwie in eine andere Richtung bewegt. Im Zusammenhang mit 1989 wurde diese Definition außerdem vom damaligen Staatschef Egon Krenz in den Gebrauch eingeführt. Der Nachfolger des langjährigen Staatschefs Erich Honecker ist aber einer derjenigen, die Grund hatten zu verharmlosen, was sich damals vollzog. Zusammen mit Günter Schabowski, der die Öffnung der Mauer schließlich verkündete, versuchte er die kurz vor 19 Uhr vorfristig und ungeplant erfolgte Bekanntgabe der Sensation im Nachhinein als mit Bedacht und Absicht getätigt darzustellen. In konkreter Absicht sei das geschehen, so und nicht anders sei es geplant gewesen. Tatsächlich aber handelte es sich bei den Ereignissen des Tages um die Verkettung von Fehlern und Zufällen im Inneren eines erodierenden Systems, dessen sich eröffnende Möglichkeiten entschlossene Menschen umgehend nutzten.

Was genau passierte also am 9. November 1989 in Ostberlin, bevor sich die Grenze gegen 23.30 Uhr zuerst am Grenzübergang Bornholmer Straße zwischen den Bezirken Wedding (West) und Prenzlauer Berg (Ost) öffnete? Als völlig überforderte Grenzsoldaten ohne klare Anweisungen der zuständigen Vorgesetzten nur noch auf den Druck der Volksmasse reagieren konnten und die Sperren hoben? Hatte nicht doch die Stasi oder gar der russische KGB die Hand mit im Spiel? Hatten Stasi-Mitarbeiter Schabowski während der Konferenz den fraglichen Zettel zugeschoben, den er dann entsprechend holprig verlas, ohne zu wissen, welche Lawine er damit lostrat? Was machten zu jenem Zeitpunkt eigentlich die sowjetischen Diplomaten in ihrer Botschaft, nur einen Steinwurf von der Sektorengrenze am Brandenburger Tor entfernt? Und wo steckten all die sowjetischen und DDR-Soldaten, die doch hätten eingreifen können, um die Dinge im Sinne der Armeeführer resolut zu beenden? Im Nachhinein erscheint die Verlesung der neuen Reisebestimmungen wie der Griff nach der untersten Karte eines fragilen Kartenhauses. Aber konnte ein repressives System wie das der DDR einstürzen wie in instabiles Kartenhaus? Immerhin besaß Ostberlin einen umfänglichen Geheimdienstapparat mit Ministeriumsrang, jahrzehntelang darauf ausgerichtet, die Bevölkerung zu kontrollieren und zu disziplinieren. War die Dynamik der Ereignisse, die Schabowski mit seinen spärlichen, trockenen Sätzen ausgelöst hatte, wirklich nicht mehr aufzuhalten? Oder hatte die DDR-Führung die Sache doch im Griff?

Der Morgen des 9. November begann mit einer Arbeitssitzung hochrangiger Ministerialbeamter im DDR-Innenministerium, die sich über den Entwurf eines neuen Reisegesetzes beugten. Der war nötig, weil die wachsende Ausreisewelle Unzufriedener aus der DDR befreundete Staaten betraf. Prag und Budapest hatten ihre Grenzen nach Westen geöffnet, wollten aber nicht als Transitland für DDR-Bürger dienen. Ostberlin plante daher, denjenigen Bürgern die direkte Ausreise in die Bundesrepublik zu ermöglichen, die das Land für immer verlassen wollten. Dass die Neuregelung Urlaubsreisen nach Westen nicht vorsah, machte den Teilnehmern der Sitzung Sorgen. Sie befürchteten, die Zahl der Ausreisenden würde damit zusätzlich in die Höhe getrieben, weil DDR-Bürger, die den Westen sehen wollten, zur »ständigen Ausreise« gezwungen waren, wollten sie nicht warten, bis sie als Rentner frei würden reisen dürfen. In der Sitzung änderte man also den Entwurf ab, schloss Urlaubsreisen ein und fügte als zulässige Grenzübergänge auch die nach Westberlin ein. Da sie die Änderungen nur vorschlugen, sahen sie sich auf der sicheren Seite – entscheiden darüber mussten andere.

Allerdings sah sich nach dieser Sitzung niemand mehr den geänderten Wortlaut genauer an. Das erstaunt in einem Staat wie der DDR, wo alles kontrolliert schien, doch die strengen Hierarchien führten in diesem Fall dazu, dass die Neuregelung im Verlauf des Tages alle anderen Hürden nahm. Da die Berliner Mauer jetzt direkt betroffen war, hätte die Sowjetunion zustimmen müssen, doch aus Moskau lag nur das Einverständnis für die Ausgangsversion vor. Der neue Entwurf wurde den Sowjets gar nicht mehr vorgelegt. Der DDR-Ministerrat hatte flugs im Umlaufverfahren zugestimmt, als gegen Mittag der Entwurf das eigentliche Machtzentrum der DDR erreichte, das Politbüro. Seine Mitglieder befanden sich auf der turnusgemäßen Sitzung des Zentralkomitees der SED und kamen in einer Pause eher informell zusammen. Der neue Staatschef Egon Krenz las die Neuregelung der Reisebestimmungen vor, aber ein Teil der Mitglieder hielt den Neuentwurf für den alten und hörte gar nicht zu. Ein Teilnehmer wollte wissen, ob Moskau zugestimmt habe, was Krenz fälschlich bejahte, da sich die Zustimmung der Sowjets ja auf die ältere Version bezog. Wenn aber Moskau zugestimmt zu haben schien, war für die Mitglieder des Politbüros klar, dass sie das auch taten. Und als etwas später Egon Krenz den versammelten Parteimitgliedern der ZK-Sitzung den Entwurf vorstellte, hatten die wiederum keine Einwände, weil ja das Politbüro den Entwurf bereits gebilligt hatte. Es kam nicht einmal zu einer Diskussion. Hier wirkten also Verfahrensfehler, erprobte Entscheidungsabläufe und wohl auch die generelle Erschöpfung der Staatselite zusammen, denn die seit Monaten andauernde Krise der DDR hatte Spuren hinterlassen.

Gegen 17 Uhr kam Egon Krenz mit Günter Schabowski zusammen, der die Pressekonferenz leiten sollte, die für 18 Uhr anberaumt war. Auf dem zweiseitigen Papier über die neue Reiseregelung war eine Sperrfrist vermerkt: 10. November, 5 Uhr. An diesem Freitag also sollte die Öffentlichkeit in Kenntnis gesetzt werden. Fürs Reisen sollte ein Reisepass nötig sein, den DDR-Bürger im Allgemeinen aber nicht besaßen. Damit hätte sich die Reisewelle allmählich aufgebaut, beginnend in der Woche darauf mit dem Run auf die für Passangelegenheiten zuständigen Polizeidienststellen. Die neue Reiseregelung war also an diesem Tag gar nicht zur Veröffentlichung vorgesehen. Trotzdem übergab Krenz das maschinengeschriebene Papier an Schabowski und sagte dazu sinngemäß: »Das brauchst du vielleicht noch.« Schabowski war aus unbekannten Gründen bei der ZK-Sitzung überwiegend abwesend gewesen, war aber in Kenntnis gesetzt, dass die Neuregelung verabschiedet war. Auf dem Ablaufplan für die Pressekonferenz war das Thema jedoch nicht vermerkt.

Als die internationale Pressekonferenz pünktlich um 18 Uhr begann, live übertragen im DDR-Fernsehen, blieb sie bis fast zum Ende arm an Besonderheiten. Sobald jedoch Fragen zugelassen wurden, wollte der italienische Korrespondent Riccardo Ehrman wissen, was die DDR-Regierung in Sachen Flüchtlingswelle über andere Länder zu tun plane. Schabowski verwies auf die Neuregelung der Reisebestimmungen, die er schließlich vorlas – offenbar ohne sich der Sperrfrist bewusst zu sein. Damit war die Sensation perfekt, aber die Mauer noch nicht geöffnet. Schabowski las die Verordnung nicht komplett vor, verwies aber auf die Notwendigkeit gültiger Reisepapiere. Das ging allerdings unter, weil ein westdeutscher Journalist die Frage stellte, ob auch die Berliner Mauer geöffnet würde, was Schabowski bestätigte. Als er noch gefragt wurde, wann diese Regelung denn in Kraft trete, schaute der SED-Vertreter etwas hilflos auf das Papier und sagte dann den seither berühmten Satz: »Das tritt … nach meiner Kenntnis ist das … sofort, unverzüglich.«

Die Sensationsmeldung verbreitete sich in der Tat unverzüglich, unter anderem durch Agenturmeldungen nur Minuten später. Kurz darauf meldeten DDR-Bahnhöfe die ungewöhnliche (und illegale) Kaufabsicht von Fahrkarten in die BRD ohne vorliegendes Visum. In Berlin kamen die ersten DDR-Bürger zu den Grenzübergangsstellen, ab 20 Uhr wurden es stetig mehr. Da aber die Grenztruppen nicht informiert waren, ließen sie niemanden durch; auf Nachfrage der diensthabenden Offiziere bei ihren Vorgesetzten erwies sich jedoch, dass niemand »da oben« wusste, was passiert war und wie damit umzugehen sei. Es vollzog sich an diesem Abend die schleichende Implosion eines Systems. Als an den Grenzübergängen in den nächsten Stunden immer mehr Menschen nach Ausreise verlangten und die Lage heikel zu werden schien, beschloss der leitende Grenzoffizier Harald Jäger, seinen

Grenzübergang Bornholmer Straße zu öffnen. Dem Beispiel gegen 23.30 Uhr folgten innerhalb einer Stunde die anderen Berliner Grenzübergänge, damit war die Mauer Geschichte.

Der Fall der Mauer war also zum einen Teil Zufallsprodukt sich überstürzender Ereignisse, auf die die Noch-Entscheidungsträger der DDR im eigenen Sinne nicht mehr reagieren konnten. Keiner der Beteiligten in der SED-Spitze hatte gewollt, was nach Schabowskis Pressekonferenz geschah: Man hatte nichts anderes beabsichtigt, als den Überdruck im eigenen Land mit einem Ventil auszugleichen. Als aus Sicht der DDR-Führung der Dämon aus der Flasche war, blieb direkt Beteiligten wie Krenz oder Schabowski nur noch, die eigene Rolle im Desaster schönzureden, also Legendenbildung zu betreiben. Der oppositionelle Pfarrer Schorlemmer verstand die Ereignisse als letzte Rache der SED, die damit die Bürgerrechtler der DDR um ihre Revolution betrog.

Zur – abermals aus Sicht der DDR-Regierung – verhängnisvollen Kette der Ereignisse kam aber ein gewichtiger Faktor, der die DDR ja schon zuvor überhaupt in derartige Schwierigkeiten gebracht hatte: der Faktor Mensch. Die Mauer fiel zwar nicht allein durch die Menschen, aber ohne ihren Freiheitsdrang wäre sie nicht zu Fall gebracht worden. Und da im Unterschied zu den meisten Revolutionen der Geschichte niemand zu Tode kam, ist der Begriff »friedliche Revolution« so zutreffend, wie der Begriff Wende irreführend ist.

Literatur

Römische Wohlstandsverwahrlosung

Connolly, Peter: Colosseum – Arena der Gladiatoren. Stuttgart 2005

Dyson, Stephen L.: Rome. A Living Portrait of an Ancient City. Baltimore 2010

Horsfall, Nicholas: The Culture of the Roman »Plebs«. London 2003

Köhne, Eckart/Cornelia Ewigleben (Hrsg.): Gladiatoren und Caesaren. Die Macht der Unterhaltung im antiken Rom. Mainz 2000

Potter, D./Mattingly D.: Life, Death, and Entertainment in the Roman Empire. Ann Arbor 20102

Schlott, Karin: Brot und Spiele. Alltag im alten Rom. Stuttgart 2014

Wiedemann, Thomas E.: Kaiser und Gladiatoren. Die Macht der Spiele im antiken Rom. Darmstadt 2001

Zuflucht in der heiligen Stadt

Kempe, Michael: »Die Anwesenheit der Abwesenheit. Katakomben, Mumien, Urnen – die Erforschung des Unterirdischen als Archiv der Geschichte«. Zeitschrift für Historische Forschung 41,3 (2014), S. 423–447

Mancinelli, Fabricio: Römische Katakomben und Urchristentum. Florenz 2004

Nicolai, Vincenzo F./Bisconti, Fabrizio/Mazzoleni, Danilo: Roms christliche Katakomben. Regensburg 1998

Pietri, Luce (Hrsg.): Die Geschichte des Christentums. Religion, Politik, Kultur, 2 Bde. Freiburg 2003

Stevenson, James: Im Schattenreich der Katakomben. Entstehung, Bedeutung und Wiederentdeckung der frühchristlichen Grabstätten. Köln 1990

Inbegriff für Barbarei und Kulturlosigkeit

Berndt, Guido M./Roland Steinacher (Hrsg.): Das Reich der Vandalen und seine (Vor-)Geschichten (= Forschungen zur Geschichte des Mittelalters, 13). Wien 2008

Castritius, Helmut: Die Vandalen. Etappen einer Spurensuche. Stuttgart 2007

Das Königreich der Vandalen. Erben des Imperiums in Nordafrika (Ausst.-Kat.). Mainz 2009

Steinacher, Roland: Die Vandalen. Aufstieg und Fall eines Barbarenreichs. Stuttgart 2016

Vössing, Konrad: Das Vandalenreich unter Hilderich und Gelimer (523–534 n. Chr.). Neubeginn und Untergang. Paderborn 2019

Davon geht die Welt nicht unter

Aveni, Anthony F.: Skywatchers: A Revised and Updated Version of Skywatchers of Ancient Mexico. University of Texas Press, 2001

Aveni, Anthony: The End of Time: The Maya Mystery of 2012. Boulder 2009

Brendecke, Arndt: Die Jahrhundertwenden. Eine Geschichte ihrer Wahrnehmung und Wirkung. Frankfurt/Main 1999

Brüggemeier, Franz-Josef/Schenkenhuhn, Wolfgang (Hrsg.): Die Welt im Jahr 1000. Freiburg 2000

Fried, Johannes: »Endzeiterwartungen um die Jahrtausendwende«. Deutsches Archiv zur Erforschung des Mittelalters 45 (1989), S. 381–473

Grube, Nikolai: Der Dresdner Maya-Kalender. Der vollständige Codex. Freiburg 2012

Gutberlet, Bernd Ingmar: Der Maya-Kalender. Die Wahrheit über das größte Rätsel einer Hochkultur. Bergisch Gladbach 2009

Jakubowski-Tiessen, Manfred (Hrsg.): Jahrhundertwenden. Endzeit- und Zukunftsvorstellungen vom 15. bis zum 20. Jahrhundert. Göttingen 1999

Martin, Simon: Ancient Maya Politics. A Political Anthropology of the Classic Period. Cambridge 2020

Rice, Prudence M.: Maya Calendar Origins. Monuments, Mythistory, and the Materialization of Time. Austin 2007

Sharer, Robert J./Traxler, Loa P.: The ancient Maya. Stanford 2006[6]

Witschey, Walter R. T. (Hrsg.): Encyclopedia of the Ancient Maya. Lanham 2016

Die Tücken der Statistik
Cipolla , Carlo M. (Hrsg.): Europäische Wirtschaftsgeschichte. The Fontana Economic History of Europe, Bd. 1. Stuttgart/New York 1978
Dinzelbacher, Peter: Lebenswelten des Mittelalters, 1000–1500. Badenweiler 2010
Ohler, Norbert: Sterben und Tod im Mittelalter. Düsseldorf 2003
Porter, Roy: Die Kunst des Heilens. Eine medizinische Geschichte der Menschheit von der Antike bis heute. Berlin 2000

Offener Anfang
Bethge, Wolfgang: 1237–1987. Berlins Geschichte im Überblick. Berlin 1987
Holmsten, Georg: Die Berlin-Chronik. Daten Personen Dokumente. Düsseldorf 1990
Ribbe, Wolfgang (Hrsg.): Geschichte Berlins. Von der Frühgeschichte bis zur Gegenwart, Bd. 1. Berlin 1987
Vogel, Werner: Führer durch die Geschichte Berlins. Berlin 1985
Zernack, Klaus: »Randbemerkungen zur Diskussion über die Anfänge Berlins«, in: Schlesinger, Walter (Hrsg.): Zur Geschichte und Volkskunde Mitteldeutschlands, Köln/Graz 1968, S. 353–376

Kirchlicher Verfolgungswahn
Dinzelbacher, Peter: Angst im Mittelalter. Teufels-, Todes- und Gotteserfahrung. Mentalitätsgeschichte und Ikonographie. Paderborn 1996
Hergemöller, Bernd-Ulrich: Facta Ficta. Zur Realität des Irrealen vom Mittelalter bis heute. Hamburg 2015
Hergemöller, Bernd-Ulrich: Krötenkuss und schwarzer Kater. Götzendienst und Unzucht in der inquisitorischen Phantasie des 13. Jahrhunderts. Warendorf 1996
Kurze, Dieter: »Zur Ketzergeschichte der Mark Brandenburg und Pommerns, vornehmlich im 14. Jahrhundert: Luziferianer, Putzkeller und Waldenser. Jahrbuch für die Geschichte Mittel- und Ostdeutschlands 16/17 (1968), S. 50–94
Patschovsky, Alexander: »Der Ketzer als Teufelsdiener«, Papsttum, Kirche und Recht im Mittelalter. Tübingen 1991, S. 317–334
Schwerhoff, Gerd: Die Inquisitition. Ketzerverfolgung in Mittelalter und Neuzeit. München 2019
Utz Tremp, Kathrin: Von der Häresie zur Hexerei. »Wirkliche und imaginäre Sekten im Spätmittelalter, Hannover 2008

Wenn Mikroben die Welt durchschütteln
Belich, James: The World the Plague made. The Black Death and the Rise of Europe. Oxford 2022
Bergdolt, Klaus: Der schwarze Tod und Europa. Die Große Pest und das Ende des Mittelalters. München 2000[4]
Cohn, Samuel K.: Der Schwarze Tod und die Verwandlung Europas. Berlin 2007
Davis, David E.: »The Scarcity of Rats and the Black Death«. Journal of Interdisciplinary History 16 (1986), S. 455–470
Gutberlet, Bernd Ingmar: Heimsuchung. Seuchen und Pandemien – vom Schrecken zum Fortschritt, München 2022[2]
Honigsbaum, Mark: Das Jahrhundert der Pandemien. Eine Geschichte der Ansteckung von der Spanischen Grippe bis Covid-19. München 2021
Reinhardt, Volker: Die Macht der Seuche. Wie die Große Pest die Welt veränderte 1347–1353. München 2021
Snowden, Frank M.: Epidemics and Society. From the Black Death to the Present. New Haven 2020

Wem es chinesisch vorkommt
Haeger, John W.: »Marco Polo in China? Problems with internal evidence«, The Bulletin of Sung and Yüan Studies. 14 (1978), S. 22–30
Münkler, Marina: Marco Polo. Leben und Legende. München 1998
Ohler, Norbert: Reisen im Mittelalter. München 1986
Rachewiltz, Igor de: »Marco Polo Went to China«. Zentralasiatische Studien 27 (1997), S. 34–92
Schütte, Hans-Wilm: Marco Polo. Reisen in das Reich der Mitte. München 2012
Vogel, Hans Ulrich: Marco Polo Was in China. New Evidence from Currencies, Salts and Revenues. Leiden 2013
Wood, Frances: Marco Polo kam nicht bis China. München 1995

Ein Jahrtausendsassa
Füssel, Stephan: Johannes Gutenberg. Reinbek 2003
Füssel, Stephan: Gutenberg und seine Wirkung. Frankfurt/Main, Leipzig 1999
Giesecke, Michael: Der Buchdruck in der frühen Neuzeit. Eine historische Fallstudie über die Durchsetzung neuer Informations- und Kommunikationstechnologien. Frankfurt/Main 1991

Mai, Klaus-Rüdiger: Gutenberg. Der Mann, der die Welt veränderte. Berlin 2016

Wer sich bewegt

Finocchiaro, Maurice A: Retrying Galileo, 1633–1992. Berkeley 2005

Naess, Atle: Als die Welt still stand. Galileo Galilei – verraten, verkannt, verehrt. Berlin 2006

Rowland, Wade: Galileo's Mistake. A New Look at the Epic Confrontation between Galileo and the Church. New York 2003

Shea, Wiliam R./Artigas, Mariano: Galileo in Rome. The Rise and Fall of a Troublesome Genius. Oxford 2003

Die Straßen des Führers

Gutberlet, Bernd Ingmar: Tempo. Wie das Auto uns verändert hat. Berlin 2007

Kuster, Tobias: »Der Mythos von der Reichsautobahn – Historisches Lernen mit verfestigten Geschichtsbildern«, in: Roland, Bernhard u. a. (Hrsg.), Mythen in deutschsprachigen Geschichtsschulbüchern, Göttingen 2017, S. 213–245

Schütz, Erhard/Gruber, Eckhard: Mythos Reichsautobahn. Bau und Inszenierung der »Straßen des Führers« 1933–1941. Berlin 1996

Stommer, Rainer (Hrsg.): Reichsautobahn. Pyramiden des Dritten Reiches. Analysen zur Ästhetik eines unbewältigten Mythos. Marburg 1982

Vosselmann, Arend: Reichsautobahn. Schönheit, Natur, Technik. Kiel 2001

Der Sieg im Handumdrehen

Clark, Lloyd: Blitzkrieg. Myth, Reality, and Hitler's Lightning War – France, 1940. New York 2016

Frieser, Karl-Heinz: Blitzkrieg-Legende. Der Westfeldzug 1940. Berlin 2021

Gilbert, Adrian: Blitzkriege 1939–1943. Von der Invasion Polens bis El Alamein. Wien 2001

Kundrus, Birthe: »Dieser Krieg ist der große Rassenkrieg«. Krieg und Holocaust in Europa. München 2018

Klägliche Reste eines Weltverbrechers

Brisard, Jean-Christophe/Parshina, Lana: The Death of Hitler. The Final Word on the Ultimate Cold Case. The Search for Hitler's Body. London 2018

Eberle, Henrik/Matthias Uhl (Hrsg.): Das Buch Hitler. Geheimdossier des NKWD für Josef W. Stalin… Bergisch Gladbach 2005
Evans, Richard J.: The Hitler Conspiracies. The Third Reich and the Paranoid Imagination. London 2020
Fest, Joachim: Der Untergang. Hitler und das Ende des Dritten Reiches. Eine historische Skizze. Berlin 2002
Frank, Hans: Im Angesicht des Galgens. Deutung Hitlers und seiner Zeit auf Grund eigener Erlebnisse und Erkenntnisse. München 1953
Goeschel, Christian: Selbstmord im Dritten Reich. Berlin 2011
Harrison, Edward: »Hugh Trevor-Roper und ›Hitlers letzte Tage‹«, Vierteljahrshefte für Zeitgeschichte 57,1 (2009), S. 33–60
Kellerhoff, Sven Felix: Mythos Führerbunker. Hitlers letzter Unterschlupf. Berlin 2008[3]
Kershaw, Ian: Hitler, 1889–1945. München 2009[4]
Trevor-Roper, Hugh: Hitlers letzte Tage., Zürich 1948, Frankfurt/Main 1995

Zerrissenes Eiland

Danker, Uwe: Die Jahrhundertstory. Kiel 1999
Herms, Michael: Flaggenwechsel auf Helgoland. Berlin 2002
Müller, Christian/Rickmers, Henry P.: Auf Helgoland ist alles anders. Die wechselvolle Geschichte einer Insel. Hamburg 2000
Rüger, Jan: Helgoland: Deutschland, England und ein Felsen in der Nordsee. Berlin 2017
Wallmann, Eckhard: Helgoland. Eine deutsche Kulturgeschichte. Hamburg 2017

Auftakt zum Aufbau

Hardach, Gerd: Der Marshall-Plan. München 1994
Hardach, Gerd: »Transnationale Wirtschaftspolitik: Der Marshall-Plan in Deutschland 1947–1952«, in: Petzina, Dietmar (Hrsg.), Ordnungspolitische Weichenstellungen nach dem Zweiten Weltkrieg, Berlin 2022, S. 67–100
Schröder, Hans-Jürgen: Marshallplan und Wiederaufbau in Deutschland. Stuttgart 1990
Schröder, Hans-Jürgen (Hrsg.): Marshallplan und westdeutscher Aufstieg. Positionen – Kontroversen. Stuttgart 1990
Steil, Benn: The Marshall Plan. Dawn of the Cold War. New York 2018
Tarnoff, Curt: »The Marshall Plan: Design, Accomplishments, and Relevance to the Present«, CRS Report for Congress 97-62 F, 6. Januar 1997

Blick in den Abgrund
Biermann, Harald: »Die Kuba-Krise: Höhepunkt oder Pause im Kalten Krieg?«, Historische Zeitschrift 273 (2001), S. 637–673
Brauburger, Stefan: Die Nervenprobe. Schauplatz Kuba: Als die Welt am Abgrund stand. Frankfurt/Main 2002
Filippovych, Dimitrij N./Uhl, Matthias (Hrsg.): Vor dem Abgrund. Die Streitkräfte der USA und der UdSSR sowie ihrer deutschen Bündnispartner in der Kubakrise (= Schriftenreihe der Vierteljahreshefte für Zeitgeschichte, Sondernummer). München 2005
Plokhy, Serhii: Nuclear Folly. A History of the Cuban Missile Crisis. New York 2021
Westad, Odd Arne: Der Kalte Krieg. Eine Weltgeschichte. Stuttgart 2019

Revolution auf Rezept
Adam, Birgit: Die Strafe der Venus. Eine Kulturgeschichte der Geschlechtskrankheiten. München 2001
Allyn, D.: Make Love, not War. Boston 2000
Francis, Andrew M.: »The Wages of Sin: How the Discovery of Penicillin Reshaped Modern Sexuality«, Archives of Sexual Behavior 42,1 (2013), S. 5–13
May, Elaine T.: America and the Pill. A History of Promise, Peril, and Liberation. New York 2010
Sigusch, Volkmar: Auf der Suche nach der sexuellen Freiheit. Frankfurt/Main 2011
Wesel, Uwe: Die verspielte Revolution. 1968 und die Folgen, München 2002

Vereinbart oder nicht
Badian, E.: »The Peace of Callias«, Journal of Hellenic Studies 107 (1987), S. 1–39

Bleicken, Jochen: Die athenische Demokratie. Paderborn 20084
Bloedow, E. F.: »The peaces of Callias«, Symbolae Osloenses 67 (1987), S. 41–68
Meister, Klaus: Die Ungeschichtlichkeit des Kalliasfriedens und deren historische Folgen (= Palingenesia, 18). Wiesbaden 1982
Samons II, Loren J.: »Kimon, Kallias and Peace with Persia« Historia. Zeitschrift für Alte Geschichte 47 (1998), S. 129–140

Rechnen mit Bethlehem

Demandt, Alexander: »Der Ursprung des Weihnachtsfestes«, in: ders.: Sieben Siegel. Essays zur Kulturgeschichte, Köln 2005, S. 1–18

Förster, Hans: Die Anfänge von Weihnachten und Epiphanias. Eine Anfrage an die Entstehungshypothesen. Tübingen 2007

Mosshammer, Alden A.: The Easter Computus and the Origins of the Christian Era. Oxford 2008

Mussies, G.: »The Date of Jesus' Birth«, Journal for the Study of Judaism 29 (1998), S. 416–437

Nothaft, C. P. E.: »The Origins of the Christmas Date: Some Recent Trends in Historical Research«, Church History 81,4 (2012), S. 903–911

Pietri, Luce (Hrsg.): Die Zeit des Anfangs (= Die Geschichte des Christentums. Religion, Politik, Kultur, 1). Freiburg 2003

Ratzinger, Josef: Der Geist der Liturgie. Eine Einführung. Freiburg 2002[6]

Wendorff, Rudolf: Tag und Woche, Monat und Jahr. Eine Kulturgeschichte des Kalenders. Opladen 1993

Die graue Vorzeit

Aveni, Anthony: People and the Sky. Our Ancestors and the Cosmos. New York 2008

Dundes, Alan (Hrsg.): The Flood Myth. Berkeley 1988

Eller, Cynthia: Gentlemen and Amazons. The Myth of Matriarchal Prehistory, 1861–1900. Berkeley 2011

Ellis, Richard: Imagining Atlantis. New York 1998

Fehlmann, Meret: Die Rede vom Matriarchat. Zur Gebrauchsgeschichte eines Arguments. Zürich 2011

Graeber, David/Wengrow, David: Anfänge. Eine neue Geschichte der Menschheit. Stuttgart 2022

Haarmann, Harald: Geschichte der Sintflut. Auf den Spuren der frühen Zivilisationen. München 2005

Hawkes, Jacquette: »God in the Machine«, Antiquity 51 (1967), S. 174–180

Jordan, Paul, The Atlantis Syndrome. Stroud 2001

Mahlstedt, Ina: Die religiöse Welt der Jungsteinzeit. Darmstadt 2004

Maier, Bernhard: Stonehenge: Archäologie, Geschichte, Mythos. München 2018[2]

Mertens, Eva-Maria: »Der Mythos vom friedlichen Matriarchat«, in: Hilbig, Antje/Kajatin, Claudia/Miethe, Ingrid (Hrsg.): Frauen und Gewalt. Interdisziplinäre Untersuchungen zu geschlechtsgebundener Gewalt in Theorie und Praxis. Würzburg 2003, S. 33–46

Müller-Beck, Hansjürgen: Die Steinzeit. Der Weg der Menschen in die Geschichte. München 2004[3]

Müller-Karpe, Hermann: Religionsarchäologie. Archäologische Beiträge zur Religionsgeschichte. Frankfurt/Main 2009

Nesselrath, Heinz-Günther: Platon und die Erfindung von Atlantis. München 2002

Parker Pearson, Mike: Stonehenge. Making Sense of a Prehistoric Mystery. York 2015

Röder, Brigitte/Hummel, Juliane/Kunz, Brigitta (Hrsg.): Göttinnendämmerung. Das Matriarchat aus archäologischer Sicht. München 1996, Königsförde 2001

Ruggles, Clive: Ancient Astronomy. An Encyclopedia of Cosmologies and Myth. Santa Barbara 2005

Ryan, William/Pitman, Walter: Sintflut. Ein Rätsel wird entschlüsselt. Bergisch Gladbach 1998

Stonehenge. Von Menschen und Landschaften, hrsg. v. LWL für Archäologie Herne. Petersberg 2021

Vidal-Naquet, Pierre: Atlantis. Geschichte eines Traums. München 2006

Wesel, Uwe: Der Mythos vom Matriarchat. Über Bachofens Mutterrecht und die Stellung von Frauen in frühen Gesellschaften. Frankfurt/Main 1980

Fleischliche Sünden

Arens, William: The Man-Eating Myth. Anthropology and Anthropophagy. Oxford 1979

Barker, Francis: Cannibalism and the Colonial World. Cambridge 1998

Hulme, Peter: Colonial Encounters. Europe and the Native Carribeans 1492–1797. London 1986

Menninger, Annerose: Die Macht der Augenzeugen. Neue Welt und Kannibalen-Mythos. Stuttgart 1995

Peter-Röcher, Heidi: Mythos Menschenfresser. Ein Blick in die Kochtöpfe der Kannibalen. München 1998

Brennbare Kostbarkeit

Appel, Reinhard: Das neue Bernsteinzimmer. Köln 2003

Das Bernsteinzimmer. Drei Jahrhunderte Geschichte. Sankt Petersburg 2003

Remy, Maurice Philip: Mythos Bernsteinzimmer. München 2003

Leben im falschen Jahrhundert

Fößel, Amalie: »›Karl der Fiktive, genannt Karl der Große‹. Zur Diskussion um die Eliminierung der Jahre 614 bis 911 aus der Geschichte«, Mittelalter 4 (1999) 2, S. 65–74.

Fried, Johannes: Karl der Große – Gewalt und Glaube. Eine Biographie. München 2013.

Geschichte in Wissenschaft und Unterricht 10 (1997), mit zahlreichen Fachartikeln zur Kontroverse

Hägermann, Dieter: Karl der Große. Herrscher des Abendlandes. Frankfurt/Main u. a. 2000

Illig, Heribert: Das erfundene Mittelalter. Hat Karl der Große je gelebt. Düsseldorf 1996.

Wahre Liebe

Brost, Eberhard (Hrsg.): Petrus Abaelardus. Die Leidensgeschichte und der Briefwechsel mit Heloisa. Darmstadt 2004

Heyder, Regina: »Geschlechterkonzepte eines geistlichen Paares. Abaelard und Heloise«, Rottenburger Jahrbuch für Kirchengeschichte 35 (2016), S. 29–55

Mews, Constant J.: Abelard and Heloise. Oxford 2005

Moos, Peter von: Abaelard und Heloise (= Gesammelte Studien zum Mittelalter, 1). Münster 2005

Pernoud, Régine: Heloise und Abaelard. Ein Frauenschicksal im Mittelalter. München 2000

Silvestre, Hubert: »Die Liebesgeschichte zwischen Abaelard und Heloise: der Anteil des Romans«, in: Fälschungen im Mittelalter (= Schriften der MGH, 33), Hannover 1988, Bd. 5, S. 121–165

Wer was entdeckte

Burns, E. Bradford: A History of Brazil. New York 1970

Disney, Anthony R.: A History of Portugal and The Portuguese Empire, Bd. 2. Cambridge 2009

Goodman, Edward J.: The Explorers of South America. Norman 1992

Henige, David P.: Numbers from Nowhere: The American Indian Contact Population Debate. Norman 1998

Jones, David S.: »Virgin Soils Revisited«, William and Mary Quarterly, 60 (2003), S. 703–742

Mann, Charles C.: Amerika vor Kolumbus. Die Geschichte eines unentdeckten Kontinents. Hamburg 2016

Morison, Samuel Eliot: The European Discovery of America. The Southern Voyages A.D. 1492–1616. Oxford 1974

Newitt, Malyn: A History of Portuguese Overseas Expansion. London 2005

Wallisch, Robert (Hrsg.): Das Schreiben über die Entdeckung Brasiliens. Das Schreiben des Pêro Vaz de Caminha an König Manuel von Portugal. Frankfurt/Main 2001

Die Ernte der Bauern

Blickle, Peter: Der Bauernkrieg. Die Revolution des Gemeinen Mannes. München 2018[5]

Blickle, Peter: Die Revolution von 1525. München 2004[4]

Gabel, Helmut/Winfried Schulze: »Folgen und Wirkungen«, in: Buszello, Horst/Blickle, Peter/Endres, Rudolf (Hrsg.): Der deutsche Bauernkrieg, Paderborn 1995[3], S. 322–349

Klueting, Harm: Das Konfessionelle Zeitalter. Europa zwischen Mittelalter und Moderne. Darmstadt 2007

Nur eine Phase

Andress, David: The Terror. Civil War in the French Revolution. London 2005

Armenteros, Carolina, u. a. (Hrsg.): Historicising the French Revolution. Newcastle 2008

Biard, Michel/Linton, Marisa: La Révolution français face à ses démons. Malakoff 2020

Furet, François/Ozouf, Mona: Kritisches Wörterbuch der Französischen Revolution, 2 Bde. Frankfurt/Main 1996

Scurr, Ruth: Fatal Purity. Robespierre and the French Revolution. New York 2006

Tackett, Timothy: The coming of the terror in the French Revolution. Cambridge/Mass. 2017

Ein Glas Wasser
Berberova, Nina: Tschaikowsky. Biographie. Düsseldorf 1989
Blinov, Nikolai: Poslednyaya bolezn' i smert' P. I. Chaykovskovo. Moskau 1994
Orlova, Alexandra: »Tchaikovsky: The Last Chapter«, Music and Letters 62 (1981), S. 125–145
Poznansky, Alexander: Tschaikowskys Tod. Geschichte und Revision einer Legende. Mainz 1998
Redepenning, Dorothea: Peter Tschaikowsky. München 2018

Sterben wie die Fliegen
Collins, Andrew/Ogilvie-Herald, Chris: Tutankhamun – The Exodus Conspiracy. The Truth Behind Archaeology's Greatest Mystery. London 2002
Tomoum, Nadja: Das Geheimnis des Tutanchamun. Der goldene Pharao und seine abenteuerliche Wiederentdeckung. München 2022.
Wiese, A./Brodbeck, A. (Hrsg.): Tutanchamun – das goldene Jenseits. Grabschätze aus dem Tal der Könige. 2004
Winstone, H. V. F.: Howard Carter and the discovery of the tomb of Tutankhamun. London 1991

Schlafwandelnd ins Verhängnis
Angelow, Jürgen: Der Weg in die Urkatastrophe. Der Zerfall des alten Europa, 1900–1914. Berlin 2010
Burgdorff, Stephan/Wiegrefe, Klaus (Hrsg.): Der Erste Weltkrieg. Die Urkatastrophe des 20. Jahrhunderts. München 2004
Clark, Christopher: Die Schlafwandler. Wie Europa in den Ersten Weltkrieg zog. München 2013
Grevelhörster, Ludger: Der Erste Weltkrieg und das Ende des Kaiserreiches. Geschichte und Wirkung. Münster 2004
Kolb, Eberhard: Der Frieden von Versailles. München 2005
Leonhard, Jörn: Die Büchse der Pandora. Geschichte des Ersten Weltkriegs. München 2014
Mombauer, Annika: Die Julikrise. Europas Weg in den Ersten Weltkrieg. München 2014
Rose, Andreas: Zwischen Empire und Kontinent. Britische Außenpolitik vor dem Ersten Weltkrieg. München 2011

Anzünden und reinwaschen

Backes, Uwe u. a.: Reichstagsbrand. Aufklärung einer historischen Legende. München/Zürich 1986

Bahar, Alexander/Kugel, Wilfried: Der Reichstagsbrand. Wie Geschichte gemacht wird. Berlin 2001

Evans, Richard: Das Dritte Reich und seine Verschwörungstheorien. München 2021

Giebeler, Marcus: Die Kontroverse um den Reichstagsbrand. Quellenprobleme und historiographische Paradigmen. München 2010

Hagemann, Karola/Kohrs, Sven: Walter Zirpins – Ohne Reue. Der schwarze Fleck des LKA. Hannover 2021

Hett, Benjamin Carter: Der Reichstagsbrand. Wiederaufnahme eines Verfahrens. Hamburg 2016

Soukup, Uwe: Die Brandstiftung. Mythos Reichstagsbrand – Was in der Nacht geschah, in der die Demokratie unterging. München 2023

Tobias, Fritz: Der Reichstagsbrand. Legende und Wirklichkeit. Rastatt/Baden 1962

Mütter Courage

Gruner, Wolf: Widerstand in der Rosenstraße. Die Fabrik-Aktion und die Verfolgung der »Mischehen« 1943. Frankfurt/Main 2005

Heim, Susanne: »The Women's Protest on Rosenstrasse Between Commemoration, Idealization, and Debate«, in: Stolzfus, Nathan/ Paldiel, Mordecai/ Baumel-Schwartz, Judy (Hrsg.): Women Defying Hitler. London 2021, S. 87–98

Jochheim, Gernot: Frauenprotest in der Rosenstraße Berlin 1943. Berichte, Dokumente, Hintergründe, Berlin 2002

Meyer, Beate: »Die Inhaftierung der ›jüdisch Versippten‹ in der Berliner Rosenstraße im Spiegel staatsanwaltschaftlicher Zeugenvernehmungen in der DDR«, Jahrbuch für Antisemitismusforschung 11 (2002), S. 178–197

Schröder, Nina: Hitlers unbeugsame Gegnerinnen. Der Frauenaufstand in der Rosenstraße. München 1997

Stoltzfus, Nathan: »Der ›Versuch in Wahrheit zu leben‹ und die Rettung von jüdischen Angehörigen durch deutsche Frauen im ›Dritten Reich‹«, in: Leichsenring, Jana (Hrsg.): Frauen im Widerstand. Münster 2003

Vereint, verneint, verschoben

Filitov, Aleksej: »Die Note vom 10. März 1952: Eine Diskussion, die nicht endet«, in: Zarusky, Jürgen (Hrsg.): Stalin und die Deutschen. Berlin 2006, S. 159–172

Geppert, Dominik/Wengst, Udo (Hrsg.): Neutralität – Chance oder Chimäre? Konzepte des Dritten Weges für Deutschland und die Welt 1945–1990. München 2005

Gutberlet, Bernd Ingmar: Die Berliner Mauer für die Hosentasche. Frankfurt/Main 2019

Hertle, Hans-Joachim: Chronik des Mauerfalls. Die dramatischen Ereignisse um den 9. November 1989. Berlin 2009

Loth, Wilfried: Die Sowjetunion und die deutsche Frage. Studien zur sowjetischen Deutschlandpolitik von Stalin bis Chruschtschow. Göttingen 2007

Ruggenthaler, Peter (Hrsg.): Stalins großer Bluff. Die Geschichte der Stalin-Note in Dokumenten der sowjetischen Führung. München 2007

Sarotte, Mary Elise: The Collapse. The Accidental Opening of the Berlin Wall. New York 2014

Steininger, Rolf: Deutsche Geschichte seit 1945. Darstellung und Dokumente in vier Bänden. Frankfurt/Main 2002

Zarusky, Jürgen (Hrsg.): Die Stalin-Note vom 10. März 1952. Neue Quellen und Analysen. München 2002

Der Autor

Bernd Ingmar Gutberlet, geb. 1966, ist Historiker. Er studierte in Berlin und Budapest und arbeitet heute als Publizist in Berlin. In vielen Büchern vermittelt er zwischen Wissenschaft und »interessierten Laien«, weil er findet, dass fundierte Recherche und komplexe Zusammenhänge nicht auf Kosten der Verständlichkeit und des Lesevergnügens gehen müssen. Neben seiner publizistischen Tätigkeit macht Gutberlet außerdem als Stadtführer in Berlin Geschichte zugänglich – so mit seiner »Berlin Pandemie-Tour«.

www.berlinfirsthand.de

FSC
www.fsc.org
MIX
Papier | Fördert gute Waldnutzung
FSC® C014889

Der Umwelt zuliebe
- produzieren wir zu über 90% in Deutschland
- achten wir auf kurze Transportwege
- drucken wir auf Papier aus nachhaltiger Waldwirtschaft und anderen kontrollierten Quellen

Umschlaggestaltung und Motiv:
Hauptmann & Kompanie Werbeagentur, Zürich,
unter Verwendung eines Fotos von © ullstein bild / Elizaveta Becker
Redaktion: Franz Leipold
Layout & Satz: Robert Gigler, München
Gesetzt aus der Minion Pro
Druck und Bindung: Pustet, Regensburg
ISBN 978-3-95890-500-9